IMMOBILIER & T.V.A.

3ÈME édition

Michel CEULEMANS

edipro

L'édition professionnelle

Éditeur responsable
L. Venanzi
Edi.pro ©
Éditions des CCI SA
Esplanade de l'Europe, 2 Bte 5 à 4020 Liège
Belgique
(http://www.edipro.info),
Tél. : 00.32.(0)4.344.50.88

Imprimé en Europe

D/2018/8406/18
ISBN : 978-2-87496-354-4

Pourquoi ce guide ?

« Quand le bâtiment va, tout va… »

Le secteur de l'IMMOBILIER est considéré à juste titre comme un des plus importants secteurs du pays. Il englobe un grand nombre d'entreprises de production, de vente et de services. Son dynamisme et son développement influencent considérablement la vie économique.

« Le Belge a une brique dans le ventre »

Ce secteur touche aussi directement le particulier en tant que consommateur : Celui qui achète un bien immobilier, le construit ou le fait construire mais aussi celui qui l'agrandit, le transforme, le rénove ou le fait agrandir, transformer, rénover ou, tout simplement, en assure l'entretien.

Ces deux maximes bien connues résument toute l'importance du secteur immobilier dans la vie économique belge et, en conséquence, l'impact de la fiscalité directe et indirecte qui s'y rattache immanquablement : Précompte immobilier, droit d'enregistrement, impôts directs et T.V.A. en sont les principaux piliers.

Parmi ces prélèvements fiscaux, la T.V.A. n'est certainement pas le plus simple des paramètres à maîtriser. Beaucoup de questionnements et d'incertitudes émanent de la profession elle-même et des professionnels de la comptabilité chargés de conseiller les entreprises de ce secteur.

C'est pourquoi nous avons souhaité créer un ouvrage le plus clair et pratique possible qui reprenne les règles T.V.A. essentielles qui puisse accompagner et aider de manière efficace toute personne susceptible d'être intéressée par ce sujet.

Toute remarque de nature à améliorer cet ouvrage sera retenue avec intérêt.

M.C.

Les textes sont actualisés au 1/9/2018.

Du même auteur aux éditions edi.pro

« ***Apprendre la T.V.A.*** » **(17ème édition)**

L'apprentissage de la T.V.A. pas à pas conçu pour tous et spécialement les étudiants et les non initiés.

« ***Maximisez vos déductions T.V.A.*** »

Tous les problèmes de déduction examinés au cas par cas et classés par ordre alphabétique.

« ***Le contrôle T.V.A. – Évitez les erreurs !*** »

Relevé des erreurs les plus souvent rencontrées lors des contrôles T.V.A. et les moyens de les éviter.

« ***A.S.B.L. & T.V.A.*** »

Tous les problèmes de T.V.A. rencontrés par les A.S.B.L. (assujettissements, déductions, obligations administratives, etc.).

« ***Horeca et T.V.A.*** »

Tous les problèmes T.V.A. rencontrés par ce secteur dans les activités spécifiques (hôteliers, restaurateurs, cafetiers, traiteurs, friteries, exploitants de campings, etc.) comme dans leurs activités communes (exploitation de jeux, locations de salles, délivrance de souches T.V.A., etc.).

« ***T.V.A. - Assujetti or not assujetti ?*** »

Les occurrences d'assujettissement à la T.V.A. pour chaque activité ou profession répertoriées par ordre alphabétique.

« ***T.V.A. – Interventions reconstructrices et esthétiques*** »

Les conséquences pour le secteur médical de la suppression de l'exonération de la T.V.A. sur certaines prestations de chirurgie esthétique.

Table des matières

Table des abréviations

A.R. .... Arrêté royal
Al .... Alinéa
Art. .... Article
Cass. .... Cassation
C.A. .... Cour d'Appel
C.C. .... Code civil
Ch. .... Chambre
CIR 92 .... Code des impôts sur le revenu
Circ .... Circulaire administrative
C.J.C.E. .... Cour de Justice de la Communauté Européenne
C.J.U.E. .... Cour de Justice de l'Union Européenne
Déc. .... Décision administrative
HORECA .... Hôtel, restaurant, café
M.B. .... Moniteur belge
O.N.S.S. .... Office national de la Sécurité Sociale
Q.P. .... Question parlementaire
S.D.A. .... Service des décisiopns anticipées
T.V.A. .... Taxe sur la valeur ajoutée
U.E. .... Union européenne

Notions, références et considérations générales propres au secteur immobilier

Selon l'art. 18 § 1er du Code T.V.A., les travaux immobiliers rentrent dans la catégorie des prestations de services.

Ils peuvent consister en de la main-d'œuvre uniquement (par exemple, une entreprise de maçonnerie met en œuvre des matériaux qui n'ont pas été achetés par elle, le nettoyage de vitres, etc.).

Mais les opérations qui consistent à fournir et à placer des matériaux d'une manière immobilière sont également des travaux immobiliers. La prestation de service immobilière porte alors tant sur les matériaux que sur la main-d'œuvre (par exemple, une entreprise de menuiserie fournit et place les fenêtres d'un bâtiment).

Pour l'application de la T.V.A., on n'envisage pas les deux opérations distinctement en considérant que la première est une livraison de biens (vente des fenêtres) et que la seconde est une prestation de services (placement des fenêtres). Il s'agit là d'une prestation de service immobilière pour le tout (matériaux + main-d'œuvre).

C'est l'article 19 § 2, dernier alinéa du Code T.V.A. qui détermine ce qu'il faut entendre par travaux immobiliers.

Le dernier alinéa de l'article 20 de l'A.R. n° 1 énumère une série d'opérations qui sont aussi à considérer comme des opérations relatives à un bien immobilier pour l'application du système du cocontractant (autoliquidation) (voir aussi p. 225).

De plus, l'article 19 § 2 du Code T.V.A. assimile – dans certains cas – à une prestation de services effectuée à titre onéreux, l'exécution par un assujetti d'un travail immobilier :

1° pour les besoins de son activité économique;

2° pour ses besoins privés ou pour ceux de son personnel, et, plus généralement, à titre gratuit ou à des fins étrangères à son activité économique.

Enfin, l'article 36 du Code T.V.A. prévoit une base minimale imposable, pour les travaux immobiliers portant sur un bâtiment à ériger, base qui ne peut en aucun cas être inférieure à la **valeur normale**.

Tous les travaux immobiliers ne sont cependant pas soumis à cette base minimale imposable.

Notion de « valeur normale »

Pour les travaux immobiliers portant sur des bâtiments à ériger, la base imposable ne peut être inférieure à la **valeur normale**.

> La valeur normale (ou valeur de construction), en ce qui concerne les travaux immobiliers portant sur des bâtiments à ériger, est le prix pouvant être obtenu à l'intérieur du pays, pour le travail ou pour l'ensemble des travaux, dans des conditions de pleine concurrence entre un fournisseur et un preneur indépendants.
>
> La valeur normale peut être fixée en fonction de différents critères, notamment le volume, la surface, la qualité des matériaux utilisés, etc.
>
> Par exemple, deux maisons de même volume et surface situées dans le même lotissement peuvent avoir une valeur normale différente si l'une a un toit en tuiles et l'autre en ardoise, l'une de la menuiserie en chêne et l'autre en méranti, l'une avec des combles aménagés et l'autre pas, etc.

Notion de « travail immobilier »

Par travaux immobiliers ici visés, il faut entendre toutes les opérations suivantes :

- les travaux de **construction**, de **transformation**, d'**achèvement**, d'**aménagement**, de **réparation**, d'**entretien** et de **nettoyage** de tout ou partie d'un immeuble par nature;
- les travaux de **démolition** de tout ou partie d'un immeuble par nature;
- toute opération comportant à la fois la **fourniture et le placement d'un bien meuble dans un immeuble** de manière telle que ce bien devienne immeuble par nature;

Exemples

- Une baignoire, bien meuble, installée dans une salle de bains et raccordée au réseau des eaux et égouts.
- Un parquet installé dans une chambre.

- toute opération, même non visée au 3ème tiret ci avant, comportant à la fois la fourniture et la fixation à un bâtiment :
  - de tout ou partie des éléments constitutifs d'une installation de **chauffage central** ou de **climatisation**, en ce compris les brûleurs, réservoirs et appareils de régulation et de contrôle reliés à la chaudière ou aux radiateurs;
  - de tout ou partie des éléments constitutifs d'une **installation sanitaire** de bâtiment et, plus généralement, de tous appareils fixes pour usages sanitaires ou hygiéniques branchés sur une conduite d'eau ou d'égout;
  - de tout ou partie des éléments constitutifs d'une **installation électrique** de bâtiment à l'exclusion des appareils d'éclairage et des lampes;
  - de tout ou partie des éléments constitutifs d'une **installation de sonnerie électrique**, d'une **installation de détection d'incendie**, d'une **installation antivol**, d'une **installation de téléphonie intérieure**;
  - **d'armoires de rangement**, **éviers**, **armoires éviers** et **sous éviers**, **hottes**, **ventilateurs** et **aérateurs** équipant une cuisine, de **placards de rangement** incorporés à titre définitif dans des volumes spécialement prévus dans la construction;
  - de **volets, persiennes et stores** placés à l'extérieur du bâtiment;
- toute opération, même non visée au 3ème tiret ci avant, comportant à la fois la fourniture et le placement dans un bâtiment de **revêtements de mur ou sol**, qu'il y ait fixation au bâtiment ou que le placement ne nécessite qu'un simple découpage sur place aux dimensions de la surface à recouvrir;
- les travaux de **fixation, placement, réparation, entretien, nettoyage** des biens visés aux 4ème et 5ème tirets ci avant.

Ne sont donc notamment pas considérés comme des travaux immobiliers pour la détermination de la valeur normale comme base minimale imposable :

- la **mise à disposition de personnel**;
- les **travaux d'étude et de contrôle** exécutés par les architectes, les géomètres et les ingénieurs.

Notion de « bâtiment »

Est considéré comme **bâtiment** toute construction incorporée au sol. Cette notion sous entend une immobilisation par nature de matières ou de matériaux. Sont donc visés, toutes les constructions immeubles par nature auxquelles un revenu cadastral peut être attribué au titre d'immeuble bâti[1].

Sont notamment considérés comme des bâtiments :	**Ne sont notamment pas considérés comme des bâtiments :**
Les maisons d'habitation	Les plantations
Les villas	Les espaces verts
Les appartements	Les hauts-fourneaux
Les bâtiments industriels	Les fours à chaux
Les bâtiments commerciaux	Les chaudières de centrales électriques
Les murs mitoyens	Les gazomètres
Les voieries	Les châteaux d'eau
Les canalisations d'eau, de gaz, et d'électricité	Les réservoirs
Les égouts	Les citernes
Les parcs de stationnement	Les silos
Les routes	Les parkings dont l'infrastructure comporte uniquement un revêtement du sol
Les voies ferrées	
Les canaux bétonnés	
Les darses	
Les écluses	
Les ponts	
Les aqueducs	
Les tunnels	
Les murs de clôture	
Les digues	
Les barrages	

[1] Man. T.V.A. n° 152/1.

Les lignes électriques	
Les poteaux d'éclairage	
Les pipelines	
Les quais de déchargement	
Les aires de manoeuvre	
Les aires de stockage	
Les berges	
Les rampes d'accès	
Les bassins d'orage	
Les travaux d'infrastructure	
Les constructions préfabriquées démontables	
Les caravanes résidentielles	

Notion de « bâtiment à ériger »

Pour l'application de la valeur normale comme base minimale imposable, les travaux immobiliers repris ci avant doivent porter soit sur un bâtiment, soit sur un **bâtiment à ériger**. Les travaux immobiliers portant sur un bâtiment à ériger sont :

- Les travaux préparatoires à l'érection d'un bâtiment.

  Il doit s'agir de travaux portant sur le bâtiment à ériger (travaux de terrassement, enfoncement de pieux, fondations, etc.) et non de travaux exécutés pour rendre un terrain propre à la construction (nivellement de plusieurs parcelles, construction de routes ou d'égouts dans un nouveau lotissement, démolition de bâtiments, etc.).

- La construction totale ou partielle d'un bâtiment neuf.
- Les travaux d'achèvement d'un bâtiment neuf.

Notion de « bâtiment neuf »

Toute construction incorporée au sol est considérée comme **bâtiment neuf** (au sens du Code T.V.A.) **jusqu'au 31/12 de la 2ème année qui suit celle au cours de laquelle a lieu sa première occupation ou utilisation.**

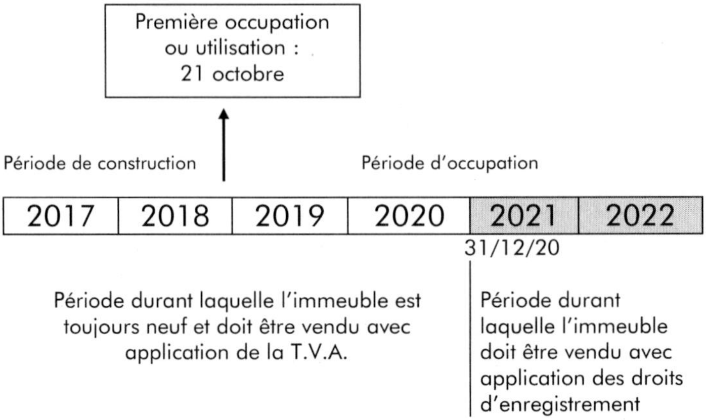

Pour l'application de la base minimale imposable, il y a construction d'un bâtiment neuf dans les cas de :

- construction d'un bâtiment auquel est normalement attribué un **revenu cadastral** en tant que bâtiment;
- construction d'un bâtiment après démolition d'un autre bâtiment ou de tout autre immeuble;
- transformation radicale d'un bâtiment existant de sorte que la structure et la destination de l'ancien bâtiment soient modifiées;

Exemples

- La transformation d'une ancienne maison de maître en immeuble moderne à appartements.
- La transformation d'une ancienne usine en lofts.

La base minimale imposable ne s'applique donc pas aux simples travaux d'amélioration qui ne modifient ni la structure ni la destination du bâtiment.

- adjonction à un bâtiment existant d'annexes, attenantes ou non, qui ont leur propre utilité (comme, par exemple, l'adjonction d'un garage, d'une remise, d'une grange, d'une étable, d'une buanderie, etc.);

Mais pas l'agrandissement d'un living, la construction d'une véranda sur une terrasse existante, etc.

Aucune distinction ne doit être faite selon que les annexes ont ou non un revenu cadastral distinct du bâtiment principal, mais il est requis que la construction d'une annexe entraîne au moins la révision du revenu cadastral antérieur.

- construction d'un nouvel étage sur un bâtiment existant;

  Il est sans importance qu'un revenu cadastral distinct soit ou non attribué au nouvel étage, mais une révision du revenu cadastral doit intervenir;

- travaux d'achèvement portant sur un bâtiment à ériger lorsqu'ils sont matériellement exécutés avant la date de notification du revenu cadastral du bâtiment.

La valeur normale est en effet fixée compte tenu de l'état des travaux à la date de notification du revenu cadastral. Les travaux effectués après cette date ne seront donc pas soumis aux règles de la base minimale imposable.

La décision n° 2015.516 du 28/10/2015 du Service des décisions anticipées (S.D.A.) établit que postuler le caractère «neuf» d'un bâtiment qui a subi des transformations importantes (travaux qui atteignent 60% de la valeur du bâtiment après travaux) est une faculté laissée à la discrétion des assujettis, en ce compris les «constructeurs professionnels».

Notion de bien meuble non attaché à un immeuble

Ce sont les biens meubles corporels que le propriétaire d'un fonds immeuble y place pour le service et l'exploitation de ce fonds, sans les attacher à perpétuelle demeure (par exemple, une machine installée dans une usine).

Les transmissions, locations et cessions de bail de ces biens sont soumises à la T.V.A.; ces biens conservent leur caractère de bien meuble corporel pour l'application de la T.V.A.

Exemple

Un carrier est propriétaire du terrain et du matériel qui y est affecté (bulldozer, camion, etc.). Ce matériel d'exploitation est constitué dans notre exemple, de biens meubles corporels. Comme ces biens meubles corporels sont affectés au service de l'exploitation du terrain, ils prennent le statut d'immeubles par destination au sens du C.C. Cependant, pour l'application de la T.V.A., le bulldozer, le camion, etc. conservent le statut de biens meubles corporels. Leur livraison reste soumise à la T.V.A., qu'ils soient ou non vendus avec le terrain.

Notion de bien meuble attaché à un immeuble

Ce sont aussi tous les biens meubles que le propriétaire attache au fonds à perpétuelle demeure, peu importe qu'ils servent ou non à l'exploitation d'un immeuble (par exemple, une salle de bains installée dans une habitation).

Tant qu'elles restent attachées à perpétuelle demeure, les transmissions, locations et cessions de bail de ces biens suivent le même régime que l'immeuble auquel elles appartiennent car on les distingue difficilement des immeubles par nature.

La T.V.A. ou le droit d'enregistrement sera applicable.

Par contre, si ces biens sont séparés de l'immeuble auquel ils étaient attachés à perpétuelle demeure, ils reprennent leur statut de bien meuble corporel pour l'application de la T.V.A.

Exemple

Une lanterne est attachée à perpétuelle demeure à la façade d'un bâtiment; c'était d'abord un bien meuble corporel ensuite devenu immeuble par destination par attache à perpétuelle demeure. Si la lanterne est vendue avec le bâtiment auquel elle est attachée, elle sera taxée comme le bâtiment lui-même (T.V.A. ou droit d'enregistrement). Si, par contre, la lanterne est vendue séparément du bâtiment, elle reprend alors le caractère de bien meuble corporel et sa revente tombe sous le régime de la T.V.A. de ces biens.

Notion d'immeuble par nature - Terrain

Lorsque les cessions de terrains ne sont pas taxables, elles sont soumises au droit d'enregistrement.

Notion de « terrain à bâtir »

Sont considérés comme terrains à bâtir les terrains nus ou aménagés, définis comme tels par les Etats membres[2].

Doivent être considérés comme des **terrains à bâtir** simplement aménagés, les terrains sur lesquels ont été effectués des travaux préalables à l'érection d'un bâtiment au sens usuel du terme (maison d'habitation, ...) tels le mesurage du terrain, le nivellement du sol, la démolition de constructions anciennes, la pose dans le sous-sol, avec immobilisation par nature, de tuyaux, de câbles, d'égouts, de conduites nécessaires pour le raccordement du lot au domaine public, etc.[3]

Notion de « terrain aménagé et de terrain attenant »

On parle de « terrain aménagé » et de « terrain attenant » lorsque, indépendamment de la valeur du terrain sur lequel ils sont effectués, les travaux aboutissant à une immobilisation par nature de matériaux ont une consistance et une importance matérielles significatives par rapport à ce terrain, qui en est le simple support, ils constituent des constructions incorporées au sol, c'est-à-dire des bâtiments (parkings, couverts ou à ciel ouvert, voiries, ouvrages d'art, etc.) [4].

Les terrains (lots) privatifs adjacents à la voirie ne constituent pas des « terrains attenants » à la voirie, s'agissant de parcelles cadastrales distinctes de celle-ci.

Notion d'immeuble par nature - Végétaux adhérant au terrain

Les transmissions des végétaux adhérant au terrain (art. 520 et 521 C.C.) suivent le régime du terrain tant qu'ils y restent attachés et échappent donc à la T.V.A. Si les végétaux viennent à être séparés du

---

2 Art. 12, point 3, de la Directive 2006/112/CE du Conseil du 28/11/2006.
3 Déc. n° E.T. 124.513 du 23/12/2013.
4 Déc. n° E.T. 124.513 du 23/12/2013.

sol, ils deviennent alors biens meubles corporels pour l'application de la T.V.A. et y sont donc soumis.

Exemple

Une sapinière est considérée comme un terrain pour l'application de la T.V.A., c'est donc le droit d'enregistrement qui sera applicable et non la T.V.A. Les sapins de Noël, une fois coupés, (ou considérés comme tels dans le cas de meubles par anticipation) sont passibles de la T.V.A. à titre de biens meubles corporels.

Notion d'immeuble par nature - Bâtiment

Par bâtiment, on entend toute construction immeuble par nature à laquelle une R.C. peut être attribué au titre d'immeuble bâti.

Les bâtiments ne sont immeubles par nature que lorsqu'ils sont incorporés au sol, c'est-à-dire, « *dès que la stabilité d'une construction est assurée au départ du sol et que la construction est destinée à rester sur place et ce, même si l'attache n'est pas permanente ou si le bien peut être détaché du sol sans dommage* »[5].

Exemple

Les caravanes résidentielles sont des immeubles par nature et doivent être soumises au précompte immobilier.

Notons enfin que les parties composantes d'un bâtiment c'est-à-dire les pièces et appareils qui font corps avec lui et sans lesquels le bâtiment n'en serait plus un (par exemple, toiture, escalier, fenêtre, ascenseur, etc.) sont également des immeubles par nature; par contre les parties accessoires restent immeubles ou deviennent tout au plus immeuble par destination.

Notion d'équipements industriels

La notion de bâtiment doit être comprise au sens large. C'est ainsi qu'elle s'étend aux équipements industriels qui ont le caractère d'immeuble par nature[6].

---

5 Cass. du 15/9/1988, F.J.F., n° 88/213.

6 Déc. n° E.T. 14.524 du 26/2/1973.

En règle générale, les machines et appareils qui équipent les installations industrielles gardent leur caractère mobilier ou deviennent tout au plus des **immeubles par destination.** Il en est ainsi même si ces biens d'équipement reposent sur une assise immobilière à laquelle ils sont ancrés, comme c'est souvent le cas pour les machines-outils.

Le contrat ayant pour objet la fourniture et le montage de ces biens (en ce compris le cas échéant, la fourniture de l'assise) constitue pour le tout, une livraison de biens visée par le Code T.V.A. et soumise au taux de 21%.

Toutefois, certains équipements industriels sont des immeubles par nature, soit en raison de leur incorporation au fonds ou au bâtiment, soit en raison de leur volume ou de leur poids.

C'est ainsi, que sont des immeubles par nature...

- les gazomètres;
- certaines unités de production des complexes pétrochimiques;
- les hauts fourneaux;
- les générateurs de vapeur des centrales électriques des entreprises de production et de distribution d'électricité;
- les pipelines destinés au transport de gaz;
- les silos;
- les grands réservoirs;
- les chambres froides;
- ... de même que les appareils dont ces biens sont équipés.

Dans la pratique cependant, on rencontre des cas où il est difficile d'apprécier si les biens fournis avec placement deviennent immeubles par nature.

Il arrive aussi que des biens d'équipement constituant une entité en soi, comportent certains éléments immobiliers par nature et d'autres qui n'ont pas ce caractère. Dans ce cas, l'Administration admet l'interprétation que les parties donnent au contrat qui peut être considéré pour l'application de la T.V.A. (taux, fait générateur de la taxe, etc.), soit comme une livraison de biens, soit comme un travail immobilier.

La question se pose de savoir si les parties conservent ce choix lorsque le contrat a pour objet la fourniture en Belgique d'une **usine**

« clé sur porte », le fournisseur s'engageant à fournir non seulement les équipements industriels proprement dits mais aussi les bâtiments destinés à abriter le personnel et ces équipements. La réponse est affirmative, sauf dans la mesure où le fournisseur s'est engagé, en exécution du contrat conclu, à construire ou à faire construire des bâtiments au sens du Code T.V.A. Dans cette mesure, l'opération doit, pour l'application de la T.V.A., être considérée soit comme une livraison de bâtiments, soit comme un travail immobilier.

Les règles applicables aux livraisons de bâtiments ou aux prestations de travaux immobiliers (taux, fait générateur, etc.) sont par conséquent de stricte application[7].

---

7 Déc. n° E.T. 21.001 du 27/6/1975.

Assujettissement dans le secteur immobilier

Les règles générales en matière d'assujettissement sont présumées connues[8]. Nous n'examinerons en détail dans le cadre de cet ouvrage que les professions et activités directement liées au secteur immobilier.

Les vendeurs professionnels (promoteurs immobiliers)

Ce sont les personnes qui, **professionnellement**, **construisent** des bâtiments pour les **revendre**. Cette activité leur est habituelle; ils sont assujettis de plein droit et, à ce niveau, ils ne se distinguent pas des autres assujettis avec droit à déduction puisqu'ils sont comme eux tenus d'appliquer la T.V.A. sur leurs opérations et possèdent le droit à la déduction des T.V.A. en amont.

On les appelle également les **promoteurs immobiliers**.

Les ventes que consent un constructeur vendeur professionnel ont en général pour objet non seulement des constructions mais également les terrains sur lesquels les constructions sont érigées ainsi que des terrains non bâtis[9].
Ce promoteur immobilier peut alors devenir un **assujetti mixte.**

Bâtiment neuf vendu ou donné en location ?

Lorsqu'un constructeur professionnel construit un immeuble neuf et ne sait pas nécessairement si cet immeuble sera destiné à la vente (T.V.A. exigible et déduction possible) ou à la location (exemption de T.V.A. et non déduction), la distinction doit être faite de la manière suivante :

8 Voir le guide pratique du même auteur « Apprendre la T.V.A. » ou « T.V.A. - Assujetti or not assujetti ? » (www.edipro.info).

9 Q.P. n° 32 du 4/12/1974 – COPPENS.

- Si un bâtiment initialement destiné à la vente (pour lequel on a dès lors déduit la T.V.A.) est mis en location, un **prélèvement**[10] doit être effectué au moment de la location effective (taxation sur la valeur normale de l'immeuble).
  En cas de vente ultérieure de ce bâtiment (dans le délai durant lequel ce bâtiment est toujours considéré comme neuf pour la T.V.A.), la T.V.A. est alors applicable à cette vente, sans que l'option doive être levée. La T.V.A. qui était due lors du prélèvement, redevient donc déductible[11].
- En cas de vente (dans le délai) de bâtiments initialement affectés à la location, la T.V.A. est applicable sur la vente et la T.V.A. grevant la construction (ou l'acquisition des bâtiments) qui n'était bien sûr à l'origine pas déductible le devient entièrement.

Lors de la cession d'un bâtiment neuf ou lors de la constitution, la cession et la rétrocession d'un droit réel sur un tel bâtiment, une mention appropriée faisant clairement apparaître que l'opération juridique est soumise à la T.V.A. doit être chaque fois insérée dans le premier acte qui forme titre entre les parties de l'opération visée[12].

Les vendeurs occasionnels (assujettis occasionnels)

Ce sont les personnes dont l'activité n'est pas de construire (ou acheter) et vendre des immeubles et qui **construisent** ou **achètent occasionnellement** un bâtiment avec T.V.A. et le revendent en décidant d'être assujetties pour cette vente (un particulier, une entreprise, une commune, un hôpital, etc.).

Assujetti occasionnel

Comme cette activité ne leur est pas habituelle, ils ont la possibilité (ce n'est jamais une obligation) d'opter pour l'assujettissement et ne seront donc assujettis que s'ils choisissent de l'être.

---

10 Prévu à l'article 12 § 1er, al. 1er, 3° du Code T.V.A.

11 Sur base de l'art. 10, 3° de l' A.R. n° 3.

12 Déc. n° E.T. 77.712 du 28/4/1994.

Dès la vente réalisée, ils cessent d'être assujettis pour cette opération. Ces personnes peuvent également opter pour l'assujettissement occasionnel pour la constitution ou la rétrocession d'un droit réel[13].

Toutes les modalités de l'assujettissement occasionnel sont expliquées au chapitre consacré aux ventes d'immeubles (voir p. 133).

Les nouvelles entreprises

En principe, une personne n'est assujettie que lorsqu'elle effectue de manière habituelle des opérations qui la rendent assujettie.

Tel n'est pourtant pas le cas d'un nouveau promoteur immobilier qui n'aurait construit et vendu qu'un seul immeuble durant une période de plusieurs mois.

Ceci n'empêche pas ce constructeur professionnel de bâtiments neufs qu'il destine à la vente d'acquérir de plein droit la qualité d'assujetti dès qu'il extériorise par des **actes non équivoques** la volonté d'effectuer d'une manière habituelle des livraisons de bâtiments neufs.

> Un acte non équivoque serait par exemple une démarche à un guichet d'entreprise, une publication de statuts pour une société ou encore l'acquisition de biens d'investissement, autant d'opérations effectuées avant le commencement effectif de l'activité.

Ces personnes, dès qu'elles posent les actes dont il s'agit, peuvent dès lors opérer selon les règles normales la déduction en amont des T.V.A. relatives à cette activité.

L'exploitant occasionnel d'une parcelle

Lorsqu'en attendant de l'utiliser comme terrain à bâtir, une personne exploite une parcelle de terre, de superficie réduite, en y plantant des arbres qui, à des périodes déterminées, sont élagués et vendus, on peut admettre que cette exploitation entre dans le cadre de la gestion privée du patrimoine foncier. Par conséquent, il n'y a pas lieu de considérer cette personne comme assujettie à la T.V.A.[14]

---

13 Tel que défini à l'art. 9, al. 2, 2° du Code T.V.A.

14 Déc. n° E.T. 14.188 du 9/4/1973.

Le personnel intérimaire

Le personnel intérimaire est fréquemment utilisé dans le secteur immobilier. En général, deux cas peuvent se présenter :

- Lorsque **l'intérimaire est engagé dans les liens d'un contrat d'emploi ou de travail**, la rémunération payée par l'employeur à l'intérimaire n'est pas soumise à la T.V.A.

Le service fourni (en Belgique) par l'entreprise de travail intérimaire à son client est soumis à la T.V.A. sur la somme totale que doit payer le client si le service est considéré comme une mise à disposition de personnel.

S'il est considéré comme une entreprise d'ouvrage (ce que l'Administration ne critique pas), il est soumis à la T.V.A. sur la somme totale que doit payer le client au taux applicable selon la nature du travail effectué par l'intérimaire.

Si le travail de l'entreprise de travail intérimaire est exonéré de la T.V.A., aucune taxe n'est due sur la somme que doit payer le client. L'entreprise de travail intérimaire n'a pas dans cette mesure la qualité d'assujetti à la T.V.A.

- Lorsque **l'intérimaire n'est pas engagé dans les liens d'un contrat d'emploi ou de travail**, il est assujetti et doit, en principe, être identifié à la T.V.A. s'il effectue habituellement des prestations soumises à la T.V.A.

Toutefois l'Administration n'exige pas cette identification pour autant que l'entreprise de travail intérimaire se comporte, dans ses rapports avec le client de la même manière que lorsque les intérimaires sont engagés envers elle dans les liens d'un contrat d'emploi ou de travail.

L'intérimaire n'est pas assujetti à la T.V.A. et la T.V.A. n'est pas due sur les rémunérations qu'il réclame pour ses prestations s'il effectue des prestations exonérées de la T.V.A.

L'entreprise de travail intérimaire est alors considérée comme mandataire du client et elle ne doit calculer la T.V.A. que sur la commission lui revenant pour son intervention, à condition que, dans la facture qu'elle adresse au client, elle mentionne cette commission distinctement de la rémunération réclamée pour les prestations de l'intérimaire.

Exemple

Une entreprise de travail intérimaire A, travaille avec un client B et un intérimaire C.

Première hypothèse : C est un membre du personnel de A.

A facture à B la totalité (prix contractuel convenu entre A et B, comprenant notamment les rémunérations de C, les charges sociales, le bénéfice, etc.).
La facture contient de la T.V.A. si l'opération est réputée avoir lieu en Belgique. A paie à C ses rémunérations et assure le paiement O.N.S.S., etc. en tant qu'employeur.

Deuxième hypothèse : C n'est pas un membre du personnel de A.

Première solution : A facture à B sa rémunération d'intermédiaire (mandataire) avec T.V.A. si l'opération est réputée avoir lieu en Belgique. C facture à B ses propres rémunérations à titre d'assujetti à la T.V.A., avec T.V.A. si l'opération est réputée exécutée en Belgique.

Deuxième solution (tolérance administrative pour l'application de la T.V.A.) : A facture à B la totalité du prix (rémunération d'intermédiaire plus les rémunérations de C).
A paie à C ce qui lui est dû.

Le notaire

Les notaires sont des assujettis avec droit à déduction. Ils doivent, outre leurs honoraires, reprendre tous les frais qu'ils ont supportés et qu'ils refacturent à leurs clients y compris les impôts et taxes dont ils sont les redevables et qu'ils leurs réclament, indépendamment du fait que ceux-ci soient ou non portés séparément en compte (taux : 21%). Cela concerne notamment :

- les frais liés au droit de transcription ;
- les frais liés à la délivrance d'une attestation de l'OVAM ;
- les frais liés à la délivrance d'une attestation de l'IBGE-BIM ;
- les frais liés à la délivrance d'un extrait cadastral ;
- les frais liés à l'inscription dans le registre central des testaments et des contrats de mariage.

Si les dépenses ont trait à des services qu'un notaire expose au nom et pour le compte de son client, elles sont considérées comme un débours à la condition que le prix de ces services soit directement facturé au nom et pour le compte du cocontractant par le fournisseur.

Une taxe, un droit ou un impôt payé par un notaire ne peut être considéré comme un débours que si ledit paiement est effectué au nom du client qui en est personnellement le redevable aux yeux de l'autorité compétente et qui lui est répercuté pour son juste montant.

Les frais suivant refacturés sont à considérer comme des débours (pas de T.V.A.) :

- les droits d'enregistrement liés à un acte à enregistrer ;
- les droits d'hypothèque et honoraire du conservateur en cas d'inscription hypothécaire;
- l'honoraire du conservateur en cas de transcription d'actes soumis aux formalités de la transcription;
- les frais de mainlevée, suppression d'une annotation marginale;
- le droit de mise au rôle ;
- les frais de publication au Moniteur belge d'actes de sociétés à la condition que la facture établie par le Moniteur belge le soit directement au nom du client.

Frais notariaux

Lorsqu'un assujetti cède tout ou partie d'un immeuble neuf avec application de la T.V.A. et qu'à cette occasion, il porte en compte à l'acquéreur une partie des frais notariaux ou autres, relatifs à la rédaction de l'acte de base et du règlement de copropriété de cet immeuble, qu'il a exposés en son nom et pour son compte, ces frais constituent un élément du prix porté en compte à l'acheteur et font partie de la base d'imposition à la T.V.A. de la livraison de l'immeuble.

Il en est ainsi, même lorsque les frais reportés en compte à l'acheteur avaient pu bénéficier, dans les relations entre le notaire et l'assujetti cédant, de l'exemption prévue par l'art. 44, § 1er, du Code T.V.A.[15]

[15] Q. n° 208 du 13/12/1999 - de Clippele.

L'architecte

Les travaux d'étude et de contrôle qui relèvent de l'activité habituelle des **architectes** et, plus généralement, toutes les prestations fournies par ces personnes dans le cadre de leur profession sont soumis à la T.V.A. (21%) et rendent ces personnes assujetties avec droit à déduction.

Une **association d'architectes** qui traite comme telle avec les clients est un assujetti avec droit à déduction même si elle ne possède pas la personnalité juridique. Elle acquitte donc, en son nom, la T.V.A. due à l'État.

Les architectes indépendants, membres d'une telle association, sont également assujettis et portent en compte à l'association la part de leurs honoraires avec application de la T.V.A.[16]

Les prestations des **architectes d'intérieur** consistent généralement en la réalisation de travaux d'étude ou de contrôle tendant à préparer ou à coordonner l'aménagement d'un bâtiment qui peut donner lieu aussi bien à des prestations de services considérées comme des travaux immobiliers qu'à d'autres prestations de services, telles que la fourniture de conseils à l'achat, au placement et à l'installation des éléments d'aménagement intérieur (p. ex. l'ameublement, les appareils d'éclairage, etc.).

Ces personnes sont des assujettis avec droit à déduction et le lieu de leurs prestations est toujours déterminé en fonction de l'endroit où est situé l'immeuble[17].

Bien que, pour l'application des lois sociales, **l'architecte stagiaire** soit considéré comme indépendant, on peut admettre qu'il existe, vu la façon dont est réglementé le stage des architectes, un lien de subordination entre le stagiaire et l'architecte maître de stage, même lorsque le stagiaire ne travaille pas à temps plein.

---

16 Q.P. n° 20 du 26/10/1972 – LINDEMANS & Q.P. n° 126 du 17/1/1984 – LESTIENNE.

17 Selon l'art. 21, § 3, 1°, du Code T.V.A. - Déc. du 28/4/2006 n° 111.100.

Par conséquent, le stagiaire peut bénéficier du non assujettissement et la T.V.A. n'est dès lors pas due sur la rémunération que lui alloue le maître de stage[18].

S'il n'exerce qu'une activité de stage et s'il n'entend pas se prévaloir du non assujettissement et requiert son identification à la T.V.A., il est assujetti pour toutes ses activités.

La T.V.A. est alors due sur la rémunération qui lui est allouée par le maître de stage.

L'architecte stagiaire qui, outre son stage, effectue, de manière indépendante, des opérations imposables à la T.V.A. doit être considéré comme un assujetti pour l'ensemble de son activité, de sorte que ses prestations de stagiaire seront également taxables[19].

Le géomètre

Quiconque (fonctionnaire ou non) exerce la profession de géomètre expert immobilier (à titre principal ou accessoire) est tenu d'être identifié à la T.V.A. et doit s'acquitter, comme indépendant, des cotisations sociales[20].

L'exécution des travaux pour le compte de particuliers et d'établissements publics par les agents de l'Administration du cadastre est réglementée. Ces fonctionnaires sont assujettis avec droit à déduction et donc tenus à toutes les obligations qui découlent de cet assujettissement[21].

Le commissionnaire en immobilier

L'article 20 du Code T.V.A. dispose que, lorsqu'un **commissionnaire** ou un **intermédiaire** quelconque agissant dans les conditions prévues à l'article 13 § 2 du Code T.V.A. s'entremet dans des prestations de services taxables, il est réputé avoir reçu et fourni personnellement ces services.

---

18 Déc. n° E.T. 9195 du 13/6/1972.

19 Déc. n° E.T. 56.513 du 22/8/1986.

20 Q. n° 240 du 6/8/1982 – VANSTEENKISTE.

21 Q. n° 134 du 12/7/1979 – d'ALCANTARA.

Dès que ces conditions sont réunies, on se trouve en présence de deux prestations de services successives de même nature avec toutes les conséquences qui en découlent.

Une première prestation de services intervient entre le prestataire effectif du service et le commissionnaire ou l'intermédiaire. Une seconde entre le commissionnaire ou l'intermédiaire et le bénéficiaire définitif de la prestation de services.

Le commissionnaire est un assujetti avec droit à déduction traité comme un véritable entrepreneur principal en ce qui concerne les prestations de services dans la fourniture desquelles il s'entremet.

Le courtier ou agent immobilier

Le courtage est en fait un **contrat de mandat**.

> Par mandat, on entend le contrat par lequel une personne charge une autre personne d'accomplir un acte juridique, pour elle et en son nom. Aucune distinction ne doit être faite selon que l'opération dans laquelle intervient le mandataire est taxable ou non.

Le courtier, en tant que prestataire de services, est un assujetti avec droit à déduction lorsqu'il exerce son activité dans les conditions prévues par l'article 4 du Code T.V.A. La T.V.A. est dès lors due sur le courtage.

Lorsque des personnes qui s'entremettent régulièrement comme courtier dans la réalisation de ventes d'appartements (et sont assujetties pour cette activité) achètent, pour leur propre compte, avec T.V.A. des appartements en vue de les revendre, elles n'ont pas la qualité d'assujetti pour ces opérations spécifiques qui ne relèvent pas de leur activité habituelle.

Ces courtiers ne seront des assujettis occasionnels pour la vente de ces appartements que s'ils manifestent leur intention de les vendre avec application de la T.V.A. (voir p. 133)[22].

---

22 Q. n° 10 du 31/3/1978 - VANSTEENKISTE.

L'agence immobilière de vacances

Comme la location de biens immeubles par nature est une opération exemptée de la T.V.A.[23] (l'exemption s'étend à la mise à disposition des meubles qui garnissent l'immeuble loué, lorsque celui-ci est destiné à l'habitation humaine), lorsqu'un commissionnaire ou un intermédiaire quelconque, qui agit en son nom propre ou sous un nom social pour le compte d'un commettant, s'entremet dans des prestations de services taxables ou exemptées, il est réputé avoir reçu personnellement ces services et les avoir ensuite fournis personnellement.

Dès lors, dans cette hypothèse, on se trouve en présence de deux prestations de services successives exemptées de la T.V.A., l'exemption jouant donc aussi bien dans les rapports entre le propriétaire de l'immeuble et l'agence immobilière, que dans les rapports entre cette agence et le locataire[24].

La commission qui revient à l'agence immobilière échappe à la T.V.A. et n'ouvre dès lors pas, dans la mesure de cette activité, droit à la déduction des T.V.A. en amont.

L'agence de voyage

Les agences de voyages interviennent fréquemment, contre rémunération, dans la location d'immeubles de villégiature situés dans le pays ou à l'étranger.

Trois manières d'opérer peuvent exister[25].

Agence de voyages propriétaire ou locataire des immeubles

Si l'agence est propriétaire, elle donne en location ces immeubles et le loyer lui revient entièrement.

---

23 Art. 44, § 3, 2° du Code T.V.A.

24 Q. n° 421 du 5/2/1993 – DE CLIPEELE.

25 Déc. n° E.T. 21.830 du 21/6/1976 et E.T. 19.004 du 24/4/1976, adaptée.

Si elle est locataire, elle sous-loue ces immeubles et il ne lui revient que la différence entre le loyer encaissé et le loyer qu'elle paie au propriétaire.

Dans les deux cas, l'agence effectue une opération qui n'est généralement pas soumise à la T.V.A. (location immobilière) et n'est pas assujettie avec droit à déduction pour cette activité.

Si elle exerce parallèlement des activités soumises à la T.V.A. (ce qui est fréquent), l'agence est alors un assujetti mixte.

Agence de voyages intervenant comme courtier ou mandataire dans la location

Un propriétaire ou un intermédiaire charge une agence de voyages de trouver des locataires et de conclure avec eux des contrats de location au nom et pour le compte du propriétaire ou de l'intermédiaire.

L'agence peut aussi être chargée d'encaisser le loyer; elle perçoit une commission que le propriétaire ou l'intermédiaire autorise, du reste, souvent à retenir sur le loyer, lorsqu'elle est chargée de son encaissement.

L'agence fournit dans ce cas une prestation de services visée par le Code T.V.A. et est assujetti avec droit à déduction pour cette activité. La prestation fournie est soumise à la T.V.A. si l'immeuble concerné est situé dans le pays.

Agence de voyages intervenant dans la location en vertu d'un contrat de commission

L'agence présente aux candidats locataires une liste d'immeubles à louer décrivant les lieux et précisant le prix de la location; le contrat de location est conclu au nom de l'agence sans dévoiler l'identité du propriétaire ou de l'intermédiaire pour le compte duquel elle agit.

L'agence remet aux futurs locataires un bon qui leur permettra de prendre possession de l'immeuble à la date et pour la durée convenues; elle encaisse le loyer et retient une certaine somme qui représente la rémunération que le propriétaire ou l'intermédiaire lui abandonne pour son intervention.

L'agence fournit une prestation de services visée par le Code T.V.A. Elle ne peut être assimilée à un bailleur du fait qu'elle s'entremet dans une opération non soumise. L'assimilation comme commissionnaire ne lui est pas applicable.

La commission est soumise à la T.V.A. si l'immeuble loué se trouve dans le pays.

Le syndic d'immeuble

Le syndic est toute personne physique ou morale, copropriétaire ou non, chargée d'accomplir la mission de gestion d'un immeuble ou d'un groupe d'immeubles bâtis, c'est à dire des parties communes et de représenter l'association des copropriétaires. Le syndic apparaît dès lors comme mandataire de l'association des copropriétaires[26].

Syndic non assujetti

Si le **syndic** n'agit pas de manière indépendante, ses prestations de services ne sont pas soumises à la T.V.A.

Si une personne morale est désignée comme syndic, celle-ci peut difficilement être considérée comme n'agissant pas de manière indépendante; elle a dès lors, théoriquement, la qualité d'assujetti à la T.V.A. mais l'Administration n'exige pas, par analogie avec les personnes physiques qui agissent comme syndic, son identification à la T.V.A.

Par contre, une personne morale qui, outre son activité de syndic, agit aussi dans le cadre d'une activité économique (p. ex. courtier en location et/ou vente de biens immeubles) a la qualité d'assujetti mixte.

Syndic assujetti avec droit à déduction

Les syndics (personnes physiques ou morales) qui effectuent des prestations pour lesquelles ils n'agissent pas comme organe de l'association des copropriétaires mais comme un intermédiaire indépendant, doivent être assujettis à la T.V.A. pour le mandat

---

[26] La circ. n° 13 du 20/9/1995 (www.fisconet.be) précise le régime T.V.A. des syndics de copropriétés.

conventionnel qui leur est confié pour autant qu'ils agissent pour cette activité de manière indépendante, de telle sorte que leur rémunération est soumise à la T.V.A. (taux de l'opération).

Exemple

Des travaux immobiliers sont effectués, pour un prix global de 4.000,00 €, hors T.V.A., à l'ensemble des parties communes d'un immeuble de 4 appartements.

Chacun des appartements s'est vu attribuer 1/4 des parties communes de l'immeuble.

Le 1er appartement (A) est exclusivement affecté au logement privé. Le 2ème appartement (B) est utilisé pour 2/3 à des fins privées et 1/3 à des fins économiques.

Le 3ème appartement (C) est utilisé pour 1/3 à des fins privées et pour 2/3 à des fins économiques.

Le 4ème (D) est exclusivement utilisé à des fins économiques.

Les attestations nécessaires ont été souscrites et remises au prestataire de services.

La facture du prestataire des services aux copropriétaires fait état de 6/12 taxables au taux de 6% et 6/12 taxables au taux de 21%.

C'est le syndic qui est chargé de répartir, à prix coûtant, à chacun des copropriétaires, appartement par appartement, le remboursement des dépenses faites au nom et pour leur compte :

Appartement A : 1.000,00 € x 6%
Appartement B: (1.000,00 € x 2/3) x 6% + (1.000,00 x 1/3) x 21%
Appartement C: (1.000,00 € x 1/3) x 6% + (1.000,00 x 2/3) x 21%
Appartement D: 1.000,00 € x 21%

L'expert immobilier

L'**expertise immobilière** est une activité visée par le Code T.V.A.[27]. Les experts immobiliers ont par conséquent la qualité d'assujetti avec droit à déduction. Les règles en matière de T.V.A. leur sont applicables.

L'expertise d'un immeuble situé en Belgique doit être considérée comme un service relatif à un immeuble par nature. Par conséquent, la T.V.A. belge de 21% est due, si l'expertise est l'œuvre d'un assujetti et si l'immeuble est situé en Belgique.

---

27 Déc. n° T. 6207 du 9/7/1971.

L'association momentanée

L'**association momentanée** est une société constituée par deux ou plusieurs personnes en vue de traiter sans raison sociale, une ou plusieurs opérations déterminées. Une telle association n'a pas de personnalité juridique, mais les associés sont connus des tiers avec lesquels ils traitent (ce qui n'est pas le cas des associations en participation).

Des associations momentanées se constituent fréquemment dans le secteur de la construction.

L'assujettissement de l'association elle-même n'est pas exigé mais les associés peuvent toutefois le demander à certaines conditions. Les associés qui optent pour l'assujettissement de l'association momentanée doivent le faire savoir à l'Administration et ne peuvent revenir sur leur option.

Si l'association n'a pas revendiqué l'assujettissement, les biens et services fournis aux tiers sont censés être fournis directement par les associés, chacun pour sa part. Les obligations en matière de T.V.A. doivent être remplies individuellement par chaque associé pour sa part.

Les associés peuvent désigner une personne qui se charge d'adresser les factures aux tiers mais ces factures doivent expressément mentionner le ou les associés au nom et pour le compte desquels elles sont faites.
Les biens et services sont fournis directement aux associés; si la facture du fournisseur est adressée à tous les associés, il y a lieu de déterminer ce qui revient à chacun.

Les opérations doivent être reprises dans la déclaration périodique des associés.

Exemple

Association momentanée entre A (bureau d'étude), B (fabricant de poutrelles) et C (entrepreneur de travaux publics) pour la construction d'un pont dont le prix est fixé à 600.000,00 €, payable par tranches de 60.000,00 €. T.V.A. au taux de 21% soit 126 000,00 €.
Les associés ont convenu de la répartition suivante :

A : 10% pour les travaux d'étude et de surveillance;
B : 40% pour le placement des poutrelles;
C : 50% pour les travaux de maçonnerie.

Déclaration T.V.A. de A

Grille 03	60.000,00 € (10% de 600.000,00 €)
Grille 54	12.600,00 €
Grille 59	divers
Grille 81	divers

Déclaration T.V.A. de B

Grille 03	240.000,00 € (40% de 600.000,00 €)
Grille 54	50.400,00 €
Grille 59	divers
Grille 81	divers

Déclaration T.V.A. de C

Grille 03	300.000,00 € (50% de 600.000,00 €)
Grille 54	63.000,00 €
Grille 59	divers
Grille 81	divers

Association qui a revendiqué l'assujettissement

La demande d'assujettissement peut être faite même si l'association n'a pour objet qu'une seule opération, pour autant qu'elle soit d'une certaine importance et qu'elle s'étende sur une durée d'au moins 6 mois.

Ces opérations peuvent être : la construction d'une route, la construction d'un ouvrage d'art, l'érection d'un immeuble à appartements, etc.
La demande doit être faite au nom de tous les associés et est adressée à l'office de contrôle compétent selon le siège administratif choisi avant le commencement des travaux.

Si des associés n'ont pas encore la qualité d'assujetti, ils doivent préalablement faire leur démarche auprès du guichet d'entreprise.

Trois conditions doivent être réunies :

- l'association doit avoir une comptabilité propre suffisamment détaillée afin de remplir les obligations qui incombent aux assujettis et faciliter le contrôle des opérations effectuées;
- les associés doivent désigner une personne chargée de remplir les obligations et de communiquer avec l'Administration;

- les associés doivent faire élection de domicile dans le pays.

Les déclarations périodiques sont déposées au nom de l'association qui possède son propre numéro d'identification à la T.V.A.

Le coordinateur de chantier

Les prestations de services d'un coordinateur de chantier amené à prendre contact avec des entrepreneurs qualifiés pendant la phase de préparation d'un chantier déterminé présentent un lien direct avec le bien immeuble et suivent dès lors les mêmes règle de localisation que les prestations de services immobilières[28].

L'assujetti étranger

Les assujettis établis à l'étranger ne sont tenus de remplir, par l'intermédiaire d'un représentant responsable, les obligations imposées par la législation T.V.A. belge que s'ils effectuent des opérations dans le pays pour lesquelles ils sont redevables de la taxe.

Il est par conséquent normal que l'Administration s'assure que ces entreprises étrangères exercent effectivement de telles opérations dans le pays, avant de les identifier à la T.V.A.

La communication d'un contrat signé peut s'avérer utile à cette fin[29].

---

28 Commission des Finances de la Chambre, 16/5/2017, CRIV 54 COM 665, p. 4.
29 Q. n° 31 du 30/3/1992.

Obligations du secteur immobilier

Les assujettis du secteur immobilier sont, comme tous les autres assujettis, soumis aux différentes obligations imposées par le Code T.V.A.

Le régime normal de la T.V.A.

En principe la délivrance de factures est obligatoire dans le secteur immobilier. Les factures établies aux clients sont alors inscrites dans un « facturier de sorties » totalisé en fin de période en vue d'établir et déclarer le chiffre d'affaires réalisé.

Les recettes éventuelles réalisées avec les particuliers, et pour lesquelles il n'y a pas obligation de facturer, sont inscrites au jour le jour dans un « journal de recettes ».

La T.V.A. à payer sur le chiffre d'affaires de la période est, dans le régime normal, fonction des ventes réalisées.

Le régime forfaitaire de la T.V.A.

Ce régime optionnel, dans lequel la T.V.A. payée est fonction des achats et non plus des ventes, n'est applicable à aucune des activités du secteur immobilier.

Le régime de la franchise

Toutes les petites entreprises dont le chiffre d'affaires annuel ne dépasse pas 25.000,00 € hors T.V.A., peuvent, si elles le désirent, opter pour le régime de la franchise de la T.V.A. pour les opérations qu'elles effectuent.

Aucune T.V.A. ne peut alors apparaître sur leurs factures à la sortie. En revanche, ces « assujettis franchisés » ne peuvent pas déduire la T.V.A. sur les biens et les services (même les biens d'investissement) utilisés pour effectuer leurs opérations en franchise.

Pour indiquer à leurs clients leur appartenance au régime de la franchise, les factures à la sortie doivent porter la mention :

« Petite entreprise soumise au régime de la franchise de la taxe, T.V.A. non applicable ».

Attention ! Les entreprises qui effectuent des travaux immobiliers (y compris les entreprises de jardins) sont d'office exclues de ce régime !

La comptabilité à tenir

Les assujettis du secteur immobilier doivent - comme tout autre assujetti - tenir une comptabilité suffisamment détaillée pour permettre l'application et le contrôle de la T.V.A.

Les livres et documents doivent être conservés par l'assujetti pendant une période de **7 années** à compter du 1/1 qui suit leur clôture (pour les livres) ou à compter de leur date (pour les documents).

Ils doivent être communiqués à toute requête des agents chargés du contrôle.

La déclaration périodique et les paiements

Hormis certains assujettis non déposants, tout assujetti à la T.V.A. est tenu d'envoyer par INTERNET (Application INTERVAT) ses déclarations périodiques à la T.V.A. (éventuellement « néant ») et de verser au trésor les taxes dues qui en découleraient.

Pour le dépôt de déclarations trimestrielles, le chiffre d'affaires maximum annuel H.T.V.A. est de **2.500.000,00 €.**

Modèle de déclaration périodique à la T.V.A.

I RENSEIGNEMENTS GÉNÉRAUX

Nom et adresse du déclarant :

N° TVA du déclarant :
B E 0

DÉCLARATION À LA TVA

Période :

Mois

Trimestre

Demande de restitution
(Case à cocher par une croix)

Demande de formulaires de paiement
(Case à cocher par une croix)

II OPÉRATIONS À LA SORTIE

A. Opérations soumises à un régime particulier	00
B. Opérations pour lesquelles la TVA est due par le déclarant :	
- au taux de 6 p.c.	01
- au taux de 12 p.c.	02
- au taux de 21 p.c.	03
C. Services pour lesquels la TVA étrangère est due par le cocontractant	44
D. Opérations pour lesquelles la TVA est due par le cocontractant	45
E. Livraisons intracommunautaires exemptées effectuées en Belgique et ventes ABC	46
F. Autres opérations exemptées et autres opérations effectuées à l'étranger	47

Plier ici s.v.p.

G. Montant des notes de crédit délivrées et des corrections négatives :	
- relatif aux opérations inscrites en grilles 44 et 46	48
- relatif aux autres opérations du cadre II	49

III OPÉRATIONS À L'ENTRÉE

A. Montant des opérations à l'entrée compte tenu des notes de crédit reçues et autres corrections :	
- marchandises, matières premières et matières auxiliaires	81
- services et biens divers	82
- biens d'investissement	83
B. Montant des notes de crédit reçues et des corrections négatives :	
- relatif aux opérations inscrites en grilles 86 et 88	84
- relatif aux autres opérations du cadre III	85
C. Acquisitions intracommunautaires effectuées en Belgique et ventes ABC	86
D. Autres opérations à l'entrée pour lesquelles la TVA est due par le déclarant	87
E. Services intracommunautaires avec report de perception	88

1 R/V

625 - F - 2016

IV TAXES DUES	A. TVA relative aux opérations déclarées en :	
	- grilles 01, 02 et 03	54
	- grilles 86 et 88	55
	- grille 87, à l'exception des importations avec report de perception	56
	B. TVA relative aux importations avec report de perception	57
	C. Diverses régularisations TVA en faveur de l'Etat	61
	D. TVA à reverser mentionnée sur les notes de crédit reçues	63
	A ne pas compléter	65
	Total des grilles 54, 55, 56, 57, 61 et 63	XX
V TAXES DÉDUCTIBLES	A. TVA déductible	59
	B. Diverses régularisations TVA en faveur du déclarant	62
	C. TVA à récupérer mentionnée sur les notes de crédit délivrées	64
	A ne pas compléter	66
	Total des grilles 59, 62 et 64	YY
VI SOLDE	Une seule des deux grilles peut être remplie :	Plier ici s.v.p.
	Taxe due à l'Etat: grille XX - grille YY	71
	Sommes dues par l'Etat: grille YY - grille XX	72
VII ACOMPTE	Concerne uniquement la déclaration mensuelle de décembre TVA réellement due pour la période du 1er au 20 décembre	91
VIII LISTING CLIENTS -NÉANT-	Concerne uniquement la dernière déclaration de l'année civile ou celle relative à la cessation d'activité Pas de clients à reprendre sur le listing des clients (Case à cocher par une croix)	
IX DATE ET SIGNATURE(S)	Déclaration certifiée sincère et complète Nom, qualité et numéro de téléphone du (des) signataire(s)	Date: Signature(s):
2 R/V	Cadre réservé à l'administration A B J M A 1 0 1 2 0 C D Cde PÉRIODE	

SPECIMEN

Obligations de retenue

Le commettant ou l'entrepreneur qui, pour les travaux ou activités visés, fait appel à un entrepreneur ou à un sous-traitant qui a des dettes fiscales au moment de la conclusion de la convention, est solidairement responsable du paiement des dettes fiscales de son cocontractant (responsabilité solidaire et subsidiaire).

Quels travaux ?

Entrepreneurs et sous-traitants dans la construction

L'article 19, § 2, du Code T.V.A. énonce que « *il y a lieu d'entendre par travail immobilier, tout travail de construction, de transformation, d'achèvement, d'aménagement, de réparation, d'entretien, de nettoyage et de démolition de tout ou partie d'un immeuble par nature, ainsi que toute opération comportant à la fois la fourniture d'un bien meuble et son placement dans un immeuble en manière telle que ce bien meuble devienne immeuble par nature* ».

Entreprises de gardiennage et/ou de surveillance

« Par service de gardiennage et/ou de surveillance, on entend les prestations de gardiennage et/ou de surveillance permanentes, temporaires ou occasionnelles, telles que les prestations préventives, actives, sur place ou à distance, avec ou sans moyens techniques, relatives à des personnes, des biens meubles ou immeubles, des lieux ou des événements. Par exemple :

- les activités visées par la réglementation sur les entreprises de gardiennage;
- le monitoring, la surveillance préventive et/ou à distance de personnes, de biens et/ou d'installations, avec ou sans l'aide de moyens technologiques ».

Le commettant

Quiconque donne ordre d'exécuter ou de faire exécuter des travaux pour un prix ; à noter que le commettant personne-physique qui fait effectuer des travaux à des fins strictement privées, n'est pas concerné.

L'entrepreneur

Quiconque s'engage, pour un prix, à exécuter ou à faire exécuter des travaux pour un commettant.
Chaque sous-traitant par rapport aux sous-traitants suivants.

Le sous-traitant

Quiconque s'engage, soit directement, soit indirectement, à quelque stade que ce soit, à exécuter ou à faire exécuter pour un prix, le travail ou une partie du travail confié à l'entrepreneur, ou à mettre des travailleurs à disposition à cet effet.

Quelle responsabilité ?

La responsabilité solidaire est limitée à **35%** du prix total des travaux, non compris la T.V.A., concédés à l'entrepreneur ou au sous-traitant.
Elle peut être engagée pour le paiement en principal, accroissements, frais et intérêts, quelle que soit leur date d'établissement, des dettes suivantes qui existent au moment de la conclusion de la convention:

- toutes les dettes en matière d'impôts directs et de taxes assimilées aux impôts sur les revenus;
- toutes les dettes en matière de précomptes;
- les créances fiscales d'origine étrangère pour lesquelles l'assistance au recouvrement est demandée dans le cadre d'une convention internationale;
- les montants non payés dans le cadre de la responsabilité solidaire[30].

Ne sont pas considérées comme dettes les sommes pour lesquelles il existe un plan d'apurement dûment respecté.
La responsabilité solidaire s'étend aux dettes fiscales des associés d'une société momentanée, d'une société interne ou d'une société de droit commun, qui agit comme entrepreneur ou sous-traitant.

Elle s'applique également aux dettes fiscales de l'entrepreneur ou du sous-traitant qui prennent naissance en cours d'exécution de la convention.

---

30 Visée à l'article 402, CIR 92.

Quelle retenue ?

Le commettant ou l'entrepreneur qui effectue le paiement de tout ou partie du prix de travaux ou activités visés à un entrepreneur ou à un sous-traitant qui, au moment du paiement, a des dettes fiscales, est tenu, lors du paiement, de retenir et de verser 15% du montant dont il est redevable, non compris la T.V.A., au receveur de la recette spéciale des contributions directes (voir ci-après). Le cas échéant, les retenues et versements visés sont limités au montant des dettes de l'entrepreneur ou du sous-traitant au moment du paiement :

- si la facture est < 7.143,00 € (hors T.V.A.), il faut effectuer la retenue et le versement de 15% du montant dû (hors T.V.A.) ;
- si la facture est d'un montant ≥ à 7.143,00 € (hors T.V.A.), le cocontractant doit produire une attestation établissant le montant de sa dette (à la date du jour à laquelle elle est établie).

Elle est valable pendant les 20 jours qui suivent sa délivrance par le receveur compétent.

Si la dette est < à la retenue à effectuer en principe, le versement doit être limité au montant de la dette.

Si la dette sur l'attestation est > à la retenue à effectuer en principe, ou si l'attestation n'est pas produite par le cocontractant dans le mois de la demande, le versement de 15% du montant dû (hors T.V.A.) doit être effectué.

Exemples

Montant H.T.V.A. de la facture	Montant de la dette sur l'attestation	Versement à effectuer
5.000,00 €	(sans objet)	750,00 €
10.000,00 €	1.200,00 €	1.200,00 € (10.000,00 x 15% = 1.500,00 limité à 1.200,00)
10.000,00 €	2.000,00 €	1.500,00 €

Le montant retenu doit être versé, simultanément au paiement à l'entrepreneur ou au sous-traitant, au compte :

IBAN BE33 6792 0023 2046 BIC PCHQBEBB
• Bureau de recette des contributions directes de Bruxelles 3 et recettes spéciales, boulevard du Jardin Botanique 50, boîte 3110, 1000 Bruxelles (tél. : 0257/715 60). • avec les mentions suivantes : - numéro d'entreprise de l'entrepreneur ou du sous-traitant ; - montant et date de la facture à laquelle se rapporte le paiement ; - nom de l'entrepreneur.

Il appartient à la personne qui opère le versement de transmettre au bureau de recette à l'adresse de correspondance suivante, une copie de la facture à laquelle se rapporte le paiement :

Ainv-Arec Voorstraat 43 3500 Hasselt

Sanction

Lorsque le versement prévu n'a pas été effectué, le montant dû est doublé et enrôlé à charge du contrevenant, à titre d'amende administrative, dans le délai prévu à l'article 354 du CIR 92.

Les remboursements de T.V.A.

Les entreprises du secteur immobilier sont fréquemment en situation de crédit d'impôt du fait que leurs opérations à la sorties sont régulièrement soumises au taux 0% (cocontractant - autoliquidation) ou 6% et 12% (travaux immobiliers aux taux réduits).

En principe les remboursements T.V.A. sont effectués trimestriellement mais le secteur immobilier peut, à certaines conditions, bénéficier d'un remboursement mensuel[31].

Les conditions d'un remboursement mensuel pour les entreprises du secteur de la construction sont les suivantes :

---

[31] Art. 81, § 2, alinéa 1er, de l'A.R. n° 4 relatif aux restitutions en matière de T.V.A.).

1ère condition
Les opérations reprises en **grilles 01** (travaux immobiliers à des fins privées), **45** (opérations cocontractant en autoliquidation), **46** (livraisons intracommu-nautaires) et **47** (exportations) des déclarations périodiques de l'année qui précède doivent représenter au moins **30%** du chiffre d'affaires total de cette année.

2ème condition
Avoir eu un crédit d'impôt total d'au moins **12.000,00 €** durant l'année qui précède.

3ème condition
Avoir un crédit d'impôt mensuel restituable d'au moins **245,00 €.**

4ème condition
Demander et obtenir auprès de l'Inspecteur principal compétent une autorisation écrite (renouvelée automatiquement chaque année si les conditions de base restent remplies). Le fait de cocher la rubrique « Demande de restitution » implique que les conditions demeurent remplies.

5ème condition
Etre, bien entendu, un assujetti soumis au régime de dépôt de déclarations mensuelles.

6ème condition
Remplir les autres conditions de remboursement des crédits d'impôt (communiquer un numéro de compte financier, être en ordre de dépôt et de paiement, faire la demande en cochant la case prévue dans la déclaration).

Acompte du mois de décembre

Tout assujetti qui dépose des déclarations (mensuelles ou trimestrielles) est tenu de verser au plus tard pour le 24/12 un acompte fixé au choix : soit égal au solde de la déclaration (grille 71) du mois de novembre ou du 3ème trimestre, soit égal à la différence entre les T.V.A. dues et les T.V.A. déductibles pour la période du 1/12 (mensuels) ou 1/10 (trimestriels) au 20/12 .

Cet acompte est récupérable la période suivante.

Liste annuelle des clients assujettis en Belgique (listing T.V.A. ou listing clients)

Chaque année, l'assujetti avec droit à déduction et l'assujetti franchisé (sauf, pour ce dernier s'il s'agit d'un listing « néant ») doit envoyer par INTERNET (application INTERVAT) au plus tard le 31/3 (délai souvent prolongé au 30/4), une liste reprenant le montant total des fournitures et prestations effectuées pour le compte de tous ses clients assujettis à la T.V.A. en Belgique durant l'année civile précédente.

Si aucune opération n'a été effectuée il l'indique dans la case prévue à cet effet dans la déclaration T.V.A.

Si le montant total des opérations de l'année n'excède pas 250,00 € T.V.A. non comprise pour un assujetti, il n'y a pas lieu de renseigner ce client sur la liste.

L'obligation de déposer la liste annuelle des clients assujettis (listing clients) ne concerne pas l'assujetti occasionnel[32].

[32] Déc. n° E.T. 15.405 du 28/6/1973.

Modèle de liste annuelle des clients assujettis à la T.V.A.

TAXE SUR LA VALEUR AJOUTEE

LISTE ANNUELLE DES CLIENTS ASSUJETTIS A LA T.V.A. R

N° de T.V.A. du déclarant : B E 0 (1) Année des opérations : (1)

Page (2) sur (3)

(1) A compléter obligatoirement au recto de chaque feuille de la liste.
(2) Les pages doivent être numérotées de manière ininterrompue. La première page de la liste porte le numéro 001
(3) Indiquer ici le nombre total de pages de la liste.

CADRE I : A REMPLIR PAR L'ASSUJETTI - A COMPLETER UNIQUEMENT A LA PREMIERE PAGE DE LA LISTE

Nom et adresse du déclarant :

ATTENTION : si la liste contient plusieurs feuilles, elles ne peuvent pas être attachées.
Les feuilles doivent être rangées par numéro de page croissant.

Signature(s) : CERTIFIE SINCERE ET VERITABLE

Date : / /

A. A compléter uniquement par les petites entreprises qui appliquaient le régime de la franchise de la taxe au 31 décembre de l'année civile concernée par la liste :
1. Montant total du chiffre d'affaires réalisé au cours de cette année (y compris celui repris au cadre III de la liste) : ,
2. Dans la mesure où l'activité sous le régime de la franchise de la taxe a débuté dans le courant de cette année, la date à laquelle la petite entreprise a commencé à bénéficier de ce régime (jour / mois) : /

B. A compléter uniquement par les exploitants agricoles visés à l'article 5, § 2 de l'arrêté royal n° 50 :
Je déclare être tenu au dépôt du relevé intracommunautaire annuel visé à l'article 5, § 2 de l'arrêté royal n° 50 (case à cocher par une croix) : (Oui) (Non)

Plier ici s.v.p.

CADRE II : RESERVE A L'ADMINISTRATION

Date de réception	Monnaie	Nombre de pages	A/B/L/R	Date de traitement
/ /	E			/ /

CADRE III : LISTE DES CLIENTS

N°	Numéro de T.V.A.	Chiffre d'affaires (T.V.A. non comprise)	Montant de la T.V.A.
1	B E 0	,	,
2	B E 0	,	,
3	B E 0	,	,
4	B E 0	,	,
5	B E 0	,	,
6	B E 0	,	,
7	B E 0	,	,
8	B E 0	,	,
9	B E 0	,	,
10	B E 0	,	,
	Totaux de la page :	,	,

725 - F - 2016

SPECIMEN

TAXE SUR LA VALEUR AJOUTEE

LISTE ANNUELLE DES CLIENTS ASSUJETTIS A LA T.V.A.

R

N° de T.V.A. du déclarant : B E 0 (1) Année des opérations : (1)

Page (2) sur (3)

(1) A compléter obligatoirement au recto de chaque feuille de la liste.
(2) Les pages doivent être numérotées de manière ininterrompue. La première page de la liste porte le numéro 001.
(3) Indiquer ici le nombre total de pages de la liste.

CADRE I : A REMPLIR PAR L'ASSUJETTI - A COMPLETER UNIQUEMENT A LA PREMIERE PAGE DE LA LISTE

Nom et adresse du déclarant :

ATTENTION : si la liste contient plusieurs feuilles, elles ne peuvent pas être attachées.

Les feuilles doivent être rangées par numéro de page croissant.

Signature(s) : CERTIFIÉ SINCÈRE ET VÉRITABLE

Date : / /

A. A compléter uniquement par les petites entreprises qui appliquaient le régime de la franchise de la taxe au 31 décembre de l'année civile concernée par la liste :

1. Montant total du chiffre d'affaires réalisé au cours de cette année (y compris celui repris au cadre III de la liste) : ,
2. Dans la mesure où l'activité sous le régime de la franchise de la taxe a débuté dans le courant de cette année, la date à laquelle la petite entreprise a commencé à bénéficier de ce régime (jour / mois) : /

B. A compléter uniquement par les exploitants agricoles visés à l'article 5, § 2 de l'arrêté royal n° 50 :

Je déclare être tenu au dépôt du relevé intracommunautaire annuel visé à l'article 5, § 2 de l'arrêté royal n° 50 (case à cocher par une croix) : ☐ (Oui) ☐ (Non)

Plier ici s.v.p.

CADRE II : RESERVE A L'ADMINISTRATION

/ /	E			/ /
Date de réception	Monnaie	Nombre de pages	A/B/L/R	Date de traitement

CADRE III : LISTE DES CLIENTS

N°	Numéro de T.V.A.	Chiffre d'affaires (T.V.A. non comprise)	Montant de la T.V.A.
1	B E 0	,	,
2	B E 0	,	,
3	B E 0	,	,
4	B E 0	,	,
5	B E 0	,	,
6	B E 0	,	,
7	B E 0	,	,
8	B E 0	,	,
9	B E 0	,	,
10	B E 0	,	,
	Totaux de la page :	,	,

725 - F - 2016

Relevé à la T.V.A. des opérations intracommunautaires

Les assujettis du secteur immobilier sont tenus, comme les autres assujettis, de faire connaître chaque trimestre civil à l'Administration de la T.V.A. de leur pays, pour chaque client identifié à la T.V.A. dans un autre État membre, le montant total des livraisons intracommunautaires de biens (exemptées en Belgique) pour lesquelles la taxe est devenue exigible par autoliquidation dans le pays de destination.

Ils doivent également faire connaître le montant des prestations de services intracommunautaires exemptées en Belgique et pour lesquelles la T.V.A. est exigible dans le pays de destination.

Ce relevé des opérations intracommunautaires doit être envoyé obligatoirement par INTERNET (application INTERVAT):

- tous les mois pour les déposants mensuels, quel que soit le montant trimestriel des opérations intracommunautaires réalisées;
- tous les mois pour les déposants trimestriels, si le montant total trimestriel de leurs livraisons intracommunautaires exemptées a dépassé 100.000,00 € au cours de chacun des 4 trimestres précédents;
- tous les trimestres pour les déposants trimestriels, pour autant que le montant total trimestriel de leurs livraisons intracommunautaires exemptées n'ait pas dépassé 50.000,00 € au cours de chacun des 4 trimestres précédents.

Les assujettis occasionnels (voir p. 30) pour la cession occasionnelle d'un bâtiment neuf et de droits réels sur ces bâtiments échappent à cette obligation.

Les assujettis qui doivent déposer mensuellement un relevé des opérations intracommunautaires doivent obligatoirement déposer des déclarations mensuelles.

Modèle de relevé à la T.V.A. des opérations intracommunautaires

RELEVE A LA TVA DES OPERATIONS INTRACOMMUNAUTAIRES R

N° de TVA du déclarant : B E 0 (1)

Période : (1) (4) Page (2) sur (3)

(1) A compléter obligatoirement sur chaque page du relevé.
(2) Les pages doivent être numérotées de manière ininterrompue. La première page du relevé porte le numéro 001.
(3) Indiquer ici le nombre total de pages du relevé.
(4) A compléter par : - relevé mensuel: XX | ANNEE (ex: mars 2010 = 03 2010)
- relevé trimestriel: 3X | ANNEE (ex: 1er trimestre 2010 = 31 2010)
- relevé annuel: 00 | ANNEE (ex : année 2010 = 00 2010)

CADRE I - A COMPLETER UNIQUEMENT A LA PREMIERE PAGE DU RELEVE

Nom et adresse du déclarant :

ATTENTION : si le relevé contient plusieurs feuilles, elles ne peuvent pas être attachées.

Les pages doivent être rangées par numéro de page croissant.

Je déclare que ce relevé est sincère et complet.
Nom, qualité et numéro de téléphone du (des) signataire(s) :

Date :
Signature(s) :

CADRE II : RESERVE A L'ADMINISTRATION

Date de réception Période Nbre pages A/B/R Date de traitement

Plier ici s.v.p.

CADRE III : RELEVE DES CLIENTS

	CODE PAYS ET NUMERO DE TVA DU CLIENT	CODE	MONTANT	PERIODE (4)
1				
2				
3				
4				
5				
6				
7				
8				
9				
10				
11				

Montant total de cette page :

723-F-2016

RELEVE A LA TVA DES OPERATIONS INTRACOMMUNAUTAIRES

R

N° de TVA du déclarant : B E 0 (1)

Période : (1) (4) Page (2) sur (3)

(1) A compléter obligatoirement sur chaque page du relevé.
(2) Les pages doivent être numérotées de manière ininterrompue. La première page du relevé porte le numéro 001.
(3) Indiquer ici le nombre total de pages du relevé.
(4) A compléter par : - relevé mensuel: XX | ANNEE (ex: mars 2010 = 03 2010)
- relevé trimestriel: 3X | ANNEE (ex: 1er trimestre 2010 = 31 2010)
- relevé annuel: 00 | ANNEE (ex : année 2010 = 00 2010)

CADRE I : A COMPLETER UNIQUEMENT A LA PREMIERE PAGE DU RELEVE

Nom et adresse du déclarant :

ATTENTION : si le relevé contient plusieurs feuilles, elles ne peuvent pas être attachées.

Les pages doivent être rangées par numéro de page croissant.

Je déclare que ce relevé est sincère et complet.
Nom, qualité et numéro de téléphone du (des) signataire(s) :

Date :
Signature(s) :

CADRE II : RESERVE A L'ADMINISTRATION

Date de réception Période Nbre pages A/B/R Date de traitement

Plier ici s.v.p.

CADRE III : RELEVE DES CLIENTS

	CODE PAYS ET NUMERO DE TVA DU CLIENT	CODE	MONTANT	PERIODE (4)
1				
2				
3				
4				
5				
6				
7				
8				
9				
10				
11				

Montant total de cette page :

723-F-2016

Calendrier des obligations et délais en T.V.A.

Dates limites*	Formalités à accomplir
20 janvier	Envoi de la déclaration du mois de décembre de l'année précédente Envoi de la déclaration du 4ème trimestre de l'année précédente Envoi du relevé des opérations intracommunautaires du 4ème trimestre de l'année précédente Paiement du solde débiteur de la déclaration de décembre de l'année précédente Paiement du solde débiteur de la déclaration du 4ème trimestre de l'année précédente
20 février	Envoi de la déclaration du mois de janvier Paiement du solde débiteur de la déclaration du mois de janvier
15 mars	Date limite d'option pour le changement de régime imposable (régime normal – régime forfaitaire). Effet au 1/4
20 mars	Envoi de la déclaration du mois de février Paiement du solde débiteur de la déclaration du mois de février
31 mars	Envoi de la liste des clients assujettis relative à l'année précédente (délai souvent prolongé au 30/4)
20 avril	Envoi de la déclaration du mois de mars Envoi de la déclaration du 1er trimestre Envoi du relevé des opérations intracommunautaires du 1er trimestre Paiement du solde débiteur de la déclaration du mois de mars Paiement du solde débiteur de la déclaration du 1er trimestre Fixation du prorata définitif de déduction (assujetti mixte)
30 avril	Report souvent autorisé de l'envoi du listing clients
20 mai	Envoi de la déclaration du mois d'avril Paiement du solde débiteur de la déclaration du mois d'avril
20 juin	Envoi de la déclaration du mois de mai Paiement du solde débiteur de la déclaration du mois de mai
20 juillet	Envoi théorique de la déclaration du mois de juin (report autorisé jusqu'au 10/8) Envoi de la déclaration du 2ème trimestre (report autorisé jusqu'au 10/8) Envoi du relevé des opérations intracommunautaires du 2ème trimestre Paiement du solde débiteur de la déclaration du mois de juin Paiement du solde débiteur de la déclaration du 2ème trimestre
10 août	Report autorisé de l'envoi de la déclaration du mois de juin Report autorisé de l'envoi de la déclaration du 2ème trimestre
20 août	Envoi de la déclaration du mois de juillet (report autorisé jusqu'au 10/9) Paiement du solde débiteur de la déclaration du mois de juillet
10 septembre	Report autorisé de l'envoi de la déclaration du mois de juillet
20 septembre	Envoi de la déclaration du mois d'août Paiement du solde débiteur de la déclaration du mois d'août
20 octobre	Envoi de la déclaration du mois de septembre

	Envoi de la déclaration du 3ème trimestre Envoi du relevé des opérations intracommunautaires du 3ème trimestre Paiement du solde débiteur de la déclaration du mois de septembre Paiement du solde débiteur de la déclaration du 3ème trimestre Envoi de la déclaration du 3ème trimestre
20 novembre	Envoi de la déclaration du mois d'octobre Paiement du solde débiteur de la déclaration du mois d'octobre
1er décembre	Option pour le changement de régime de dépôt
20 décembre	Envoi de la déclaration du mois de novembre Paiement du solde débiteur de la déclaration du mois de novembre
24 décembre	Paiement de l'acompte de décembre (assujettis mensuels et trimestriels)

* Les dépôts et paiements doivent être arrivées au plus tard à cette date.

Cessions d'entreprises

Cession d'une universalité

Les cessions d'entreprises doivent avoir lieu en exemption de la T.V.A. lorsqu'elles portent sur une universalité de biens et lorsque le cessionnaire est assujetti à la T.V.A. avec droit à déduction.

> On entend par « **universalité de biens** », tout transfert d'un fonds de commerce, ou d'une partie autonome d'une entreprise, comprenant des éléments corporels et éventuellement incorporels qui, ensemble, constituent une entreprise ou une partie d'entreprise susceptible de poursuivre une activité économique autonome.

Cette obligation découlant de l'article 11 du Code T.V.A. permet au cessionnaire (l'acheteur) d'éviter une avance importante de T.V.A. au cédant (les ventes de fonds de commerce portent souvent sur des sommes très importantes) alors qu'il aurait été en droit de récupérer entièrement cette taxe.

Qu'advient-il dès lors des immeubles lors de ces cessions ?

Cession d'un fonds de commerce sans le bâtiment

En cas de cession d'une universalité de biens, l'Administration admet qu'il n'est pas nécessaire que la propriété ou la jouissance des bâtiments professionnels soit comprise dans la cession d'un fonds de commerce avec application de l'article 11. Elle ne refuse donc pas l'application de l'exonération si la cession va de pair avec un bail pour l'immeuble dans lequel le commerce est exercé[33].

Il n'est pas non plus requis que les bâtiments et les terrains fassent partie d'un apport en société; le vendeur peut dès lors les céder à un tiers sans perdre le bénéfice de l'article 11[34].

33 Q. n° 7 du 17/10/1972 - LAVENS.

34 Déc. n° E.T. 9. 799 du 6/1/1972.

Exemple

Un plombier personne physique crée une S.P.R.L.U. et lui cède l'universalité des biens. Il conserve l'immeuble pour son propre usage dans le but de le revendre éventuellement à un tiers.

Malgré que l'immeuble ne soit pas cédé, l'exemption de l'article 11 reste applicable à la cession.

Lorsqu'un bien qui a donné droit a une déduction complète ou partielle de la T.V.A., est conservé lors d'une cessation d'activité définitive, ce bien est censé prélevé avec application de la T.V.A.[35]

Toutefois, lorsqu'il s'agit d'un bâtiment pour lequel le délai de vente avec T.V.A. est expiré au moment de la cessation d'activité et ne peut par conséquent être cédé avec T.V.A., le cédant doit revoir en une fois la T.V.A. initialement déduite à concurrence d'un 1/15 pour l'année de cessation et pour les années de la période de révision qui restent à courir[36].

Cession d'un bâtiment par un assujetti occasionnel

Pour autant que soient respectées toutes les conditions de l'assujettissement occasionnel (voir p. 30), un bâtiment neuf qui fait partie d'une universalité de biens peut être cédé en même temps que les autres biens de cette universalité de biens sans être soumis ni au droit d'enregistrement, ni à la T.V.A.

La règle de déduction par un assujetti occasionnel de la T.V.A. grevant le bâtiment cédé ne s'applique en aucun cas, étant donné qu'elle vise uniquement la T.V.A. pour laquelle le droit à déduction existe par suite de la cession elle-même; or, il s'agit ici d'une T.V.A. grevant un bien utilisé comme bien d'investissement et qui est déduite dès l'érection du bâtiment. Aucune révision de la déduction n'est d'ailleurs prévue.

L'obligation de dépôt d'une déclaration peut être considérée comme satisfaite si la déclaration, introduite pour acquitter la T.V.A., mentionne que le bâtiment fait partie d'une universalité de biens dont

---

35 Art. 12, § 1er, 5° du Code T.V.A.

36 Q. n° 71 (1992-1993) & Q. n° 596 - VAN GREMBERGEN.

la transmission ne donne pas lieu à l'exigibilité de la T.V.A. en vertu de l'article 11 du Code T.V.A.[37]

Cette décision consacre le fait que :

- un assujetti occasionnel peut céder un bâtiment neuf dans le cadre de l'article 11 du Code T.V.A. sans qu'aucune T.V.A. ne soit due;
- l'assujetti occasionnel cédant doit toutefois accomplir les formalités requises;
- la déduction qui avait été opérée en tant qu'assujetti n'est pas remise en cause;
- la déclaration spéciale de l'assujetti occasionnel doit quand même être déposée et mentionner l'application de l'article 11 du Code T.V.A.

Cession gratuite d'un fonds de commerce

La cession à titre gratuit d'un fonds de commerce tombe sous l'application de l'article 11 du Code T.V.A. malgré son caractère gratuit, pour autant que l'opération aurait été soumise à la T.V.A. si elle avait eu lieu à titre onéreux et que notamment le donataire (le client) soit un assujetti avec droit à déduction.
Dans ce cas, le prélèvement et la révision ne doivent pas être opérés mais le donataire est censé continuer la personne du donateur[38].

Cession d'un fonds de commerce par un exploitant agricole

La cession avec article 11 d'une universalité de biens par un exploitant agricole soumis au régime du forfait agricole à un exploitant soumis au régime normal porte sur des biens qui, en raison même du régime particulier auquel le cédant était soumis, sont grevés d'une charge fiscale.

---

[37] Déc. n° E.T. 12.608 du 5/12/1972.
[38] Déc. n° E.T. 12.236 du 18/5/1976.

Comme ces biens entrent dans le patrimoine d'un assujetti soumis au régime normal, ils doivent être dégrevés de cette charge fiscale[39] pour l'exploitant agricole qui sera taxé au régime normal.

Le cédant peut dès lors obtenir la restitution de la T.V.A. acquittée sur les biens d'investissement concernés par cette cession, en ce compris les bâtiments, pour autant, bien entendu, qu'il soit satisfait à toutes les conditions.

La restitution peut dès lors se rapporter tant à des bâtiments neufs qu'à tout autre bâtiment, pour lesquels, bien entendu, il faudra également tenir compte du temps déjà écoulé de la période de révision.

Il va sans dire que le cessionnaire, en tant que continuateur de la personne du cédant, doit lui-même effectuer la révision[40].

Une **étable**, peut, si elle est un bâtiment neuf et qu'elle fait partie d'une universalité de biens, être cédée, sans paiement de la T.V.A., par un exploitant agricole soumis au régime du forfait agricole à un cessionnaire soumis au même régime du forfait, lorsque la cession porte aussi sur les autres éléments constitutifs de ladite universalité et que les conditions sont remplies.

L'option pour le régime du forfait agricole implique toutefois que l'exploitant agricole ne peut exercer le droit à la déduction des taxes ayant grevé les opérations qui tendent ou concourent à la construction de l'étable[41].

---

[39] Selon les règles prévues par l'art. 10 de l'A.R. n° 22.

[40] Déc. n° E.T. 76.283 du 6/10/1993.

[41] Déc. n° E.T. 72.752 du 2/7/1991.

Déduction de la T.V.A.

> Ce chapitre ne reprend que les déductions relatives aux dépenses habituellement rencontrées dans le secteur immobilier. Pour une approche plus globale des déductions, nous renvoyons à notre ouvrage « Maximisez vos déductions T.V.A.[42].

Principe de déduction de la T.V.A.

En principe, toutes les T.V.A. portées en compte par les fournisseurs, ou celles payées lors des importations ou des acquisitions intracommunautaires sont déductibles dans la mesure où les biens et services fournis sont destinés à l'exercice de l'activité économique de l'assujetti.

C'est notamment le cas de:

- la T.V.A. sur l'achat de marchandises, matériaux et matières consommables;
- la T.V.A. sur les frais généraux : électricité, gaz, eau, chauffage, téléphone, frais administratifs, etc.;
- la T.V.A. sur les biens d'investissements.

Construction d'un bâtiment

Sont entièrement déductibles les T.V.A. supportées en amont, lors de la construction d'un bâtiment, par un assujetti avec droit à déduction ou un assujetti occasionnel[43].

L'assujetti occasionnel qui ne dépose pas habituellement de déclarations à la T.V.A. opère la déduction dans la déclaration spéciale qu'il est tenu de déposer.

---

42 www.edipro.info

43 Déc. n° E.T. 12.576 du 10/1/1973.

Terrains

Les assujettis avec droit à déduction peuvent déduire totalement ou partiellement (assujettis mixtes) la T.V.A. portée en compte sur un terrain acquis qui sera cédé avec application de la T.V.A.
Cette déduction diminue la charge fiscale puisque le droit d'enregistrement (certes moins important) calculé antérieurement n'était pas déductible.

Par contre les assujettis sans droit à déduction (assujettis exonérés, franchisés et ceux soumis au régime du forfait agricole) ainsi que les non assujettis (personnes morales non assujetties, particuliers) voient leur charge fiscale augmenter compte tenu que le taux de T.V.A. est plus élevé que le taux du droit d'enregistrement.

Travaux d'infrastructure

Est déductible, la T.V.A. qui grève le coût des travaux d'infrastructure réalisés par un promoteur lotisseur, pour autant que ces frais concernent un terrain sur lequel il a érigé ou fait ériger un bâtiment et à condition que le terrain et le bâtiment soient vendus, soit pour un prix unique, soit en vertu de deux contrats distincts intimement liés entre eux, dont l'un a pour objet la vente du terrain et l'autre, la vente du bâtiment.

Dans ce dernier cas, les frais d'infrastructure afférents au terrain doivent, conformément aux intentions communes des parties, être compris dans le montant qui sert de base de perception de la T.V.A.

Cette règle est également applicable lorsque le propriétaire d'un terrain renonce au droit d'accession au profit d'un promoteur immobilier qui y effectue des travaux d'infrastructure et y érige des bâtiments qui seront vendus sous le régime de la T.V.A.[44]

Cette décision ne peut être invoquée que par les assujettis soumis au régime de déduction selon l'affectation réelle des biens et des services; pour les autres assujettis, la déduction ne peut s'opérer, même pour les taxes grevant les frais d'infrastructure, que conformément aux règles du prorata général de déduction.

---

[44] Déc. n° E.T. 21.504 du 16/12/1975.

Lorsqu'un constructeur professionnel fait exécuter des travaux d'infrastructure pour un lotissement déterminé dont toutes les parcelles sont vendues sans T.V.A., les taxes grevant le coût des travaux d'infrastructure ne peuvent être déduites[45].

Villa type ou maison témoin

Est déductible, la T.V.A. grevant la construction d'une villa type par une société dont l'activité habituelle consiste à construire ou à faire construire des bâtiments en vue de la vente[46].

Assujetti occasionnel pour la cession d'un bâtiment

Est déductible, la T.V.A. grevant ou ayant grevé le bâtiment cédé par un assujetti occasionnel ainsi que la T.V.A. grevant ou ayant grevé les services (courtages, publicité, etc.) utilisés pour effectuer la vente.

En revanche, la T.V.A. grevant ou ayant grevé les frais généraux de ces assujettis n'est pas déductible.

Frais relatifs à un bâtiment mis en location

Un assujetti ne peut pas déduire la T.V.A. qui a grevé les frais et les services (courtages, publicité, etc.) tendant à donner un bâtiment en location[47].

Frais relatif à un bâtiment pris en location

Est déductible, la T.V.A. acquittée par un assujetti pour les travaux de réparation, d'entretien, de transformation ou d'amélioration effectués à un bâtiment pris en location et utilisé en tout ou en partie, dans l'exercice de son activité d'assujetti. Il y a lieu de faire les distinctions suivantes[48]:

---

45 Déc. n° E.T. 8.402 du 3/2/1972 abrogée en partie.
46 Q. n° 48 du 20/4/1979 - BONNEL.
47 Déc. n° E.T. 16.214 du 3/8/1977 (adaptée).
48 Déc. n° E.T. 9284 du 27/1/1972.

Locataire supportant lui-même le coût des travaux

Si un assujetti locataire locataire supporte lui-même le coût de travaux, il peut déduire la T.V.A. portée en compte par l'entrepreneur dans la mesure, bien entendu, où les dépenses se rapportent à la partie du bâtiment utilisée pour son activité d'assujetti.

Dépenses engagées remboursées au locataire

Si les dépenses engagées par le locataire lui sont remboursées, en tout ou en partie, sous l'une ou l'autre forme, par le propriétaire ou par le locataire principal, le locataire est censé, avoir fourni un service à ce propriétaire ou à ce locataire principal dans la mesure où les travaux effectués ont été supportés par ces derniers.

Le locataire doit délivrer une facture dont la base imposable est formée par la rémunération en argent, ou à défaut, par la valeur normale de la contrepartie, que celle-ci consiste en l'obligation de diminuer le montant du loyer, l'engagement de ne pas augmenter celui-ci durant une période déterminée ou l'engagement de livrer des biens pour un prix inférieur à celui qui est demandé normalement.

Dans cette mesure, le locataire peut déduire la T.V.A. payée à l'entrepreneur.

Il va de soi que la T.V.A. portée en compte par le locataire au propriétaire ou au locataire principal ne peut en aucun cas être déduite par ces derniers, étant donné que la location immobilière est exonérée de la T.V.A.

Lorsque le propriétaire paie au locataire une indemnité à l'expiration du contrat de bail, il n'y a pas lieu de considérer que le locataire a fourni pour autant un service au propriétaire.

Droit d'accession

Commission sur la convention de renonciation au droit d'accession

La question s'est posée de savoir si un constructeur habituel qui construit ou fait construire un immeuble à appartements sur un terrain appartenant à un tiers et sur lequel il bénéficie d'une renonciation au droit d'accession, peut déduire la T.V.A. que lui porte en compte, en sus de sa rémunération, la personne qui s'est entremise dans la conclusion de la convention intervenue avec le propriétaire du terrain qui, de son côté, vend directement aux acheteurs des appartements les quotités de terrain afférentes à ces appartements.

Comme cette entremise n'a pour objet, dans le chef du constructeur, que la réalisation d'opérations soumises à la T.V.A., ce dernier peut déduire, selon les règles habituelles, la totalité de la T.V.A. due en l'occurrence[49].

Absence de renonciation au droit d'accession

Lorsqu'un bâtiment commercial a été érigé sur un terrain appartenant à un associé d'une société et, qu'au moment de l'achèvement des travaux de construction de ce bâtiment, l'associé en cause n'a pas encore renoncé à son droit d'accession, la déduction des taxes ayant grevé ces travaux doit être écartée dans le chef de la société[50].

Transformation importante d'un immeuble

Est déductible, la T.V.A. acquittée sur les transformations d'un immeuble ancien qui modifient profondément la structure et la destination du bâtiment (p. ex. la transformation d'un vieil hôtel de maître en un immeuble à appartements modernes).

Ce bâtiment transformé doit être considéré comme un bâtiment neuf pour l'application de la T.V.A.

Comme la vente d'un bâtiment neuf est soumise à la T.V.A., la déduction de la T.V.A. qui a grevé les biens et les services utilisés pour cette transformation, ne pose aucun problème pour le vendeur[51].

---

[49] Déc. n° E.T. 38.558 du 22/4/1981.

[50] C.A. Liège – 10ème Ch. 7/9/1989.

[51] Q. n° 64 du 9/1/1975 - SCHILTZ.

Réparation d'un dommage causé par un entrepreneur

Lorsqu'un entrepreneur occasionne un **dommage** à un bien qu'un client lui a confié en vue de l'exécution d'un travail, il est tenu de réparer ce dommage en vertu de l'article 1382 du C.C. Généralement cette réparation s'opère en nature, soit que le prestataire y procède lui-même, soit qu'il confie ce travail à un sous-traitant.

En ce qui concerne la déduction de la T.V.A., il faut distinguer les 2 situations suivantes :

- si le prestataire de services effectue lui-même la réparation du dommage, il ne doit procéder à aucune révision ou à aucun prélèvement impliquant une perception de T.V.A.;
- si le prestataire de services confie la réparation à un sous-traitant, il peut déduire, selon les règles normales, la T.V.A. que ce dernier lui porte en compte (ou qu'il est tenu d'autoliquider en vertu de la règle du cocontractant)[52].

Appartement mis à la disposition d'un client

Les frais qu'une société expose en vue de l'aménagement et de l'équipement d'un appartement qu'elle met gratuitement à la disposition de certains de ses clients, constituent des frais de réception[53].

La T.V.A. grevant ces frais d'aménagement et d'équipement n'est donc pas déductible[54].

Honoraire d'expert lors d'une expropriation

N'est pas déductible, la T.V.A. sur les honoraires d'experts appelés à évaluer la perte pour un locataire de terres ou de bâtiments expropriés même si ce locataire les utilisait dans l'exercice d'une activité qui le rendait assujetti.

---

52 Déc. n° E.T. 36.424 du 15/7/1980.

53 Au sens de l'art. 45, § 3, 4°, du Code T.V.A.

54 Déc. n° E.T. 26.232 du 3/2/1978.

En effet, la prestation de l'expert ne sert pas à la réalisation par le locataire d'une opération soumise à la T.V.A. puisqu'elle vise l'obtention de dommages et intérêts[55].

Frais d'installation de chauffage dans un bâtiment donné en location

La T.V.A. payée sur une installation de chauffage et d'air conditionné dans un bâtiment donné en location, ne peut normalement pas être déduite par le bailleur étant donné que la location immobilière y compris les services accessoires, est exonérée de la T.V.A.

Ces frais de chauffage et de climatisation peuvent toutefois être soumis à la T.V.A. lorsqu'ils sont fournis et refacturés par le bailleur et qu'un prix distinct est fixé pour ces fournitures. Dans ce cas, le bailleur assujetti pour ces fournitures, peut déduire la T.V.A. perçue sur les frais d'installation en tenant compte de la règle de la déduction suivant l'affectation réelle[56].

Logement d'un concierge

Sont déductibles, les T.V.A. relatives au logement qu'une entreprise met à la disposition de son concierge à l'intérieur de ses installations, lorsqu'il est établi que l'occupation du logement est strictement justifiée par les besoins de l'entreprise (réception, garde, etc.) et qu'elle n'excède pas le cadre de ces besoins.

L'Administration admet la déduction de la T.V.A. grevant les biens et les services relatifs à la construction de ces locaux d'habitation ou aux travaux d'entretien et de réparation qui s'y rapportent[57].

Logement de membres du personnel

N'est pas déductible la T.V.A. grevant la construction de locaux d'habitation mis à la disposition de membres du personnel ainsi qu'aux travaux d'entretien et de réparation qui s'y rapportent[58].

---

55 Déc. n° E.T. 22.891 du 2/9/1976.

56 Déc. n^{os} E.T. 15.928 et E.T. 16 214 du 13/7/1973.

57 Q. n° 29 du 13/3/1973 - VERBIST et C.A. Gand – 14ème Ch. 27/9/1988.

58 Q. n° 29 du 13/3/1973 - VERBIST.

Logement d'un gérant de société

Lorsqu'une société procure à un de ses administrateurs ou de ses gérants la jouissance d'un logement pour ses besoins privés, elle effectue une opération de location exonérée de la T.V.A.

En conséquence, la T.V.A. n'est pas due sur le loyer ou l'avantage de toute nature fixé par l'Administration des contributions directes, et, si elle est assujettie à la T.V.A., la société ne peut évidemment pas déduire la T.V.A. grevant les dépenses relatives à la partie de l'immeuble ainsi mise à disposition[59].

En réalité, lorsqu'une entreprise met des locaux d'habitation à la disposition d'un organe de gestion, elle lui consent la jouissance d'un bien immobilier en vertu d'un contrat à titre onéreux.

Comme cette jouissance résulte d'une opération exemptée[60], la taxe n'est pas due et l'entreprise doit donc écarter de la déduction les T.V.A. grevant les biens et les services utilisés pour la construction, l'entretien ou la réparation de ces locaux d'habitation, en tenant compte le cas échéant du pourcentage retenu en matière d'impôts sur les revenus lorsque les locaux font partie d'un immeuble également utilisé aux fins de l'activité économique d'assujetti de l'entreprise[61].

Déduction des assujettis mixtes

Pour rappel, les assujettis mixtes sont les personnes qui effectuent, dans l'exercice de leur activité économique, à la fois des opérations qui permettent la déduction de la T.V.A. et des opérations qui ne la permettent pas.

Les cas types d'assujettissement mixte sont ceux des personnes suivantes qui exercent d'une manière habituelle la double activité de construire et vendre pour le compte de tiers des bâtiments neufs et leur terrain afférant et, d'autre part, de vendre des terrains non bâtis ou donner des immeubles en location.

---

59 Q. n° 12 du 24/10/1989 – DE CLIPEELE et Q. n° 225 du 1/4/1987 – DE CLIPEELE et C.A. Gand – 14ème Ch. 27/9/1988.

60 En vertu de l'art. 44, § 3, 2° du Code T.V.A.

61 Q. n° 977 du 14/2/1995 - WINTGENS

Citons quelques exemples :

Promoteur immobilier
Les promoteurs immobiliers dont l'activité habituelle consiste à construire ou faire construire des bâtiments en vue de les céder avec leur terrain attenant (avec T.V.A.), avant leur construction, soit en totalité, soit en partie (appartements, bureaux, magasins, etc.) et qui donnent en même temps en location des immeubles qui leur appartiennent (pas de T.V.A.).

Promoteur lotisseur
Les promoteurs lotisseurs qui, en plus de l'activité de promoteur immobilier (T.V.A.), vendent sans construction des terrains qu'ils ont lotis et aménagés en vue de les rendre propres à la construction (pas de T.V.A.).

Entrepreneur en travaux publics ou privés
Les entrepreneurs en travaux publics ou privés qui, à côté de leur activité d'entrepreneur (T.V.A.) vendent, sans construction, des terrains qu'ils ont rendus propres à la construction (pas de T.V.A.) ou encore exercent l'activité de promoteur immobilier ou de promoteur lotisseur.

Province, commune et établissements publics
Les provinces, communes et établissements publics qui vendent habituellement des bâtiments neufs, sont assujettis à la T.V.A. au même titre que les promoteurs immobiliers ou lotisseurs et les règles énoncées ci-après leur sont également applicables.

Pour le calcul des déductions selon la méthode de l'**affectation réelle**, on peut classer les T.V.A. grevant les dépenses professionnelles d'un entrepreneur en quatre catégories :

- les T.V.A. entièrement déductibles;
- les T.V.A. non déductibles;
- les T.V.A. déductibles selon un prorata spécial d'affectation;
- les T.V.A. déductibles selon les règles du prorata général;
- outre quelques cas particuliers.

T.V.A. totalement déductibles

Pour l'application de l'affectation réelle, il s'agit des T.V.A. relatives aux dépenses exclusivement consacrées à la construction des bâtiments vendus avec T.V.A., y compris les terrains attenants à ces bâtiments.

Exemples

- le coût des plans et des cahiers de charge relatifs aux bâtiments ou à la répartition des quotités de la surface du sol affectées à chacun des appartements ou à chacun des niveaux (étages ou parties d'étages) d'un même bâtiment;
- le coût des travaux des bureaux d'études relatifs à la construction, y compris la résistance du sol;
- le coût des matériaux utilisés dans la construction;
- le coût des sous-traitants et du transport relatifs au bâtiment;
- le coût ou le prix de la location de machines et appareils utilisés dans la construction;
- le coût des véhicules utilisés pour le transport des matériaux et des ouvriers sur le chantier (la limitation concernant les voitures automobiles ne sera pas perdue de vue).
- le coût de la publicité faite pour vendre le bâtiment avec le terrain;
- la commission du courtier ou mandataire qui s'est entremis dans la vente du bâtiment avec le terrain.

T.V.A. non déductibles

Pour l'application de l'affectation réelle, ce sont les T.V.A. grevant les dépenses exclusivement affectées aux terrains qui ne seront pas vendus avec T.V.A., aux immeubles données en location et aux transformations d'immeubles donnés en location ou vendus avec droits d'enregistrement.

Exemples

- les frais de mesurage et de bornage nécessaires lors de l'achat d'un terrain;
- les commissions versées à des courtiers ou mandataires qui se sont entremis dans l'achat des terrains;
- les commissions versées aux courtiers et mandataires qui se sont entremis dans la vente, par l'assujetti, de terrains sur lesquels aucun bâtiment n'est à ériger par ses soins;
- le coût de la publicité faite pour la vente de terrains sur lesquels aucun bâtiment n'est à ériger par l'assujetti;
- le coût de la publicité faite pour la location des bâtiments;
- les commissions versées aux courtiers et mandataires qui se sont entremis dans les ventes de terrains ou locations.

T.V.A. déductibles selon un prorata spécial

Bien que nous soyons dans le régime de l'affectation réelle, une clé de répartition ou un prorata peut être appliqué pour certaines déductions sur les dépenses communes à toutes les activités.
Tout système de répartition établi à la satisfaction de l'Administration est acceptable tout comme le calcul d'un prorata spécial.

Exemples

- les frais de gestion administrative relatifs à l'ensemble de l'activité de l'assujetti;
- les investissements utilisés pour l'ensemble de l'activité (véhicules, mobilier, ordinateur, etc.);
- les frais de publicité générale : encart dans un index téléphonique, annonce radiodiffusée ou télévisée, etc.;
- les commissions qui se rapportent directement à la vente de terrains seuls ne sont pas déductibles; celles couvrant la vente conjointe de bâtiments et du terrain sur lequel il sont construits le sont.

Cas particulier des T.V.A. payées en cas de mise en location de bâtiments avant leur vente

Dans le régime de l'affectation réelle, lorsque des assujettis mixtes, constructeurs professionnels, donnent des bâtiments en location avant de les vendre, il n'y a aucune incidence en ce qui concerne les T.V.A. entièrement déductibles.

En revanche, les T.V.A. sur les biens et services utilisés exclusivement pour la location de ces bâtiments ne peuvent être déduites.
Si l'assujetti s'est engagé à fournir des services aux locataires, en plus de la location de l'immeuble, les T.V.A. grevant les dépenses encourues en vue de ces services ne sont déductibles que dans la mesure où ces services sont soumis à la T.V.A.

Cas particulier de la T.V.A. grevant les frais d'infrastructure dans le régime de l'affectation réelle

Les frais d'infrastructure sont les travaux exécutés sur la surface ou en dehors de la surface de terrains en vue de les rendre propres à la construction.

Exemples

- le nivellement de terrain;
- la démolition d'anciennes constructions;
- l'aménagement de parking;
- la création de chemins d'accès;
- la création d'espaces verts et de jardins;
- la création de voiries;
- le placement d'égouts;
- l'installation de réseaux d'eau, de gaz ou d'électricité;
- l'installation d'un éclairage public;
- la création de plaines de jeux;
- le mesurage de terrain en vue de sa division en parcelles.

La T.V.A. grevant ces frais n'est pas déductible. Toutefois, dans la mesure où le ou les terrains seront effectivement vendus avec un bâtiment que l'assujetti y érige ou fait ériger, ou qu'il y érigera ou fera ériger, qu'il s'agisse d'une vente du bâtiment ou d'une entreprise d'ouvrage, cet assujetti peut déduire la T.V.A. sur ces frais d'infrastructure qu'il a effectués ou fait exécuter, aux conditions et dans les limites suivantes :

Vente du terrain et du bâtiment pour un prix unique

La T.V.A. grevant le coût des travaux d'infrastructure est déductible étant donné que l'entreprise doit inclure le coût de ces travaux dans la base imposable lors de la vente.

Vente du bâtiment et du terrain par deux contrats distincts

Le premier contrat a pour objet la vente du terrain et le deuxième porte sur le bâtiment.

La T.V.A. grevant le coût des travaux d'infrastructure est déductible pour autant qu'il soit établi que les contrats sont intimement liés entre eux et que, conformément aux intentions communes des parties, les frais d'infrastructure afférents au terrain soient compris dans le montant qui sert de base de perception de la T.V.A.

Cela implique que le contrat de vente du bâtiment soit conclu au plus tard au moment de la vente du terrain. L'assujetti qui n'incorpore pas dans la base imposable à la T.V.A. le coût des travaux d'infrastructure afférents au terrain, ne peut pas déduire la T.V.A. grevant ces coûts.

Lorsque la parcelle vendue avec un bâtiment n'est qu'une partie du terrain pour lequel les travaux d'infrastructure ont été exécutés, la T.V.A. à déduire se détermine par la fraction :

$$\frac{\text{Surface de la parcelle vendue avec le bâtiment}}{\text{Surface totale des parcelles pour lesquelles des travaux d'infrastructure ont été effectués}}$$

Construction sur une des parcelles loties d'un bâtiment non encore vendu

La T.V.A. déductible se détermine par la fraction ci-dessus.

Construction d'un bâtiment non encore vendu

La T.V.A. grevant les frais d'infrastructure est déductible.

Moment de la déduction

La déduction s'opère à compter du moment où, soit le contrat comportant la vente du bâtiment et du terrain, soit les contrats distincts sont conclus.

Si le ou les contrats n'ont trait qu'à un étage ou une partie d'étage d'un immeuble non encore construit, la déduction peut s'opérer à dater de la conclusion du ou des contrats relatifs à l'étage ou à la partie d'étage, et peut porter sur les taxes grevant les frais d'infrastructure relatifs à la totalité du bâtiment à édifier.

Si l'assujetti entame la construction du bâtiment avant d'avoir conclu le ou les contrats, il peut déduire la T.V.A. à compter du moment où il commence cette construction.

Modalité de la déduction

La déduction a lieu dans la première déclaration que l'assujetti doit déposer, selon le cas, soit après la conclusion du ou des contrats, soit après le commencement des travaux de construction du bâtiment.

Les règles de déduction sur les frais d'infrastructure dans le régime de l'affectation réelle sont également applicables lorsque le propriétaire d'un terrain renonce au droit d'accession au profit d'un promoteur immobilier qui y effectue des travaux d'infrastructure et y érige des bâtiments qui seront vendus sous le régime de la T.V.A.[62]

---

62 Déc. n° E.T. 21.504 du 16/12/1975.

Facturation dans le secteur immobilier

La facturation est toujours obligatoire pour les livraisons de bâtiments neufs et pour les travaux immobiliers.

Cette obligation est une caractéristique du secteur immobilier. Un entrepreneur est donc toujours tenu de rédiger une facture lorsqu'il effectue un travail immobilier, même pour le compte d'un particulier.

Importance de la facturation

Pour dépister la fraude, l'Administration fait usage du droit qui lui est accordé[63] de requérir de la personne qui a fait construire un immeuble, la communication des factures relatives à la construction.

Si pour le travail exécuté, aucune facture n'a été délivrée au client ou si une facture irrégulière a été délivrée, le client est solidairement tenu avec l'entrepreneur au paiement de la T.V.A. envers l'État. Il est déchargé de cette responsabilité solidaire dans la mesure où il prouve avoir payé à l'entrepreneur, dont il établit l'identité, tout ou partie du prix et de la T.V.A.

Le fait que l'entrepreneur soit déclaré en faillite, n'a aucune influence sur les solutions indiquées[64].

---

63 Par les art. 61 §1er et 64 § 4 du Code T.V.A.

64 Q. et R. n° 168 du 29/6/1971 - MANGELSCHOTS.

Règles de facturation

Type de situations	Exigibilité
Règle générale	Le fait générateur d'une prestation de service intervient **au moment où la prestation est « effectuée »**.
Exception : Décomptes et paiements successifs (opérations à caractère continu)	La prestation est « effectuée » à l'expiration de chaque période à laquelle se rapporte un décompte ou un paiement
Exception : Prestations successives sans décomptes ou paiements	Les prestations de services de manière continue pour lesquelles la T.V.A. est due par le preneur de service sur une période supérieure à **1 an** et qui ne donnent pas lieu à des décomptes ou des paiements sont considérées comme effectuées à l'expiration de chaque année civile jusqu'à la fin de la prestation.
Exception : Encaissement du prix avant la prestation	En cas d'encaissement de tout ou partie du prix avant que la prestation soit effectuée, la T.V.A. devient exigible au moment de l'encaissement sur base du montant encaissé.
Exception : Encaissement du prix avant ou après la prestation à des particuliers	Pour les prestations de services à des particuliers, la T.V.A. devient exigible au fur et à mesure de l'encaissement du prix ou des subventions.

Délai de facturation

En principe, la facture doit être délivrée au moment où la T.V.A. est due (c'est-à-dire au moment de la livraison du bien ou de l'achèvement du service).

Pour des raisons pratiques, ce délai est prolongé jusqu'au plus tard le **15ème jour du mois** qui suit la livraison du bien, l'achèvement du service, l'encaissement d'un acompte ou d'une échéance de prix.

Si la facture est délivrée (voire datée) dans les 15 premiers jours du mois qui suit, elle doit cependant être renseignée dans la déclaration périodique du mois qui précède sa délivrance ou sa date.

Exemple

Une facture datée du 13 avril pour des travaux terminés en mars doit être portée dans la déclaration du 1er trimestre ou du mois de mars.

Facturation au fur et à mesure de l'avancement des travaux

Si un contrat de travaux immobiliers prévoit que des sommes doivent être payés au fur et à mesure de l'avancement des travaux, avancement constaté par des états soumis au maître de l'ouvrage, la T.V.A. devient exigible au moment où le maître de l'ouvrage marque expressément ou tacitement son accord sur la partie du prix devenue exigible.

Dès lors, la facture ne doit être délivrée par l'entrepreneur qu'au plus tard le 15 du mois qui suit cet accord, que le client soit ou non un organisme.

Cette opération doit être reprise par l'entrepreneur dans sa déclaration relative aux opérations du mois au cours duquel le client a marqué son accord[65].

---

65 Déc. n° E.T. 8399 du 16/9/1971.

L'ancienne règle[66] selon laquelle sous certaines conditions la T.V.A. était exigible au moment où l'organisme de droit public approuvait le montant dû, a été abrogée au 1/1/2016.

Facturation après agréation par le maître de l'ouvrage

Les travaux immobiliers doivent être considérés comme achevés ou effectués lorsque l'entrepreneur a exécuté, à la satisfaction de son client, toutes les obligations que la convention lui imposait.

Après la cessation des travaux, des difficultés peuvent survenir entre les parties quant à l'importance ou à la qualité de ceux-ci, de telle sorte que l'agréation par le maître de l'ouvrage n'a pas lieu immédiatement.

Aucune critique n'est élevée lorsque la facture est délivrée au plus tard à la fin du 3ème mois qui suit celui au cours duquel l'entrepreneur a cessé les travaux.

Il est toutefois entendu que si un encaissement a lieu chez l'entrepreneur avant ce délai, ce paiement constitue une cause d'exigibilité de la T.V.A.[67]

Moment de l'achèvement des travaux

Lorsque le propriétaire d'un bâtiment neuf donne celui-ci en location, on peut normalement en déduire qu'il y a eu au préalable entre l'entrepreneur et le propriétaire une réception définitive des travaux.

Cette location constitue dès lors, une présomption de fait que l'Administration peut, jusqu'à preuve du contraire, invoquer[68] pour conclure à l'achèvement des travaux[69].

---

66 Q.P. n° 874 du 2/5/1997 – MICHEL.
67 Q. n° 49 du 28/3/1972 – VERBIST.
68 En se basant sur l'art. 59, § 1er du Code T.V.A.
69 Déc. n° E.T. 24.125 du 30/6/1977.

Base imposable

La base imposable est le montant sur lequel la T.V.A. doit être calculée pour chaque opération, selon le taux applicable à cette opération.

Notion de base imposable

Les éléments suivants sont compris dans la base imposable :

- Le **prix**, c'est-à-dire la contrepartie en argent d'une livraison de biens ou d'une prestation de services, telle qu'elle est fixée entre les parties au moment où la taxe est due;
- les **frais accessoires** (assurance, transport, etc.);
- les **intérêts intercalaires** calculés sur les dépenses exposées par le vendeur pour la construction du bâtiment depuis la date du contrat jusqu'au jour de la livraison.

Les éléments suivants ne sont pas compris dans la base imposable :

- l'**escompte**;
- les **réductions de prix** (au moment où la taxe est due);
- les **intérêts** de paiement tardif;
- les frais d'**emballages consignés**;
- les **débours**;
- la **T.V.A.** elle-même.

Base minimale imposable

Rappelons que pour les travaux immobiliers portant sur des bâtiments à ériger, la base imposable ne peut être inférieure à la **valeur normale** (ou valeur de construction) qui est le prix pouvant être obtenu à l'intérieur du pays, pour le travail ou pour l'ensemble des travaux, dans des conditions de pleine concurrence entre un fournisseur et un preneur indépendants.

Terrain et bâtiment(s) vendus ensemble

Si le terrain et le(s) bâtiment(s) sont cédés par la même convention pour un prix global, la T.V.A. due sur la cession du terrain est calculée sur le prix.

Le montant du prix global, les charges imposées à l'acquéreur ou les avantages qui lui seraient octroyés ne sont donc pas pris en considération.

La base imposable de la T.V.A. due en raison de la cession des bâtiments est, le cas échéant, diminuée des avantages dont bénéficie l'acquéreur, sans qu'elle puisse être inférieure à la valeur normale des bâtiments[70].

---

[70] Q. n° 127 du 6/1/1987 – CLAEYS.

Autres prestations de services du secteur immobilier

Distinction entre livraison de bien et prestation de service

Devant les difficultés parfois rencontrées pour qualifier en **livraisons de biens** ou en **prestations de services** certaines opérations comportant à la fois la fourniture d'un bien et son installation ou son montage, l'Administration adopte les règles suivantes :

- lorsque la valeur des biens fournis et placés à l'occasion de l'opération est **inférieure à 50% du prix total** dû par l'acheteur ou le preneur, l'opération doit être considérée pour le tout comme une prestation de services[71];
- dans les autres cas, l'opération s'analyse pour le tout comme une livraison de biens.

En réalité, tout ce qui n'est pas une livraison de biens est une prestation de services.

En principe, toute prestation de services effectuée en Belgique, par un assujetti dans l'exercice de son activité économique, est soumise à la T.V.A.[72]

La distinction entre les livraisons de biens et les prestations de services est importante car ces deux types d'opérations peuvent suivre des règles totalement différentes (lieu de l'opération, autoliquidation, opérations intracommunautaires, taux, etc.).

Travail immobilier

L'ensemble des travaux immobiliers (construction, transformation, amélioration, démolition, réparation, entretien, etc.) constitue l'essentiel des activités du secteur immobilier.

---

71 Déc. n° E.T. 95.109 du 10/5/1999.

72 Les art. 18 et 19 du Code T.V.A. énumèrent non limitativement ces services.

On peut prendre pour règle générale que **tout travail immobilier qui a lieu en Belgique (donc sur un immeuble situé en Belgique) est taxé en Belgique**.

Exemple

Un assujetti plombier zingueur, établi en Belgique, procède à la réfection de la toiture d'une maison bruxelloise. La T.V.A. belge est due.

Le même plombier zingueur effectue des travaux dans une villa sise en Espagne. C'est la T.V.A. espagnole (et non belge) qui est due.

La nationalité du prestataire ou du client n'a, comme on le voit, aucune importance. C'est le lieu de l'immeuble qui est déterminant.

La problématique des travaux immobiliers consacrés à la **construction**, la **transformation** et la **démolition** d'immeubles est examinée en profondeur dans les trois chapitres qui suivent (voir p. 93, 105 & 111).

Travaux d'étude et travaux de contrôle

Les travaux d'étude et de contrôle effectués notamment par les architectes, géomètres et ingénieurs doivent porter sur un immeuble situé en Belgique pour que la T.V.A. belge soit due.

Exemple

Un architecte conçoit les plans d'une villa à construire en Italie. La T.V.A. belge n'est pas due puisque l'immeuble est situé à l'étranger. La T.V.A. italienne est due.

La circonstance selon laquelle le projet n'aboutit pas par la suite (p. ex. parce que la construction n'est pas réalisée) est sans influence.

Courtage et mandat en cession ou location d'immeuble

La localisation de l'immeuble est à prendre en considération et la T.V.A. belge n'est due que si l'immeuble se trouve en Belgique.

Exemple

Un courtier intervient dans la location d'un appartement construit en Espagne. La T.V.A. belge n'est pas due puisque l'immeuble est situé à l'étranger.

Gestion d'immeuble

Pour que la T.V.A. soit due sur la rémunération d'un « syndic d'immeubles », il faut que la gestion porte sur un immeuble situé en Belgique (il est renvoyé à ce sujet à la p. 40).

Mise à disposition de personnel

Par mise à disposition de personnel, on entend la convention par laquelle une personne met des membres de son personnel à la disposition d'une autre personne en vue de l'exécution de travaux sous la direction de cette dernière.

La nature des travaux est sans importance, mais la mise à disposition doit porter sur les services de personnes liées par un contrat d'emploi ou de travail et les membres du personnel prêtés doivent travailler sous la direction de la personne à la disposition de laquelle ils sont mis.

Comme la distinction entre **mise à disposition de personnel**[73], et **contrat d'entreprise**[74] est parfois difficile, l'interprétation que les parties elles-mêmes donnent à leur convention est admise par l'Administration en matière de la T.V.A., pour autant qu'elles adoptent la même interprétation pour toutes les dispositions du Code T.V.A. applicables à cette convention, notamment en matière de taux et de localisation de la prestation de services[75].

Comment raisonner ?

Le client est-il établi hors de l'U.E. ?	**La T.V.A. belge n'est pas due**
Le client est-il établi dans l'U.E. mais hors du pays du « fournisseur » et est-il assujetti ?	**La T.V.A. belge n'est due que si le « client » est établi en Belgique;**
Le client est-il établi dans l'U.E. mais dans le même pays que le « fournisseur » ou, bien qu'établi dans un autre pays que le fournisseur, est-il un privé ?	**La T.V.A. belge est due si le « fournisseur » est établi en Belgique.**

[73] Visée par l'art. 18, § 1er, al. 2, 2° du Code T.V.A.

[74] Visé par l'art. 18, § 1er, al. 2, 1° du Code T.V.A.

[75] Q. n° 183 du 7/12/1995 - MICHEL.

Location de matériel

Les locations de biens meubles (grues, bulldozers, ordinateurs, etc.) autres qu'un moyen de transport suivent les mêmes règles que pour la mise à disposition de personnel ci-dessus.

> **Attention !**
>
> Les engins de chantiers comme les grues, bulldozers, pelles mécaniques ou transporteurs de charges exceptionnelles ne sont pas considérés comme des moyens de transport. Il en est de même pour les grues fixées sur des barges ou des bateaux.

La mise à disposition de ces biens, avec le personnel chargé de le manipuler, est en principe pour le tout considéré comme un **contrat d'entreprise**[76].

Dans la situation où le loueur des engins met des membres de son personnel à la disposition du locataire en vue de l'exécution de travaux, à l'aide de ces engins, sous la conduite et la responsabilité du locataire, l'Administration ne critiquera pas l'interprétation des parties si celles-ci considèrent qu'il y a, d'une part, une prestation de **mise à disposition de personnel** et, d'autre part, une **location de biens meubles**.

Dans ce cas, deux conventions distinctes devront être établies et il faudra considérer le lieu d'exécution de chacune des deux prestations.

Expertise immobilière

L'expertise d'un immeuble situé en Belgique doit être considérée comme un service relatif à un immeuble par nature. Par conséquent, la T.V.A. belge est due, si l'expertise est l'œuvre d'un assujetti agissant dans l'exercice de son activité économique, en raison du fait que l'immeuble est situé en Belgique.

---

76 Visé par l'art. 18, § 1er, 1° du Code T.V.A.

Location de parkings et garages

Les locations d'emplacements de parkings ou de garages sont des locations immobilières soumises à la T.V.A., même si le bailleur est un particulier (qui devient dès lors un assujetti).
Le régime de la franchise est particulièrement bien adapté à cette situation.

Indemnité due par une administration publique

L'indemnité due par une administration publique à un entrepreneur en vertu du cahier des charges relatif à une adjudication publique, en raison de la diminution du coût de l'entreprise résultant des changements demandés par l'administration publique (indemnité calculée forfaitairement en fonction du montant de la diminution) est un dédommagement non soumis à la T.V.A.[77]

Dommages et intérêts réclamés par un propriétaire

La T.V.A. n'est pas due sur la somme que le propriétaire d'un immeuble réclame au preneur sortant en compensation des dégâts que ce dernier a causés au bien loué. En effet, cette somme n'est pas le prix d'une livraison de biens ou d'une prestation de services, mais elle constitue des dommages et intérêts.

Lorsque sur le document qu'il adresse au preneur, le propriétaire mentionne séparément la T.V.A. qu'il devra payer s'il confie la réparation à un assujetti, il doit faire apparaître clairement que ce montant constitue un élément de l'indemnité et non une taxe due sur une opération imposable; le preneur, même s'il est assujetti à la T.V.A., ne peut opérer la déduction de cette taxe[78].

77 Déc. n° E.T. 13.508 du 4/7/1973.
78 Déc. n° E.T. 11.806 du 3/7/1972.

Droit de visite en échange de travaux

La convention par laquelle un entrepreneur ou un promoteur immobilier s'engage envers le propriétaire d'une habitation à effectuer des travaux (aménagement de jardins, peintures intérieures, pose de papiers peints, etc.) en contrepartie de la concession par le propriétaire de l'habitation du droit de faire visiter celle-ci par des candidats acheteurs d'habitations similaires est génératrice de services réciproques en principe imposables.

Étant donné qu'en pareil cas, le propriétaire de la maison n'agit pas en règle dans le cadre d'une activité économique en raison de laquelle il est assujetti, la taxe n'est pas exigible du chef de sa prestation.

En revanche, la T.V.A. est due sur les services que l'entrepreneur ou le promoteur immobilier fournit. Elle doit être calculée sur une base imposable égale à la valeur normale des travaux exécutés.

L'entrepreneur ou le promoteur immobilier peut naturellement opérer, selon les règles normales, la déduction de la T.V.A. grevant les frais engagés pour la réalisation des travaux[79].

---

[79] Déc. n° E.T. 25.052 du 28/4/1977.

Construction d'immeubles

Avant tout un bâtiment doit bien évidemment être construit. Ensuite il pourra être éventuellement vendu, transformé, agrandi, rénové, voire démoli.

Deux types de constructeurs peuvent intervenir : un **tiers** (un constructeur professionnel avec son personnel) ou le **propriétaire** (un particulier avec des membres de sa famille, une société avec des membres de son personnel, une association avec ses membres, etc.)

Présomption légale

Tout bâtiment nouvellement construit est réputé avoir été livré par un assujetti en exécution d'une ou de plusieurs prestations de services ayant pour objet des travaux immobiliers, sauf lorsqu'il est prouvé qu'il a été cédé à titre de bâtiment neuf, par un assujetti professionnel ou occasionnel[80].

La présomption ci-dessus vise essentiellement le cas le plus courant d'un bâtiment construit en exécution de contrats d'entreprise conclus avec des entrepreneurs qui livrent les matériaux nécessaires et effectuent les travaux. Dans ce cas, il existe en principe des factures à concurrence de la valeur normale des prestations de services et la T.V.A. est perçue sur l'ensemble du prix. La valeur normale est la base minimale imposable.

La présomption ci-dessus peut être renversée si le maître de l'ouvrage prouve (par tous les moyens de droit commun) qu'il n'y a pas eu de prestations de services immobilières ou de fournitures de la part de l'entrepreneur.

Exemples

- Un particulier a effectué les travaux lui-même ou avec le concours gratuit de tiers (famille voisin, ...).
- La prestation de l'entrepreneur ne comprend pas les matériaux parce le propriétaire les a lui-même achetés et mis à sa disposition.

---

80 Art. 64 § 4 1er al. du Code T.V.A.

- Une A.S.B.L. construit elle-même son propre immeuble et apporte la preuve de la valeur des travaux effectués par les membres de son personnel[81].

La T.V.A. n'est donc, en principe, perçue que sur la valeur des matériaux dans le cas où il n'y a pas de prestation de services de la part d'un assujetti (mise en œuvre de matériaux par le particulier).

Lorsque la prestation de services ne comprend pas de matériaux, la base minimale imposable est la valeur normale de la prestation, matériaux exclus.

Base imposable : la valeur normale

Pour les travaux immobiliers portant sur des bâtiments à ériger, la base imposable ne peut donc être inférieure à la valeur normale du bâtiment neuf c'est-à-dire... ***« le prix pouvant être obtenu pour le bâtiment, à l'intérieur du pays, au moment où la taxe devient exigible, dans des conditions de pleine concurrence entre un fournisseur et un preneur indépendants se trouvant au même stade de commercialisation ».***

Contrôle de la valeur normale par l'Administration

En principe chaque dossier de construction fait l'objet d'une vérification par l'Administration de la T.V.A. de la valeur prise en compte pour l'application de la T.V.A.

La valeur normale calculée par l'Administration est basée sur les prix moyens généralement pratiqués dans une région donnée pour un même type de construction.

Pour pouvoir appliquer une insuffisance, l'Administration doit établir que la valeur normale des travaux immobiliers est supérieure aux valeurs imposées. Un supplément de T.V.A. peut alors être exigible.

[81] Déc. n° E.T. 18.384 du 6/3/1974.

Époque de l'estimation de la valeur normale

La valeur normale de construction est fixée compte tenu des prix applicables aux travaux au 1/1 de l'année au cours de laquelle a eu lieu l'occupation totale ou partielle du bâtiment et compte tenu de l'état du bâtiment à la date de la notification du revenu cadastral[82].

Augmentation de prix d'une année à l'autre

Si des factures de travaux immobiliers ont une date antérieure à une augmentation des prix, l'Administration prend en considération les prix et valeurs de l'époque.

Il en va de même, lorsque le propriétaire peut prouver qu'il a, lui-même ou avec l'aide gratuite de tiers, placé ou mis en oeuvre des matériaux achetés à une époque antérieure à l'augmentation de prix[83] .

Conservation des documents par le propriétaire

Le propriétaire du nouveau bâtiment doit conserver les plans, cahiers des charges et factures relatives à la construction pendant un délai de **5 ans** à compter de la date de la signification du revenu cadastral[84].

Communication des documents par le propriétaire

Le propriétaire doit communiquer, à toute réquisition des agents chargés du contrôle de la T.V.A., les plans et les cahiers des charges ainsi que les factures relatives à la construction durant un délai non déterminé mais qui correspond, en pratique, à la période de conservation de **5 ans**.

Dépôt d'une déclaration par un particulier propriétaire

Le propriétaire doit remettre, dans les **3 mois** de la signification du revenu cadastral, à l'office de contrôle dans le ressort duquel l'immeuble est situé, une déclaration reprenant le relevé détaillé des factures relatives à la construction.

Cette date permet à l'Administration de déterminer le montant sur lequel la T.V.A. a été appliquée par les prestataires de services.

---

82 Q. n° 5 du 14/10/1975 – RASKIN & Q. n° 181 du 29/6/1976 – RASKIN.

83 Q. n° 1 du 14/10/1975 – BERTRAND & Q. n° 50 du 3/1/1975 – VERBIST.

84 Q. n° 439 du 23/5/1996 – DETIENNE.

Le propriétaire est invité à faire état dans la déclaration, de travaux qu'il a effectués lui-même et/ou en collaboration gratuite avec d'autres personnes ou par un assujetti, ainsi que des factures des matériaux achetés par lui-même et mis en œuvre au cours des travaux.

Un modèle de cette déclaration figure en **annexe 1.**

Dépôt d'une déclaration par un indépendant

Un propriétaire qui a la qualité d'assujetti et qui peut déduire la totalité de la T.V.A. perçue sur les services et les livraisons se rapportant à l'érection de son bâtiment n'est pas tenu de remettre la déclaration visée ci-dessus.
La déduction s'opère par le biais de la déclaration périodique.
Il reste cependant tenu de communiquer les factures dressées et les documents établis, la vérification étant exercée lors des opérations de contrôle habituelles[85].

Calcul de la valeur normale par l'Administration de la T.V.A.

Comme on peut l'imaginer, un grand nombre de questions ont été posées sur les méthodes de calcul utilisées par l'Administration de la T.V.A. pour fixer la valeur normale des bâtiments.
Les réponses les plus significatives sont reprises dans le tableau qui suit :

Droit de visite des agents contrôleurs	Même si les agents contrôleurs ne disposent pas d'un droit de visite des bâtiments privés, ils peuvent convenir à l'amiable d'une visite afin de s'assurer de la nature, de l'accomplissement et de l'importance des travaux. L'article 64, § 4 du Code T.V.A. ne leur reconnaît en effet aucun droit de visite (indépendamment du caractère privé de l'immeuble), et ils ne peuvent davantage recourir au droit de visite conféré par l'article 63 du Code T.V.A., celui-ci ne pouvant être invoqué qu'à l'égard des personnes qui exercent une activité économique et relativement aux locaux où s'exerce cette activité.
Matériaux gratuits utilisés dans une construction	Lorsqu'une entreprise de démolition autorise des constructeurs à enlever gratuitement des débris qui, dans son chef constituent une charge, la T.V.A. n'est en principe pas due pour ce qui concerne la remise de ces débris et par conséquent, aucune facture ne doit être établie.

---

85 Q. n° 218 du 19/9/1975 – BURGEON.

	La preuve que des matériaux de récupération ont été acquis gratuitement, peut être fournie d'après les règles du droit commun, par exemple en présentant une convention entre le donateur et le donataire dans laquelle sont indiquées la nature et la quantité des matériaux donnés. La valeur des matériaux neufs équivalents est alors déduite de la valeur normale du bâtiment, pour la détermination de la base imposable[86].
Particulier qui construit lui-même son immeuble privé	Un propriétaire peut prouver par tous moyens de droit commun que, dans une mesure donnée, il a effectuée lui-même des travaux immobiliers au moyen de matériaux qu'il a achetés lui-même. La valeur des travaux effectués et des matériaux mis en oeuvre est alors déduite de la valeur normale de la construction. Il n'existe donc pas de disposition rendant exigible la T.V.A. sur la main d'œuvre apportée par un particulier à son immeuble[87].
Assujetti qui construit lui -même son immeuble privé	L'assujetti, personne physique, qui construit un bâtiment destiné exclusivement à son usage privé, jouit des mêmes avantages que le particulier qui construit lui-même sa propre habitation (voir ci-dessus), en ce sens que la taxe n'est pas réclamée sur la valeur de la main-d'œuvre qu'il exécute lui-même, pour autant, bien entendu, qu'il apporte la preuve qu'il a effectué lui-même cette main-d'oeuvre.
Assujetti qui construit lui -même son immeuble professionnel	Un assujetti peut exécuter lui-même, en tout ou en partie, un travail immobilier de construction d'un bâtiment destiné à son activité économique. Il relève alors de l'article 19, § 2 du Code T.V.A. (voir p.202), et est taxé sur la valeur normale du travail immobilier exécuté par lui-même. Cette valeur est souvent fixée selon un cœfficient de rendement appliqué aux achats de matériaux. La preuve de la valeur normale ne peut donc pas, dans ce cas, être apportée. En conséquence la T.V.A. est toujours due sur la valeur normale des travaux, matériaux compris.
Aide bénévole de la famille ou d'amis	L'aide bénévole de membres de la famille ou d'amis n'est pas soumise à la T.V.A., sauf si la personne qui fournit l'aide gratuite est un assujetti à la T.V.A. qui exécute un travail immobilier qui relève de l'activité pour laquelle il est assujetti. Le propriétaire du bâtiment peut renverser la présomption et

[86] Q. n° 233 du 22/5/1987 – GABRIELS.

[87] Q. n° 81 du 13/9/1974 – BURGEON.

	prouver par tous moyens de droit commun, à l'exception du serment, que le bâtiment a été érigé, en tout ou en partie, par lui-même ou avec la collaboration gratuite d'autres personnes[88]. La question de savoir si les services que se rendent mutuellement deux membres d'une même famille à l'occasion de la construction de leurs habitations respectives, sont, soit des prestations réciproques effectuées en exécution d'un contrat à titre onéreux, soit deux prestations à titre gratuit sans corrélation aucune, est une question de fait qui doit être examinée au cas par cas.
Première occupation d'un immeuble neuf	Il ne saurait être question de première occupation d'un nouvel immeuble, achevé et livré, aussi longtemps qu'il demeure inoccupé en attendant qu'il soit vendu. Il n'y a première occupation qu'à partir du moment où il est loué (par exemple comme immeuble de bureau) ou effectivement occupé (par le propriétaire) Ce n'est qu'à partir de ce moment que l'on pourra parler de première occupation, laquelle donnera lieu à l'enrôlement du précompte immobilier l'année suivante[89].

Sanctions

Toute infraction aux obligations de conservation, de communication ou de dépôt de la déclaration est sanctionnée par une amende de 50,00 € à 5.000,00 €. De plus, l'article 64, § 4 du Code T.V.A. stipule qu'à défaut de communication, la T.V.A. est, jusqu'à preuve du contraire, réputée ne pas avoir été acquittée du chef des services pour lesquels des factures n'ont pas été produites.

Lorsqu'une insuffisance est établie par l'Administration, le débiteur encourt une amende égale au montant de la T.V.A. si l'insuffisance atteint ou dépasse 1/8 de la base sur laquelle la taxe a été acquittée (Il y a lieu de calculer le rapport existant entre le montant de l'insuffisance à taxer et le total des factures et des documents relatifs aux travaux immobiliers).

88 Q. n° 453 du 16/7/1993 – CARDOEN.
89 Q. n° 180 du 19/3/1980 – SWAELEN.

Cette amende légale est réductible[90], notamment, s'il n'y a pas d'infraction commise dans l'intention d'éluder la taxe.

Expertise

L'Administration peut demander l'expertise[91] pour fixer la valeur normale des travaux immobiliers portant sur un bâtiment nouvellement construit.
L'expertise peut aussi être demandée par le propriétaire contre l'Administration.

La base minimale imposable est alors déterminée par la valeur normale telle qu'elle est fixée par l'expert[92].

La demande d'expertise est notifiée au maître de l'ouvrage, dans les **2 ans** à compter de la date de notification du revenu cadastral par le chef de l'office de contrôle dans le ressort duquel le bâtiment nouvellement construit est situé.

La notification de demande d'expertise est faite par le receveur de l'enregistrement dans le ressort duquel le bâtiment est situé, quand l'expertise est relative à l'achèvement d'un bâtiment qui a été acquis avec paiement de la T.V.A.

Il en est de même pour les cessions et prélèvements de bâtiments.

Cas particuliers

Construction de la maison privée d'un gérant de société par les gérants de la société

Casus

Trois gérants (père, mère et fils) d'une société de construction immobilière, qui ne sont pas des promoteurs immobiliers, bâtissent la maison privée de l'un d'eux. Ils travaillent ensemble gratuitement les week-ends à la nouvelle construction.

---

90 Dans les conditions de l'A.R. n 41 du 30/1/1987.
91 La procédure d'expertise est réglée par les art. 14 à 17 de l'A.R. n° 15 du 3/6/1970.
92 Art. 59 § 2 du Code T.V.A.

Dans cette situation c'est bien la société, qui ne sait pas agir autrement que par la voie des personnes physiques qui la représentent, en l'occurrence les gérants, qui doit être regardée comme le prestataire des travaux immobiliers.

Étant donné qu'un travail immobilier effectué par un assujetti, personne morale, est toujours réalisé dans ou pour l'exercice de son activité économique, puisqu'une personne morale n'a pas de patrimoine privé, ni dès lors de besoins privés, l'article 19 § 2 (voir n° 202) s'applique et il en est a fortiori ainsi lorsqu'un ouvrier de la société participe, moyennant rémunération ou à titre strictement bénévole, à la réalisation des travaux.

Toutefois, la base imposable des travaux qui se rapportent aux besoins privés du personnel, et plus généralement, à titre gratuit, ou à des fins étrangères à l'entreprise, est constituée, par le montant des dépenses engagées par l'assujetti. Il en résulte que l'aide bénévole n'est, par conséquent, pas taxée.

La circonstance que certains locaux de la maison dont il s'agit seraient finalement mis par le propriétaire à la disposition de la société, moyennant ou non un loyer, reste sans incidence sur l'application de l'article 19 § 2.

Ni la société ni le gérant qui sera propriétaire de la maison, ne dispose d'un droit à déduction de la T.V.A. (perçue en vertu de l'article 19, § 2) qui se rapporte à ces locaux; en effet, la société ne sera pas propriétaire de la maison et, de son côté, le gérant qui mettrait des locaux à la disposition de cette société, moyennant paiement, effectuerait une opération exonérée qui n'ouvre pas de droit à la déduction[93].

Construction de l'habitation privée du gérant d'une entreprise de construction

Casus

Un administrateur de société (entreprise de constructions générales) effectue pendant le week-end des travaux privés à un immeuble (construction de sa propre et unique habitation privée) doit-il faire facturer ces travaux par la société ?

[93] Q. n° 262 du 13/10/1992 – HOLLOGNE.

Étant donné que la société au sein de laquelle le maître d'œuvre agit comme gérant, est une entreprise de construction dont normalement tant le matériel que les matériaux de construction seront utilisés pour l'édification de l'habitation privée de ce gérant, il s'ensuit que l'habitation concernée est en fait construite par la société car celle-ci ne peut agir que par l'intermédiaire des personnes physiques qui la représentent, ce qui est le cas du gérant.

Le travail presté par la société est donc taxable suivant l'article 19, § 2, 2°. La T.V.A. due doit être calculée sur les dépenses engagées par la société assujettie, c'est-à-dire sur les dépenses qui ont un rapport direct avec le travail presté.

Dès lors, aucune T.V.A. n'est due sur le travail presté par le gérant dans l'hypothèse où ce dernier n'est normalement pas rémunéré par la société pour ce travail et la T.V.A. est uniquement due sur les dépenses précisément engagées pour ce travail (achat de matériaux, etc.).

Quant au travail qui est, le cas échéant, presté par des membres du personnel de la société, il fait également partie des dépenses engagées et donc de la base imposable[94].

Aide bénévole fournie par le gérant et par un membre du personnel d'une entreprise de construction pour la construction d'une habitation privée

Casus

Un entrepreneur de travaux qui construit une nouvelle habitation privée s'est vu fournir par la S.P.R.L. enregistrée comme entreprise de travaux sanitaires et électriques, des biens à des prix fortement réduits, facturés et dont le prix et les quantités étaient suffisamment spécifiés sur les factures.

Le père est gérant statutaire de la S.P.R.L., le frère de l'entrepreneur de travaux de construction est salarié de cette S.P.R.L., et tant le père que le frère aident gracieusement l'entrepreneur pendant le week-end pour le raccordement des appareils sanitaires et électriques. L'entrepreneur a effectué lui-même les travaux préparatoires.

[94] Q. R. n° 125 (1994-95) - TAYLOR.

Les travaux de raccordement ont-ils été effectués par des personnes physiques non assujetties ou par une personne morale assujettie ?

L'Administration tient-elle compte du prix réduit auquel les biens ont été facturés pour établir la valeur normale ?

C'est la société, qui ne sait agir que par la voie des personnes physiques qui la représentent, en l'occurrence le gérant, qui doit être regardée comme le prestataire des travaux immobiliers.

Étant donné qu'un travail immobilier effectué par une personne morale est toujours réalisé dans ou pour l'exercice de son activité économique (puisqu'une personne morale n'a pas de patrimoine privé, ni dès lors de besoins privés), l'article 19, § 2, 2° s'applique et il en est a fortiori ainsi lorsqu'un ouvrier de la société (en l'espèce, le fils du gérant) participe, moyennant rémunération ou à titre strictement bénévole, à la réalisation des travaux.

Dans la mesure où les matériaux ont été directement achetés par le propriétaire et qu'ils ne sont pas compris dans une prestation de services, la valeur de ces matériaux est, en ce qui concerne la détermination de la base minimale de perception, déduite de la valeur normale du bâtiment.

Par conséquent, lorsque, pour des raisons d'ordre pratique, la valeur normale d'un bâtiment a été évaluée matériaux compris, c'est la valeur normale desdits matériaux et non leur coût réel qui doit être déduite de cette évaluation.

Cela implique que le propriétaire constructeur doit prouver qu'il a acheté les matériaux à des prix inférieurs aux prix normaux. Cette preuve peut entre autres être fournie par des factures sur lesquelles apparaissent des déductions importantes ou par les circonstances spéciales de l'affaire (p. ex. activité de constructeur dans le secteur immobilier, relation économique, etc.). La relation familiale du constructeur avec le fournisseur des matériaux, n'est pas considérée comme une circonstance spéciale.

La T.V.A. due doit être calculée sur le montant des dépenses engagées par la société, c'est-à-dire sur les montant des dépenses qui ont un rapport direct avec le travail presté.

Dès lors aucune T.V.A. n'est due sur le travail presté par le gérant, dans l'hypothèse où ce dernier n'est normalement pas rémunéré par la société pour ce travail, et la T.V.A. est uniquement due sur le montant des dépenses précisément engagées pour ce travail (achat de matériaux, etc.).

Quant au travail qui est, le cas échéant, presté par des membres du personnel de la société concernée, il fait également partie des dépenses engagées et donc de la base imposable.

Il résulte de ce qui précède que, sur le plan de la taxation, les mêmes règles que celles applicables au cas envisagé doivent être suivies pour une personne morale assujettie qui effectue des opérations à titre gratuit ou à des fins étrangères à celles de son activité économique[95].

---

95 Q. n° 1240 du 11/10/1994 – DENYS.

Transformation, réparation et aménagement d'immeubles

Les travaux de transformation, d'amélioration, de réparation, d'agrandissement et d'aménagements s'inscrivent dans la liste des travaux immobiliers et suivent les règles habituelles en matière de lieu d'exécution, de facturation, de report de perception, de base imposable et de taux.

Ils n'appellent pas de commentaires particuliers hormis les situations particulières suivantes :

Transformation par un particulier de sa maison

Un particulier qui apporte des transformations à sa maison par son propre travail paie la T.V.A. lors de l'achat des matériaux; doit-il également payer la T.V.A. sur son travail personnel ?

Non. Le propriétaire qui exécute lui-même de tels travaux n'est pas tenu d'acquitter de la T.V.A. sur sa main d'œuvre.

Mais ne sont pas considérés comme des travaux d'amélioration mais comme des travaux relatifs à une nouvelle construction:

- la transformation radicale d'un bâtiment existant, de manière telle que la structure et la destination de l'ancien bâtiment sont modifiées;

  Exemple
  Une grange transformée en maison d'habitation.

- l'adjonction à un bâtiment existant d'annexes, attenantes ou non, qui ont leur propre utilité;
- la construction d'un nouvel étage sur un bâtiment existant.

Dans ces trois cas de transformation d'un bâtiment existant, le propriétaire n'a pas non plus à acquitter de T.V.A. sur ses propres travaux mais il est tenu de remettre dans les 3 mois de la date de la signification du nouveau revenu cadastral, à l'office de contrôle T.V.A., dans le ressort duquel l'immeuble est situé, une déclaration en vue de vérifier l'exactitude de la base imposable à la T.V.A. qui ne peut être inférieure à la valeur normale (voir p. 96).

Le propriétaire du bâtiment doit cependant prouver par tous moyens de droit qu'il a lui-même effectué des travaux immobiliers au moyen de matériaux qu'il a achetés. La valeur des travaux effectués et des matériaux mis en œuvre au cours de ces travaux sera alors déduite de la valeur normale de la construction[96].

Transformation d'une maison unifamiliale en immeuble à appartements

Un logement privé est transformé en un bâtiment avec un certain nombre d'unités d'habitation (immeuble à appartements). Les unités d'habitation distinctes (appartements) sont réalisées partiellement au sein de la partie conservée de l'ancien bâtiment et partiellement par l'agrandissement de l'ancien bâtiment (nouvelle construction et/ou surélévation).

Le taux réduit de 6% pourra s'appliquer dès lors que certaines conditions sont rencontrées :

1. Les travaux réalisés s'appuient de manière significative sur les anciens murs porteurs et, plus généralement, sur les éléments essentiels de la structure de la partie conservée du bâtiment.
2. La superficie de la partie ancienne doit être supérieure à la moitié de la superficie totale du bâtiment après la réalisation des travaux.
3. La nouvelle partie complète la partie ancienne et forme donc avec elle un ensemble quant à l'utilisation du bâtiment. Eu égard à l'utilisation de parties communes dans un immeuble d'appartements, cette condition est considérée comme satisfaite en cas de transformation d'une habitation privée en un immeuble d'appartements[97].

---

96 Q. n° 23 du 28/5/1974 – BURGEON.
97 Q.P. n° 1481 du 8/2/2017 – Van de Velde.

Transformation d'un bâtiment ancien en immeuble à appartements

Lorsque le propriétaire d'un bâtiment ancien autorise un entrepreneur à transformer aux frais de ce dernier, un bâtiment en un immeuble à appartements en y effectuant des travaux qui consistent essentiellement à abattre des murs, à en ériger de nouveaux, à percer des portes et des fenêtres, à plafonner, etc., cet entrepreneur ne saurait devenir, même à la faveur d'une renonciation au droit d'accession faite à son profit, propriétaire des modifications apportées, puisque celles-ci n'ont pas d'individualité distincte et ne sont pas susceptibles de pouvoir être enlevées.

Malgré la présence de l'entrepreneur à l'acte au moment de la vente d'un appartement, on doit donc considérer que le droit d'accession, nonobstant la renonciation dont il avait fait l'objet, a joué au profit du propriétaire et que c'est lui qui est le seul vendeur, en droit, de la totalité de la chose vendue.

Comme, par ailleurs, les travaux de transformation ont été terminés avant la passation de l'acte de vente, il n'est pas possible non plus de considérer que l'entrepreneur a conclu un contrat d'entreprise avec l'acquéreur de l'appartement. Deux cas doivent être envisagés[98]:

Transformations telles que l'on peut considérer le bien comme un bâtiment neuf

Dans cette situation, le propriétaire de l'immeuble peut exercer l'option pour vendre le bâtiment (ou l'étage) avec application de la T.V.A. (voir p. 30) à condition que l'entrepreneur facture à celui-ci les travaux qu'il a effectués. La taxe portée en compte au propriétaire pourra être déduite par lui.

Transformations insuffisantes pour que l'on puisse considérer que le bâtiment rénové est un bâtiment neuf

Dans cette hypothèse, la vente du bien est soumise pour la totalité au droit d'enregistrement. L'entrepreneur n'est pas tenu de facturer la valeur des travaux qu'il a effectués, mais il est

[98] Déc. n° E.T. 20.942 du 10/2/1976.

tenu de procéder au prélèvement[99] (correction des T.V.A. déduites en amont puisque l'immeuble n'est pas vendu avec T.V.A.) et la T.V.A. payée sur ce prélèvement ne peut être portée en déduction ni par le propriétaire, ni par l'entrepreneur.

Transformations suffisantes pour que le bien puisse être considéré comme un bâtiment neuf, mais le propriétaire n'exerce pas l'option

Idem que la solution précédente.

Travaux de transformation effectués en partie par le gérant à un bâtiment mis à sa disposition par une société commerciale

Casus

Une société – qui n'est pas une entreprise de construction de bâtiments – achète une habitation à rénover. La maison est donnée en location au gérant ou mise à sa disposition.

La société confie les travaux de transformation à un entrepreneur enregistré; par contre, elle achète et paie tous les matériaux nécessaires pour la finition et les met à la disposition du gérant, qui, lui, n'est pas un entrepreneur enregistré.

Le gérant utilise ces matériaux pour assurer lui-même, à titre de personne privée et de locataire, gratuitement la finition de la maison, éventuellement avec l'aide de sa famille (installation de la salle de bains, pose du parquet et réalisation des plafonds en bois, installation de nouvelles portes, etc.).

La société doit-elle, dans le cas, payer la T.V.A. sur le travail réalisé gratuitement par le gérant ?

Dans la situation envisagée en ce qui concerne les travaux effectués par le gérant, c'est bien la société, qui ne sait agir que par la voie des personnes physiques qui la représentent, qui doit être regardée comme le prestataire des travaux immobiliers. Étant donné qu'un travail immobilier effectué par un assujetti personne morale est toujours réalisé dans ou pour l'exercice de son activité économique,

---

[99] Conformément à l'art. 19, 2° du Code T.V.A.

puisqu'une personne morale n'a pas de patrimoine privé, l'article 19, § 2, 2° précité, s'applique en l'espèce.

La T.V.A. due doit être calculée sur le montant des dépenses engagées[100] par la société assujettie, c'est-à-dire sur le montant des dépenses qui ont un rapport direct avec le travail presté.

Dès lors, aucune T.V.A. n'est due sur le travail presté par le gérant dans l'hypothèse où ce dernier n'est normalement pas rémunéré par la société pour ce travail. Par contre, la T.V.A. est due sur le montant des dépenses précisément engagées pour ce travail (achat de matériaux, etc.). L'aide bénévole de membres de la famille n'est pas soumise à la T.V.A.

La T.V.A. n'est pas déductible dans le chef de la société puisqu'il s'agit de travaux à un bâtiment destiné à une activité exemptée[101], à savoir la location d'un bien immeuble par nature.

Puisque les travaux sont incorporés indissociablement au bâtiment auquel ils ont été effectués, ils appartiennent de plein droit à la société bailleresse de la maison, le transfert de propriété n'étant pas différé jusqu'à la fin de la location.

L'éventuel prix à payer par le bailleur au locataire à la fin du contrat de location, pour la plus-value apportée au bâtiment du fait des travaux, doit être regardée comme une indemnité non soumise à la T.V.A.

Il résulte de ce qui précède que la T.V.A. est due par la société uniquement sur ce dont il est question ci-dessus[102].

---

[100] En vertu de l'art. 33, 2° du Code T.V.A.

[101] Par l'art. 44, § 3, 2° du Code T.V.A.

[102] Q. n° 1260 du 24/10/1994 – DENYS.

Démolition d'immeubles

Les travaux de démolition d'immeubles sont considérés comme des travaux immobiliers. Ils suivent également les règles d'autoliquidation, de facturation et de taux.

Par contre, la valeur normale ainsi que la base minimale imposable ne leur est pas applicable puisque ces travaux ne portent pas sur des bâtiments à ériger.

Convention de démolition et d'enlèvement de matières

Il s'agit de la convention par laquelle une personne (l'entrepreneur) s'engage à démolir une construction et à enlever des immondices, déchets, débris, etc. pour le compte d'un cocontractant (le maître de l'ouvrage) qui lui cède la propriété des matières enlevées ou des matériaux provenant de la démolition.

L'entrepreneur effectue une prestation de services soumise à la T.V.A. si toutes les conditions d'exigibilité sont réunies.

Le maître de l'ouvrage effectue une livraison de biens soumise à la T.V.A. (s'il est assujetti avec droit à déduction), sans T.V.A. s'il ne l'est pas.

Lorsque l'opération est soumise à la T.V.A., le taux applicable dépend de la nature des matières ou des matériaux cédés.

Il y a lieu de faire les distinctions suivantes :

Entrepreneur réclamant une somme d'argent

Pour la prestation de services effectuée par l'entrepreneur, la T.V.A. devrait, en principe, être perçue sur la somme payée en argent par le maître de l'ouvrage, augmentée de la valeur normale des matières ou des matériaux cédés.

Etant donné qu'il s'agit, la plupart du temps, de biens dont la possession est onéreuse pour le maître de l'ouvrage, l'Administration admet que la valeur des matériaux soit négligée et que la perception s'effectue uniquement sur le prix en argent.

Dans le même ordre d'idées, aucune T.V.A. ne doit être perçue sur la cession de déchets ou de matériaux provenant de la démolition. Cette tolérance ne vaut cependant pas lorsqu'il ressort clairement de la convention conclue entre les parties, que ceux-ci ont reconnu une valeur importante aux matières ou aux matériaux ou, en d'autres termes, lorsque la somme payée est manifestement inférieure au prix de revient normal du travail effectué par l'entrepreneur.

Entrepreneur ne réclamant pas de somme d'argent

Dans ce cas, il est certain qu'une valeur est reconnue aux matières et matériaux.

Pour la prestation de services effectuée par l'entrepreneur, la T.V.A. est due sur la valeur normale des matières et matériaux dans l'état où ils se trouvent avant leur enlèvement ou avant la démolition de la construction.

En pratique, l'Administration s'abstiendra de critiquer une perception effectuée sur le prix de revient normal du travail exécuté par l'entrepreneur.

En ce qui concerne la cession des matières ou matériaux dans le cas où le maître de l'ouvrage est un assujetti, la T.V.A. est due sur la même base imposable que celle admise pour la prestation de services effectuée par l'entrepreneur.

Entrepreneur payant une somme d'argent

Pour la prestation de services effectuée par l'entrepreneur, la base de perception est égale au prix que l'entrepreneur aurait demandé dans l'hypothèse où il n'aurait pas obtenu la propriété des matières ou matériaux.

Pour la cession des matières ou des matériaux dans le cas où le maître de l'ouvrage est un assujetti, la T.V.A. est perçue sur la base de perception de la prestation de services, augmentée de la somme payée par l'entrepreneur.

Entrepreneur n'obtenant pas la propriété des matériaux provenant de la démolition

Sa prestation est alors une simple prestation de services visée par le Code T.V.A. et imposable sur la base du prix réclamé.

Enlèvement gratuit des matériaux

Il arrive que des propriétaires d'un immeuble nouvellement construit ne puissent pas présenter de factures pour des matériaux qui proviennent d'immeubles qui ont été démolis. Il s'agit dans ce cas, de matériaux considérés comme étant sans valeur par l'entreprise de démolition (décombres) et qui sont récupérés gratuitement par des personnes que ces matériaux intéressent.

Lorsqu'un entrepreneur en travaux de démolition autorise des constructeurs intéressés à enlever, à titre gratuit, des débris qui dans son chef constituent une charge, la T.V.A. n'est en principe pas due pour ce qui concerne la remise de ces débris et par conséquent, aucune facture ne doit être établie pour l'application de la T.V.A. (Il n'y a pas de contrat à titre onéreux).[103]

Adjudication de travaux de démolition

Lorsque des travaux de démolition ont été attribués par adjudication, l'opération débouche souvent sur le paiement, par l'entrepreneur d'un solde positif au propriétaire du bâtiment voué à la démolition. Ce solde, qui est le résultat de la différence entre la valeur de récupération des matériaux et le calcul du prix de revient des travaux de démolition est soumis à la T.V.A.

Il existe deux systèmes de calcul possible :

Premier système de calcul

Prix de revient des travaux de démolition:	12.500,00 €
T.V.A. 21% due à l'Etat par l'entrepreneur :	2.625,00 €
Total :	15.125,00 €
Valeur des matériaux récupérés :	17.500,00 €
Montant dû par l'entrepreneur au propriétaire : (17.500,00 – 15.125,00)	2.375,00 €

[103] Q. n° 233 du 22/5/1987 – GABRIELS.

Second système de calcul

Prix de revient des travaux de démolition:	12.500,00 €
Valeur des matériaux récupérés :	17.500,00 €
Montant dû par l'entrepreneur au propriétaire:	5.000,00 €
T.V.A. 21% :	1.050,00 €

Lorsque les parties reconnaissent incontestablement une valeur aux matériaux provenant de la démolition, la base imposable de la prestation de services effectuée par l'entrepreneur est dès lors égale à la valeur normale de cette prestation, c'est-à-dire au prix que l'entrepreneur aurait demandé dans l'hypothèse où il n'aurait pas obtenu la propriété des matériaux provenant de la démolition (soit 12.500,00 € dans notre exemple), pour autant que ce prix corresponde à la valeur normale de la prestation de services fournie.

Si le cocontractant de l'entrepreneur est lui-même assujetti à la T.V.A., la taxe est due également sur la cession des matériaux provenant de la démolition. Cette T.V.A. doit être calculée sur une base de perception égale à la base imposable de la prestation de services augmentée du montant que l'entrepreneur paie au cocontractant[104].

Démolition et reconstruction d'immeubles

Certains travaux immobiliers de démolition et de reconstruction simultanée peuvent, à certaines conditions, bénéficier du taux réduit de 6% (voir p. 267).

104 Q. n° 32 du 13/11/1980 – SCHILTZ.

Vente d'un immeuble ancien suivie de travaux de rénovation ou d'une démolition-reconstruction de cet immeuble[105]

En matière de vente d'immeubles anciens suivie d'une démolition-reconstruction ou de travaux de rénovation d'une importance telle qu'ils donnent à ces immeubles un caractère neuf, on peut distinguer deux types de situations :

- soit l'acheteur a affaire à un seul cocontractant pour deux types d'opérations (achat et contrat d'entreprise);
- soit le vendeur et l'entreprise chargée de la rénovation ou de la démolition-reconstruction sont des personnes juridiques distinctes.

Si les deux opérations sont indivisiblement liées entre elles, la scission de l'opération en deux opérations (vente suivie d'un contrat d'entreprise) est artificielle et ne correspond ni à la réalité économique ni à l'intention des parties[106].

De telles opérations forment donc, au regard de la T.V.A., une opération unique dont l'objet est la livraison d'un immeuble en état d'achèvement futur (sur plan), qu'il y ait un ou plusieurs acheteurs et que l'immeuble concerné soit ou non soumis au régime de la copropriété forcée.

La livraison de cet immeuble et du terrain attenant est donc soumise à la taxe au taux normal de 21%.

En outre, des opérations peuvent être considérées comme relevant d'une pratique abusive, s'il apparaît que le résultat visé est un avantage fiscal dont l'octroi serait contraire à un ou plusieurs objectifs de la règlementation T.V.A. et que cet avantage a constitué le but essentiel de la solution contractuelle adoptée[107].

Voir la décision pour plus d'informations à ce sujet.

---

105 Décision T.V.A. n° E.T.120.125 du 13.05.2014.

106 Conformément à la jurisprudence de la C.J.C.E. dans son arrêt du 19/11/2009 dans l'affaire C-461/08 « Don Bosco ».

107 Arrêt du 21/2/2008, dans l'affaire C-425/06 «Part services».

Vente d'immeubles

La vente de terrains

Terrain à bâtir : ventes exemptées de T.V.A.

La livraison à titre onéreux d'un terrain, à bâtir ou non, est exemptée de la T.V.A. en Belgique.

Sont considérés comme terrains à bâtir les terrains nus ou aménagés, définis comme tels par les Etats membres[108].

Dès lors, les livraisons à un futur constructeur de terrains simplement aménagés, tels les lots privatifs vendus à des particuliers dans le cadre d'un lotissement, sont, au même titre que les livraisons de terrains nus, exemptées pour le tout[109].

La T.V.A. est néanmoins évidemment applicable lorsque les travaux d'infrastructure sont effectués par un autre assujetti, lié ou non au vendeur du terrain (lotisseur,...), qui fournit et facture directement le coût de ces travaux aux acheteurs qui construisent eux-mêmes (particuliers, promoteurs, etc.).

La livraison d'un terrain attenant et les constitution, cession et rétrocession de droits réels portant sur un sol attenant restent exemptées de la T.V.A. quand il s'agit d'un terrain attenant à un bâtiment ou à une fraction d'un bâtiment qui fait l'objet d'une opération toujours exemptée[110] («bâtiment ancien» ou absence d'option pour soumettre l'opération à la T.V.A.).

La livraison d'un terrain sur lequel il est permis de bâtir et les constitution, cession et rétrocession de droits réels sur un tel terrain restent exemptées de la T.V.A.[111] lorsque ces livraison, constitution, cession et rétrocession sont suivies d'un contrat d'entreprise relatif à l'érection d'un bâtiment pour lequel un permis a été décerné (ceci ne

108 Art. 12, point 3, de la Directive 2006/112/CE du Conseil du 28/11/2006.
109 Sur la base de l'art. 44, § 3, 1°, a), du Code T.V.A.
110 Art. 44, § 3, 1°, du Code T.V.A.
111 Art. 44, § 3, 1°, du Code T.V.A.

concerne donc pas la vente sur plan d'un terrain et d'un bâtiment à ériger ou en cours d'érection)[112].

Terrains aménagés et terrains attenants : ventes soumises à la T.V.A.

Sol attenant

On entend par sol attenant[113], le terrain sur lequel il est permis de bâtir et qui est cédé par la même personne, en même temps que le bâtiment et attenant à celui-ci[114].

La livraison à titre onéreux d'un terrain, à bâtir ou non, est exemptée de la T.V.A. en Belgique[115].

Doivent être considérés comme des terrains à bâtir simplement aménagés, les terrains sur lesquels ont été effectués des travaux préalables à l'érection d'un bâtiment au sens usuel du terme (maison d'habitation, etc.) tels le mesurage du terrain, le nivellement du sol, la démolition de constructions anciennes, la pose dans le sous-sol, avec immobilisation par nature, de tuyaux, de câbles, d'égouts, de conduites nécessaires pour le raccordement du lot au domaine public, etc.

Il a été décidé de s'en tenir désormais à cette position et, sous réserve de la distinction ci-dessous, de supprimer la taxation de la partie du prix et des charges qui se rapportent à ces travaux.

Dès lors, les livraisons à un futur constructeur de terrains simplement aménagés, tels les lots privatifs vendus à des particuliers dans le cadre d'un lotissement, sont, au même titre que les livraisons de terrains nus, exemptées pour le tout[116].

---

112 Déc. n° E.T. 124.513 du 23/12/2013

113 Déc. n° E.T.124.513 du23.12.2013

114 Décision n° E.T.119.318 du 28/10/2010.

115 Art. 12, point 3, de la Directive2006/112/CE du Conseil du 28/11/2006, en vertu duquel sont considérés comme terrains à bâtir les terrains nus ou aménagés, définis comme tels par les Etats membres.

116 Sur la base de l'art. 44, § 3, 1°, a), du Code T.V.A.

Il ne saurait donc être ici question d'un terrain attenant (voir ci-dessous).

La T.V.A. reste évidemment applicable lorsque les travaux d'infrastructure sont effectués par un autre assujetti, lié ou non au vendeur du terrain (lotisseur, etc.), qui fournit et facture directement le coût de ces travaux aux acheteurs qui construisent eux-mêmes (particuliers, promoteurs, etc.).

Terrain aménagé et terrain attenant

A l'inverse, lorsque, indépendamment de la valeur du terrain sur lequel ils sont effectués, les travaux aboutissant à une immobilisation par nature de matériaux ont une consistance et une importance matérielles significatives par rapport à ce terrain, qui en est le simple support, ils constituent des constructions incorporées au sol, c'est-à-dire des bâtiments (parkings, couverts ou à ciel ouvert, voiries, ouvrages d'art, etc.).

La livraison à titre onéreux de ces bâtiments et du terrain y attenant par un assujetti, en même temps et par la même personne, est alors taxable pour le tout, sachant qu'il faut donc entendre ici par «terrain attenant» le sol et le sous-sol, aménagé ou non.

Quant aux terrains (lots) privatifs adjacents à la voirie, ils ne constituent pas des «terrains attenants» à la voirie, s'agissant de parcelles cadastrales distinctes de celle-ci.

Principe

Les livraisons de terrains seuls ou attenant à un bâtiment (neuf ou ancien) et les constitution, cession et rétrocession de droits réels portant sur un sol attenant sont soumises à la T.V.A. à certaines conditions[117].

Dès lors, la livraison à titre onéreux de terrain aménagé et de terrain y attenant par un assujetti, en même temps et par la même personne, est passible de la T.V.A. pour le tout, sachant qu'il faut donc entendre ici par « terrain attenant » le sol et le sous-sol, aménagé ou non.

---

117 Déc. n° E.T. 119.318 du 28/10/2010. Code T.V.A. : Art. 1er, § 9, et 44, § 3, 1° du Code T.V.A.

Le sol attenant [118] est défini comme le terrain sur lequel il est permis de bâtir et qui est cédé par la même personne, en même temps que le bâtiment et attenant à celui-ci.

Il doit s'agir d'un terrain attenant à un « bâtiment neuf » ou à «une fraction d'un bâtiment neuf» passible de la T.V.A. (c'est-à-dire un bâtiment ou une fraction de bâtiment qui fait l'objet d'une opération taxable).

Par fraction de bâtiment, on entend notamment chaque partie d'un bâtiment qui est entièrement ou partiellement soumise au régime de la copropriété forcée (en particulier les appartements) [119].

Conditions de l'application de la T.V.A.

La livraison d'un terrain est soumise à la T.V.A. lorsque les 3 conditions suivantes sont remplies :

1. **Le bâtiment érigé sur le terrain sur lequel il est permis de bâtir (terrain attenant) doit être vendu avec application de la T.V.A.**

   En ce qui concerne la notion de bâtiment et les conditions dans lesquelles la livraison de ce dernier est soumis à la T.V.A., il est référé aux règles habituelles[120].

   En ce qui concerne la notion de terrain attenant, il y a lieu de s'en référer à la (aux) parcelle(s) cadastrale(s) pour laquelle (lesquelles) un permis de bâtir a été obtenu (par exemple en vertu d'une autorisation de bâtir ou de lotir).

2. **Le bâtiment et le terrain y attenant doivent être cédés par une même personne**

   Cette condition est en principe à interpréter strictement, sachant toutefois que, lorsque l'opération effectuée a pour résultat l'obtention d'un avantage fiscal dont l'octroi est contraire à l'objectif poursuivi par le Code T.V.A. et que son but essentiel est l'obtention de cet avantage, l'Administration peut recourir à la notion d'abus de droit [121].

---

118 Nouvel art. 1er , § 9, 2° du Code T.V.A.
119 Déc. n° E.T. 124.513 du 23/12/2013
120 Circulaire n° AAF/2001-1292-F (AAF 24/2002 - E.T.103.009) du 6/12/2002.
121 Art 1er, § 10, du Code T.V.A.

Pour des raisons économiques et/ou financières, il est toutefois de pratique commerciale courante de traiter avec deux vendeurs (c'est-à-dire un pour le sol et un autre pour le bâtiment neuf). Cette pratique n'est pas, dans ces circonstances particulières, considérée comme un abus de droit pour autant que cette manière de procéder soit appliquée de façon conséquente et quelle que soit la qualité de l'acheteur.

Une telle ventilation ne sera pas considérée comme effectuée pour des raisons économiques et financières mais bien dans le but d'éviter la perception de la T.V.A. sur le fonds, lorsque, par exemple, pour certains projets immobiliers où des acheteurs sans droit à déduction se présentent, le terrain est transféré dans le patrimoine de la première société et le bâtiment neuf dans le patrimoine de la seconde, alors que pour d'autres projets (avec des acheteurs avec droit à déduction), tant le terrain que le bâtiment neuf sont transférés dans le patrimoine de l'une des deux sociétés.

3. **Le bâtiment et le terrain y attenant doivent être cédés en même temps.**

   Les conventions de cession du bâtiment et du terrain doivent être conclues en même temps par les parties.

   La disposition anti-abus de droit pourrait par exemple être invoquée lorsque le délai entre la cession d'un bâtiment et d'un terrain y attenant est à ce point court que les parties contractantes n'ont pu avoir pour intention essentielle que d'éviter la soumission de la livraison à la T.V.A.

   Il n'est cependant pas nécessaire que les livraisons du bâtiment, d'une part, et du terrain, d'autre part, se situent en même temps.

Loi BREYNE ou « Loi de la construction d'habitations »

La loi du 9/7/1971 réglementant la construction d'habitations et la vente d'habitations à construire ou en voie de construction s'applique à l'égard de certaines ventes sur plan, pour autant que la convention concerne des maisons ou appartements « à construire ou en voie de construction ».

La loi BREYNE n'est donc en principe pas d'application lorsque le bâtiment est déjà achevé au moment de la conclusion de la convention.

En ce qui concerne l'appréciation de la troisième condition dans les situations visées par la loi Breyne, le Ministre des Finances a décidé ce qui suit :

- Si la convention concerne la vente d'une maison ou d'un appartement à construire qui tombe dans le champ d'application de la loi BREYNE, les droits du vendeur sur le sol sont immédiatement transférés à l'acheteur (voir l'article 4 de ladite loi). Par conséquent, dans ce cas d'espèce le terrain n'est pas cédé en même temps que le bâtiment.
- Si la convention concerne la vente d'une maison ou d'un appartement en voie de construction qui tombe dans le champ d'application de la loi BREYNE, les droits du vendeur sur le sol et sur les constructions existantes sont immédiatement transférés à l'acheteur (voir l'article 4 de ladite loi). Dans ce cas d'espèce - étant donné que la partie déjà existante de la maison ou de l'appartement en voie de construction est visée par l'article 1er, § 9, 1°, du Code T.V.A. le terrain est cédé en même temps que le bâtiment.

Société momentanée

La société momentanée est une société sans personnalité juridique qui n'est en principe pas considérée comme un assujetti.

Quand un associé d'une société momentanée qui n'est pas identifiée comme assujetti, vend un bâtiment à un acheteur et qu'un autre associé de la société momentanée vend au même acheteur le terrain sur lequel le bâtiment est érigé, lesdits bâtiment et terrain ne sont pas cédés par la même personne.

Sous certaines conditions, les associés d'une société momentanée peuvent opter pour l'identifier en tant qu'assujetti[122].

A supposer que la société momentanée soit bien identifiée comme assujetti et que, dans ces circonstances, le bâtiment et le terrain y attenant soient cédés à l'acheteur, il est satisfait à la deuxième condition.

---

122 Circ. n° 17 du 22/1/1971, n°10.

Unité T.V.A.

Les ventes d'un bâtiment et d'un terrain appartenant à deux membres différents d'une unité T.V.A. sont considérées comme étant réalisées par une seule personne, soit l'unité T.V.A.

Les ventes de bâtiments et de terrains entre membres d'une unité T.V.A. restent naturellement en dehors du champ d'application de la T.V.A.

Taux de T.V.A.

Dans le cas d'une livraison taxable d'un bâtiment et du sol y attenant, le sol attenant est taxé au même taux de T.V.A. que celui du bâtiment (21%).

Pour chaque appartement d'un immeuble à appartements en voie de construction, il y aura au moins certaines parties communes déjà construites.

Exemple n° 1

A, B, C & D sont des parcelles cadastrales différentes. Un permis de bâtir a été accordé pour les 4 parcelles. En 2014, le bâtiment neuf est vendu en même temps que les quatre parcelles, et par la même personne.
Les parcelles A, B, C & D sont passibles de la T.V.A.

Exemple n° 2

A, B, C & D, sont des parcelles cadastrales différentes. Un permis de bâtir a été accordé pour les parcelles B, C & D.
En 2011, le bâtiment neuf est vendu en même temps que les quatre parcelles, et par la même personne.
La parcelle cadastrale A est soumise aux droits d'enregistrement.
Les parcelles B, C & D sont passibles de la T.V.A.

Exemple n° 3

A & B sont des parcelles cadastrales différentes. Un permis de bâtir a été délivré pour la parcelle A. Conformément au dit permis, un bâtiment neuf est érigé sur la parcelle A.
L'acquéreur de la parcelle A et du bâtiment, décide d'acquérir en même temps la parcelle B pour laquelle un permis de lotir a été décerné (un terrain viabilisé) (par exemple, pour agrandir son jardin ou à titre d'investissement).
Seule la parcelle A pourra être soumise à la T.V.A., la parcelle B ne constituant pas un terrain attenant à un bâtiment (la première condition n'est pas remplie).

La vente de bâtiments

Les ventes de bâtiments ne sont soumises à la T.V.A. que lorsqu'elles portent sur des **bâtiments neufs** et que le vendeur est un assujetti avec droit à déduction (promoteur immobilier) ou un assujetti occasionnel (voir p. 30).

Il en est de même des droits réels portant sur un bâtiment neuf.

> Toute construction incorporée au sol est considérée comme bâtiment neuf (au sens du Code T.V.A.) **jusqu'au 31/12 de la 2ème année qui suit celle au cours de laquelle a lieu sa première occupation ou utilisation.**

Exemple

```
    2017              2018              2019             2020
I---------X-------I-------------------I-------------------I----------------I-----
  Occupation                                31/12/2019
  15/7/2017

I------------------------------------------------------------I
    Période durant laquelle le bâtiment peut
    ou doit être vendu avec T.V.A.
```

Un bâtiment occupé pour la première fois le 15/7/2017 est considéré comme neuf pour l'application de la T.V.A. jusqu'au 31/12/2019.

Il ne saurait être question de **première occupation** d'un nouveau bâtiment, achevé et livré, aussi longtemps qu'il demeure inoccupé. Il n'y a première occupation qu'à partir du moment où l'immeuble est loué ou effectivement occupé.

Le bâtiment en question pourra alors être vendu sous le régime de la T.V.A. dans le délai indiqué ci-dessus.

Remise à neuf d'un bâtiment ancien

Dans l'esprit du Code T.V.A., il y a lieu de considérer comme un bâtiment neuf non seulement le bâtiment nouvellement construit, mais encore un bâtiment ancien, lorsqu'il a subi des transformations telles qu'il acquiert, de ce fait, les caractéristiques d'un bâtiment neuf[123].

Trois hypothèses peuvent être envisagées :

Travaux modifiant radicalement le bâtiment ancien

Le bâtiment ancien a subi une modification radicale dans ses éléments essentiels, à savoir dans sa nature, sa structure et, le cas échéant, sa destination.
On se trouve alors incontestablement devant un bâtiment neuf, quel que soit le coût des travaux entrepris pour apporter cette modification, par rapport à la valeur du bâtiment avant cette modification.

Exemples

- Une maison de maître transformée en immeuble à appartements.
- Une ancienne usine transformée en lofts.

Simple travail d'amélioration d'un bâtiment ancien

Les travaux entrepris dans le bâtiment ancien n'ont pas modifié le bâtiment dans ses éléments essentiels, comme dans le premier cas ci-dessus, mais ont eu pour objet soit d'assurer la conservation du bien, soit d'en augmenter le confort, comme cela se présente en cas de placement de chauffage central, d'installation d'une salle de bain, d'adjonction d'un garage, de renouvellement de la toiture, etc.

On ne se trouve alors pas devant un bâtiment transformé dans des éléments essentiels. La revente de ce bâtiment après les travaux, ne saurait donc en aucun cas être soumise à la T.V.A., même si le revenu cadastral du bien a été majoré et que le coût des travaux entrepris est élevé par rapport à la valeur du bien tel qu'il se présentait avant le début des travaux.

123 Déc. n° E.T. 19.497 du 29/4/1976.

Travaux qui sont plus que de simples améliorations mais ne modifiant cependant pas radicalement le bâtiment ancien

Lorsque les travaux entrepris sont tels qu'ils entraînent une modification importante du bâtiment, mais qu'il est néanmoins malaisé d'apprécier si le bien a subi une modification radicale dans ses éléments essentiels, au sens de ce qui est dit ci-dessus, on pourra admettre néanmoins que l'on se trouve devant un bâtiment neuf si le coût, hors T.V.A., des travaux effectués (par le propriétaire lui-même ou par des tiers pour son compte) atteint **au moins 60% de la valeur vénale** du bâtiment auquel les travaux sont exécutés, terrain exclu, au moment de l'achèvement des travaux.

En cas de doute il n'est pas inutile de prendre contact préalablement avec l'Inspecteur principal compétent.

La décision n° 2015.516 du 28/10/2015 du Service des décisions anticipées (S.D.A.) établit que postuler le caractère «neuf» d'un bâtiment qui a subi des transformations importantes (travaux qui atteignent 60% de la valeur du bâtiment après travaux) est une faculté laissée à la discrétion des assujettis, en ce compris les «constructeurs professionnels ».

Lorsqu'un propriétaire cède un bâtiment transformé avec T.V.A., celle-ci est due sur la totalité du prix du bâtiment sans qu'il y ait lieu de distinguer la partie ancienne de la partie nouvelle.

Cession d'un bâtiment construit gratuitement

Lorsqu'une personne construit gratuitement un immeuble et le cède sous le régime de la T.V.A., la présomption de l'article 64, § 4 ne doit pas être perdue de vue : Tout bâtiment nouvellement construit est présumé, jusqu'à preuve contraire, avoir été livré par un assujetti, en exécution d'une ou plusieurs prestations de services ayant pour objet des travaux immobiliers.

En outre, l'article 12, § 1er, 2° du Code T.V.A. assimile à une livraison effectuée à titre onéreux, le prélèvement par un assujetti d'un bien de son entreprise, pour le transmettre à titre gratuit, lorsque ce bien ou les éléments qui le composent ont ouvert droit à une déduction complète ou partielle de la T.V.A.

Bâtiment cédé gratuitement dans un fonds de commerce

La cession à titre gratuit d'un fonds de commerce tombe sous l'application de l'article 11 du Code T.V.A. malgré son caractère gratuit.

Dans ce cas, le prélèvement et la révision ne doivent pas être opérés mais le donataire est censé continuer la personne du donateur[124].

Bâtiment reçu en héritage

Bien que non soumise à la T.V.A. mais au droit de succession, l'acquisition d'un bâtiment neuf par héritage n'empêche pas, ultérieurement, une aliénation ou un partage entre les héritiers, opération qui pourrait être soumise à la T.V.A., moyennant le respect des conditions.

Cession de travaux d'infrastructure

Régime applicable aux livraisons d'infrastructures à une autorité publique dans le cadre d'un lotissement[125]

Pour rappel, on entend par sol attenant, le terrain sur lequel il est permis de bâtir et qui est cédé par la même personne, en même temps que le bâtiment et attenant à celui-ci[126].

Abandon gratuit

Lorsque les travaux de voirie sont abandonnés gratuitement à une autorité publique dans le cadre de projets d'investissements immobiliers, il faut distinguer.

Pour ce qui est des lotisseurs-promoteurs, qui vendent avec T.V.A. des bâtiments (maisons, appartements, magasins, etc.) en même temps que le terrain y attenant, la déduction est admise en ce qui concerne la taxe grevant les travaux d'infrastructure si ceux-ci sont inclus dans le prix de ces bâtiments[127].

---

124 Déc. n° E.T. 12.236 du 18/5/1976.

125 Déc. n° E.T.124.513 du23.12.2013.

126 Décision n° E.T.119.318 du 28/10/2010.

127 V. déc. du 15/3/2006, n° E.T.109.060, ainsi que le point 2 de la réponse à la Q.P. n° 1258 Wathelet du 2/5/2006.

Lorsque les travaux de voirie transmis gratuitement à la commune sont réalisés par le promoteur à qui le lotisseur a concédé un droit de superficie, la taxe grevant les frais relatifs aux travaux de voirie peut être déduite par le promoteur concerné dans la mesure où les travaux de voirie sont liés aux lots sur lesquels le promoteur a construit ou fait construire en tant que superficiaire, et à la condition que les frais des travaux de voirie soient compris dans la base d'imposition à la T.V.A. des bâtiments vendus par le promoteur en tant que superficiaire.

On vise ici l'hypothèse d'une vente au client d'un nouveau bâtiment par le promoteur-superficiaire en même temps que la vente au client du terrain par le lotisseur qui a constitué le droit de superficie.

Pour ce qui est des simples lotisseurs, qui réalisent les travaux de voirie et qui ne vendent pas de bâtiments mais simplement des terrains aménagés, une telle mesure ne se conçoit pas. Dans ce cas, la déduction est écartée en cas d'abandon gratuit des voiries à l'autorité publique par le lotisseur.

Vente de parts indivises des travaux de voirie aux acheteurs du terrain à bâtir (qui construisent eux-mêmes) avec une clause de remise gratuite de ces parts par ces derniers à la commune.

La situation est différente dans le cas où ce sont les acheteurs des lots, qui construisent eux-mêmes et qui, lors de cet achat, achètent également des parts indivises des travaux de voirie, avec obligation de les rétrocéder ensuite gratuitement à l'autorité publique.

Dans les rapports entre le vendeur (lotisseur ou promoteur-superficiaire) et lesdits acheteurs, la vente des parts indivises des travaux de voirie est alors passible de la taxe, s'agissant d'un bâtiment neuf, et ouvre un droit à déduction dans le chef du vendeur.

Vente des travaux de voirie à l'autorité publique, pour lesquels les acheteurs du terrain à bâtir (qui construisent eux-mêmes) se comportent comme des tiers payants

Une troisième situation est celle où l'autorité publique et le lotisseur ou le promoteur-superficiaire s'accordent pour que les travaux de voirie soient vendus à l'autorité publique mais où le prix est totalement ou partiellement acquitté, via le mécanisme du tiers payant, par les acheteurs des lots.

Les travaux de voirie sont ainsi cédés à l'autorité publique à titre onéreux avec T.V.A., garantissant, pour le lotisseur ou le promoteur-superficiaire, le droit à la déduction des taxes supportées en amont[128].

Régime applicable aux travaux d'infrastructure relatifs à un centre commercial

Un dernier aspect concerne l'abandon gratuit de travaux d'infrastructure, particulièrement les voiries, à une autorité publique dans le cadre de la construction et de l'aménagement d'un centre commercial et de ses abords[129].

On peut admettre le principe de la déduction[130] pour des frais qui, dans le cadre de l'octroi d'un permis d'urbanisme, doivent être engagés sans contrepartie en faveur d'une autorité publique mais sont liés à l'exploitation du centre commercial.

Toutefois, en vue d'éviter des inégalités dans l'application de la taxe, la déduction ne peut s'étendre à des voiries ou autres infrastructures qui ne sont pas appelées, ou très peu, à desservir le centre commercial mais à être exclusivement, ou presque, utilisées à d'autres fins. Il s'agit évidemment là de questions de fait.

En outre, puisque le centre commercial a la qualité d'assujetti mixte et que les voiries concernent en principe l'ensemble du site, la déduction doit être limitée[131].

La cession de droits réels

Sont considérés comme des biens pouvant faire l'objet d'une livraison taxable, les droits réels autres que le **droit de propriété**, qui donnent à leur titulaire un pouvoir de disposition du bâtiment comme un propriétaire.

---

[128] V. points 1 et 3 de la réponse à la Q.P. n° 1258 Wathelet du 2/5/2006.
[129] Déc. n° E.T.124.513 du 23/12/2013.
[130] Compte tenu de l'arrêt Cass. 26/10/2010 (SA Les Grands Prés).
[131] Point 4.1.6 de la circ. AGFisc n° 34/2012 du 29/10/2012.

Le droit de propriété n'est pas considéré distinct du bien sur lequel il porte; il est par conséquent compris dans la livraison du bien elle-même.

Cette définition exclut tant les cessions que les constitutions du **droit d'hypothèque**, du **droit de privilège** (qui ne permettent pas à leur titulaire un pouvoir d'utilisation sur le bien) du **droit d'habitation** et du **droit d'usage** (qui ne peuvent pas faire l'objet d'une livraison en raison de leur incessibilité).

Leur constitution n'est pas non plus compatible avec la notion de livraison au sens du Code T.V.A.

Le **droit d'emphytéose** constitué ou cédé par une entreprise de location-financement, dans le cadre d'un contrat de location-financement, n'est pas non plus considéré comme un bien. En effet, l'opération de leasing, droit d'emphytéose compris, est considérée comme une prestation de services pour l'application de la T.V.A. Il n'est donc pas question d'en considérer une partie (le droit d'emphytéose) comme une livraison de bien pour la perception de la T.V.A.

En pratique, sont donc considérés comme des biens passibles de la T.V.A. les droits réels suivants :

- l'**usufruit**;
- la **superficie**;
- l'**emphytéose** hors contrat de leasing;
- la **servitude**.

L'usufruit

L'usufruit est un droit réel temporaire qui permet à son titulaire (l'usufruitier), d'user et de jouir du bien d'autrui (un bâtiment pour l'application de la T.V.A.). L'usufruit est limité à la vie de l'usufruitier. Il peut être établi sur plusieurs têtes, avec ou sans stipulation d'accroissement pour le ou les survivants. Il peut aussi porter sur une période inférieure à la vie de l'usufruitier.

La superficie

La superficie est un droit réel immobilier qui consiste pour son titulaire (le superficiaire) à disposer de bâtiments, de plantation ou d'ouvrages situés sur un fonds appartenant à autrui (un bâtiment pour l'application de la T.V.A.). Il s'agit d'un droit de propriété temporaire.

L'emphytéose

L'emphytéose est un droit réel qui consiste pour son titulaire (l'emphytéote) à avoir la pleine jouissance d'un immeuble appartenant à autrui (un bâtiment pour l'application de la T.V.A.), sous la condition de payer au propriétaire une redevance (appelée canon), soit en argent, soit en nature, en reconnaissance de son droit de propriété.

La convention établissant l'emphytéose s'appelle le bail emphytéotique.

Lorsque le droit d'emphytéose est intégré à un contrat de leasing immobilier, pour l'application de la T.V.A., ce droit fait partie d'une prestation de services pour le tout.

Conditions d'exigibilité de la T.V.A.

Pour que la constitution, la cession ou la rétrocession d'un droit réel sur un bâtiment soit passible de la T.V.A., il faut que le bien sur lequel porte le droit réel soit un bâtiment neuf situé en Belgique et que l'opération ait lieu à titre onéreux.

Le constituant, le cédant ou le rétrocédant du droit réel doit avoir la qualité d'assujetti. Il peut s'agir d'un promoteur immobilier, assujetti avec droit à déduction ou d'un assujetti occasionnel.

Comme le droit réel doit porter sur un bâtiment neuf au sens du Code T.V.A., le contrat doit intervenir avant, pendant ou après l'érection du bâtiment, mais au plus tard le 31/12 de la 2ème année qui suit celle de la première occupation ou utilisation.

L'intention de placer l'opération sous le régime de la T.V.A. doit aussi être dûment manifestée (notamment par des mentions spécifiques dans l'acte).

Droit d'enregistrement

Les bâtiments, et/ou les droits réels y relatifs, sont passibles de la T.V.A. dès la réunion de toutes les conditions requises. Dans l'affirmative, ces opérations sont exemptées du droit proportionnel d'enregistrement. Dans la négative, les droits proportionnels d'enregistrement sont dus.

Le vendeur

La livraison d'un bâtiment neuf ou d'un droit réel y relatif, n'est imposable à la T.V.A. que si elle est effectuée par un assujetti avec droit à déduction.

Tel est le cas de la personne qui exerce **habituellement** l'activité qui consiste à construire ou faire construire des bâtiments pour les vendre.

Cette qualité d'assujetti peut également être reconnue à des personnes qui vendent **occasionnellement** des bâtiments neufs.

On distingue dès lors 3 catégories d'assujettis susceptibles de vendre un bâtiment neuf avec T.V.A. :

- le promoteur immobilier;
- le constructeur vendeur occasionnel;
- l'acheteur vendeur occasionnel.

Le promoteur immobilier

Ce sont les personnes qui construisent habituellement des bâtiments pour les revendre.

Exemples

- les promoteurs immobiliers;
- les sociétés de construction d'habitations sociales à vendre;
- les organismes publics reconnus comme tels.

Les personnes physiques ou morales dont l'activité habituelle consiste à acheter avec application de la T.V.A., à construire ou à faire construire des bâtiments en vue de les céder à titre onéreux, en tout ou en partie, soit avant leur érection, soit en cours d'érection, soit une fois érigés, mais au plus tard le 31/12 de la 2ème année qui suit celle de la première occupation ou utilisation, ont la qualité d'assujetti avec droit à déduction avec toutes les conséquences qui en découlent : déclarations périodiques mensuelles ou trimestrielles, droit à déduction sans attendre la vente, tenue d'une comptabilité, etc.

Présomption légale

Tout bâtiment qu'une telle personne construit ou fait construire est présumé, jusqu'à preuve contraire, avoir été livré dans des conditions qui rendent la T.V.A. exigible[132].

Cette présomption s'applique aussi aux droits réels relatifs à des bâtiments neufs.

Simple revente d'un bâtiment

Lorsqu'un promoteur immobilier revend, dans l'état où il l'a acheté, un bâtiment neuf au sens du Code T.V.A., bâtiment qu'il a acquis avec application de la T.V.A., cette revente est d'office soumise à la T.V.A. Il n'est donc pas question ici d'option (réservée aux assujettis occasionnels).

Société nouvellement constituée qui n'a pas encore vendu d'immeuble

Pareille société est assujettie d'office, avec droit immédiat à déduction, dès qu'elle a extériorisé par des actes non équivoques (démarche à un guichet d'entreprise, publication des statuts d'une société, etc.) l'intention d'accomplir des opérations soumises à la T.V.A. L'assujettissement n'est donc pas subordonné à des ventes effectives.

Le constructeur vendeur occasionnel

Ce sont les personnes qui, autrement que dans l'exercice d'une activité habituelle, construisent et vendent occasionnellement un bâtiment, constituent occasionnellement un droit réel sur un bâtiment, ou cèdent et rétrocèdent occasionnellement un tel droit réel.
Il s'agit des assujettis occasionnels sur option[133].

---

132 Art. 64 § 1er du Code T.V.A.

133 L'A.R. n° 14 régit cette matière.

Exemples

- Un particulier
- Une société commerciale
- Un assujetti exonéré (hôpital, école, etc.)

Assujettissement sur option

En principe, ces personnes ne sont pas assujetties pour ces opérations occasionnelles, mais elles peuvent opter pour la qualité d'assujetti et placer de la sorte la cession du bâtiment neuf sous le régime de la T.V.A.

Exemple

Un marchand de matériaux de construction assujetti à la T.V.A. désire vendre un bâtiment neuf.

Que le bâtiment soit professionnel, mixte ou privé, il doit choisir de vendre ce bâtiment neuf avec T.V.A. ou avec droits d'enregistrement.

S'il veut vendre avec T.V.A., il doit opter pour la qualité d'assujetti occasionnel et bien entendu, remplir les autres conditions requises (moment de la cession, nature du contrat, etc.).

A défaut, la cession rentre dans le régime des droits d'enregistrement.

Intérêt de l'option

Du fait du choix laissé au vendeur, certains paramètres doivent être pris en considération.

Puisqu'il devient un assujetti, l'assujetti occasionnel (vendeur) peut déduire de la T.V.A. due sur la vente, les T.V.A. payées lors de la construction du bâtiment (T.V.A. sur les matériaux, sur les travaux d'entreprises, sur les prestations d'architecte, etc.).
Dans l'hypothèse où un quelconque droit à déduction aurait déjà été exercé auparavant, le vendeur éviterait la révision de la déduction opérée (voir exemple n° 3 ci-dessous).

L'acquéreur du nouvel immeuble, s'il est un assujetti avec droit à déduction, a la possibilité de déduire la T.V.A. sur son achat. L'opération devient alors totalement neutre (voir exemple n° 4), ce qui peut influencer le prix de vente.

L'acheteur peut également bénéficier de la répercussion totale ou partielle, sur le prix payé, des avantages fiscaux dont le vendeur bénéficie.

Exemple n° 1

Un particulier fait construire un bâtiment pour 150.000,00 € plus T.V.A. (21%); quelques mois plus tard, toutes conditions réunies, il revend ce bâtiment sous le régime de la T.V.A. pour 155.000,00 € + T.V.A. 21%.

L'opération s'analyse comme suit :

T.V.A. due sur la cession et payée par l'acheteur au vendeur :	155.000,00 x 21% = 32.550,00 €
T.V.A. déductible par le vendeur sur la construction :	150.000,00 x 21% = 31.500,00 €
T.V.A. à payer par le vendeur à l'État :	32.550,00 – 31.500,00 = 1.050,00 €.

Exemple n° 2

Un ménage d'employés construit un bâtiment. La T.V.A. sur cette construction s'élève à 25.000,00 €. Le couple décide de la vente publique de cette construction et toutes les formalités requises pour vendre sous le régime de la T.V.A. sont accomplies.

Le bâtiment se vend mal et est adjugé en vente publique pour le prix de 110.000,00 €, hors T.V.A. (21%).

L'opération s'analyse comme suit :

T.V.A. due sur la cession et payée par l'acheteur au vendeur :	110.000,00 x 21% = 23.100,00 €
T.V.A. déductible par le vendeur sur la construction :	25.000,00 €
T.V.A. à restituer par l'État au vendeur :	25.000,00 – 23.100,00 = 1.900,00 €.

Exemple n° 3

Supposons qu'un détaillant en carrelages vende son magasin professionnel construit il y a un an. Au moment de sa construction, il a exercé son droit à déduction.

Il opte pour la vente du bâtiment sous le régime de la T.V.A.

Les déductions opérées en tant qu'assujetti au fur et à mesure des factures, ne sont pas remises en cause mais il n'est évidemment pas question d'invoquer une nouvelle déduction dans la déclaration d'assujetti occasionnel.

Par contre, si le détaillant vend le bâtiment sous le régime des droits d'enregistrement (parce qu'il n'opte pas pour la vente sous régime T.V.A.), les déductions opérées doivent subir la révision propres aux biens d'investissement (voir p. 220) puisque les dépenses n'auront servi que partiellement à des opérations soumises à la T.V.A.

Exemple n° 4

Supposons que le bâtiment vendu dans les exemples ci-dessus soit acquis et investi en totalité par un expert-comptable identifié à la T.V.A. à ce titre. L'expert-comptable peut exercer son droit à déduction puisque le bâtiment est affecté à une activité économique ouvrant droit à déduction.

Il n'a pas été tenu compte, dans ces deux exemples du prix du terrain.

Personne à qui appartient l'option

L'option appartient à la personne qui cède occasionnellement le bâtiment ou le droit réel. L'intention doit être communiquée à l'Etat et à l'acheteur.

Les **héritiers** continuent la personne du défunt et peuvent également manifester leur volonté de revendre un immeuble avec T.V.A.[134]

Le **notaire** chargé de la vente sur saisie-exécution peut également exercer cette option; il doit alors accomplir les formalités prévues par l'A.R. n° 14.

Le **curateur** de faillite doit exercer l'option et accomplir les formalités s'il ne veut pas soumettre la cession aux droits d'enregistrement et s'exposer notamment à la révision[135].

Rappelons encore que lorsque le vendeur occasionnel n'a pas fait connaître son intention de vendre sous régime T.V.A., la cession est soumise au droit d'enregistrement et le cédant occasionnel ne peut déduire la T.V.A. acquittée lors de l'achat ou la construction.

134 Déc. n° E.T. 10.806 du 15/3/1972.
135 Déc. n° E.T. 7.772 du 5/8/1971.

Si le vendeur occasionnel est un assujetti qui a initialement déduit la T.V.A. dans le cadre d'une activité économique habituelle, il doit pratiquer la révision de la déduction (voir exemple 3, supra).

Modalités de l'option vis-à-vis de l'État

Une **déclaration d'intention** n° **104**[1] en 2 exemplaires (voir annexe 5) dans laquelle la personne manifeste son intention de soumettre l'opération à la T.V.A. est déposée à l'office de contrôle compétent (celui dans le ressort duquel l'assujetti occasionnel a son domicile ou son siège social).

Elle remplace en quelque sorte la déclaration de commencement d'activité.

Un accusé de réception est délivré.

Cette déclaration peut concerner un ou plusieurs bâtiments, y compris leurs droits réels. Elle est révocable à tout moment tant que la cession n'est pas conclue. Elle reste sans suite si le cocontractant n'est pas averti. Elle doit être introduite avant la conclusion du contrat.

Le fait qu'une déclaration d'option pour l'assujettissement occasionnel ait été déposée ne signifie pas que la cession doive obligatoirement avoir lieu sous le régime de la T.V.A. Le cédant reste libre, au moment de la cession, de placer celle-ci sous le régime des droits d'enregistrement. Il lui suffit, par exemple, de ne pas insérer dans l'acte la mention prescrite.

De même, si la cession intervenait hors du délai requis, elle entrerait automatiquement et obligatoirement sous le régime des droits d'enregistrement.

Modalités de l'option vis-à-vis du cocontractant

Le cédant est obligé d'informer son cocontractant de son intention de placer la cession sous le régime de la T.V.A.

Vente ordinaire

Le cédant insère une mention de la vente avec T.V.A., soit dans le premier acte dressé à titre de cession, soit au bas de l'acte authentique pour autant que la mention soit signée par les deux parties.

Lorsque le premier acte qui forme titre de la cession entre les parties est confirmé par un acte authentique présenté à la formalité de l'enregistrement avant ce premier acte, l'Administration admet cependant que la cession soit soumise à la T.V.A. et non au droit d'enregistrement si la mention précitée est insérée dans cet acte authentique ou au pied de cet acte, pour autant que, dans ce dernier cas, elle soit signée par les deux parties[136].

Vente publique

Le cédant informe l'acheteur dans l'acte d'adjudication définitive (une mention dans le cahier des charges de la vente publique est valable pourvu que la clause soit observée au moment de l'adjudication et sans équivoque pour les candidats acheteurs).

Lorsqu'un bâtiment neuf a été exposé en vente publique et qu'il a été adjugé sous réserve de la faculté de surenchère, il n'est pas satisfait à la condition prévue lorsque seul le procès-verbal constatant l'absence de surenchère fait état de l'intention de l'adjudicataire d'acquérir le bien avec T.V.A.[137]

Délivrance d'une facture

Tout assujetti qui livre un bâtiment ou un droit réel sous le régime de la T.V.A., est tenu de délivrer dans la forme et dans les délais fixés une facture régulière à son cocontractant.

L'acheteur assujetti avec droit à déduction ne peut exercer son droit à la déduction que s'il détient une facture régulière.

Dépôt d'une déclaration spécifique

La déclaration périodique à la T.V.A. est remplacée par la **déclaration spécifique** n° **104**[5] à déposer dans le mois à compter du moment où la taxe est due sur la totalité de la base de perception (voir annexe 6).

Paiement de la taxe

La taxe doit être payée dans le mois à compter du moment où elle est due sur la totalité de la base de perception (même délai que celui du dépôt de la déclaration spécifique).

Dépôt et paiement tardif

Des amendes et intérêts sanctionnent le défaut ou le retard de dépôt et/ou de paiement.

---

136 Déc. n° T. 6629 du 16/7/1971.

137 Déc. n° E.T. 19.885, dernier al. du 28/5/1975.

Listing clients

L'obligation de déposer la liste annuelle des clients assujettis (listing clients) ne concerne pas l'assujetti occasionnel[138].

Moment où le cédant devient assujetti

Le constructeur vendeur occasionnel devient assujetti au moment de la cession du bâtiment ou du droit réel y relatif. Sa qualité d'assujetti occasionnel (et donc sa possibilité de déduction de la T.V.A. à ce titre) reste cependant limitée à la partie cédée.

Exemple

Une personne construit occasionnellement un petit immeuble de 6 appartements au littoral et opte pour l'assujettissement occasionnel pour l'ensemble de l'immeuble.

Au moment de la vente du premier appartement, la qualité d'assujetti ne lui est accordée que pour le seul appartement vendu, et la déclaration spécifique à déposer, son paiement et la déduction de la T.V.A. restent aussi limités au seul appartement cédé.

Si, par la suite un deuxième appartement venait à être vendu, le vendeur prendrait la qualité d'assujetti pour cette deuxième cession. La déclaration spéciale à déposer ne concernerait que les T.V.A. dues et déductibles relatives au deuxième appartement. Et ainsi de suite pour les autres appartements.

Dépôt de la déclaration

Toute cession de bâtiment ou de droit réel par des assujettis occasionnels doit figurer dans une déclaration spécifique fournie par l'Administration de la T.V.A.
En aucun cas, la déclaration périodique mensuelle ou trimestrielle normale à la T.V.A. ne peut être utilisée, même si l'assujetti occasionnel est une assujettie déposant de telles déclarations pour d'autres opérations.

En principe, une déclaration doit être déposée par cession, mais plusieurs ventes peuvent y figurer pour autant que cette déclaration soit déposée à temps pour toutes les ventes.

---

138 Déc. n° E.T. 15.405 du 28/6/1973.

La déclaration doit être déposée en triple exemplaire à l'office de contrôle de la T.V.A. dont relève le cédant qui recevra à titre d'accusé de réception un exemplaire revêtu du n° de compte auquel la T.V.A. due doit être versée.

Déclaration déposée par des propriétaires indivis

La déclaration (signée par tous les indivisaires) peut être rédigée au nom de tous les propriétaires et être déposée à l'office de contrôle dans le ressort duquel l'un d'eux a son domicile.

Elle confère expressément mandat au propriétaire, qui a son domicile dans le ressort de l'office de contrôle où elle est déposée, de remettre, au nom de tous les indivisaires, la déclaration pour assurer le paiement de la taxe et de payer à l'État la taxe due en raison de l'opération projetée[139].

Délai de dépôt

La déclaration doit être déposée dans le mois à compter du moment où la taxe est due sur la totalité de la base de perception.
Même si un acompte a été perçu par le vendeur, une facture partielle délivrée, une échéance partielle contractuelle de paiement survenue, aucune déclaration ne doit être déposée pour cet acompte, cette facturation ou cette échéance de paiement.

Cession de fonds de commerce

Dans le cas de la cession d'une universalité de biens[140], l'obligation de dépôt et de paiement peut être considérée comme satisfaite si la déclaration est introduite dans le mois de la cession et mentionne que le bâtiment ou le droit réel fait partie d'une universalité de biens dont la transmission n'est pas soumise à la T.V.A.[141]

Calcul de la T.V.A. à payer

En principe, la T.V.A. due sur le prix de la cession est calculée sur tout ce qui constitue la contrepartie obtenue ou à obtenir par le cédant de la part du cessionnaire (prix, charges, etc.) Il y a lieu de se référer aux règles relatives à la base imposable notamment en ce qui concerne la détermination de la valeur normale. Le taux de T.V.A. est actuellement de 21%.

---

139 Déc. n° E.T. 10.510 du15/5/1972.
140 Prévue à l'art. 11 du Code T.V.A.
141 Déc. n° E.T. 12.608, dernier al., du 5/10/1972.

Calcul de la T.V.A. déductible

Le cédant peut déduire non seulement les T.V.A. ayant grevé le bâtiment ou le droit réel cédé, mais aussi les T.V.A. qui ont grevé les services (courtages, publicité, frais d'architecte, etc.) utilisés pour effectuer la cession imposable [142].

Il doit présenter des factures régulières au moment du dépôt de la déclaration spécifique. Des factures tardives peuvent faire l'objet d'une demande de restitution.

T.V.A. non déductible

La T.V.A. grevant ou ayant grevé les frais généraux n'est pas déductible (frais de téléphone, de déplacement en voitures automobiles, etc.) de même que les services (courtages, publicité, etc.) tendant à donner le bâtiment en **location**[143].

T.V.A. déductible partiellement

Lorsque la cession porte à la fois sur un bâtiment et sur le terrain, la déduction de la T.V.A. qui a grevé les services (courtages, publicité, etc.) utilisés pour effectuer la cession est déductible aussi bien pour la partie qui se rapporte au prix du bâtiment que celle qui se rapporte au terrain[144].

Exemple de calcul

	Hors T.V.A.	T.V.A.
Prix de vente du bâtiment :	200.000,00 €	
T.V.A. due au taux de 21% :		42.000,00 €
Factures des entreprises :	180.000,00 €	
T.V.A. déductible (21%):		37.800,00 €
Facture de l'architecte :	5.000,00	
T.V.A. déductible (21%) :		1.050,00 €
Solde à payer :		3.150,00 €

Il peut aussi arriver que les T.V.A. déductibles soient supérieures aux taxes dues; dans ce cas, le solde constitue une T.V.A. à rembourser par l'État au cédant du bâtiment (voir exemple 2 dans les exemples donnés ci avant).

142 Déc. n° E.T. 16.214 du 3/8/1977.
143 Déc. n° E.T. 16.214 du 3/8/1977.
144 Déc. n° E.T. 16.214 du 3/8/1977 (adaptée).

Acheteur vendeur occasionnel

Il s'agit ici de la personne qui a acquis (et non plus construit) occasionnellement, avec paiement de la T.V.A., un bâtiment ou un droit réel qu'elle cède occasionnellement à titre onéreux en tout ou en partie, dans le délai prévu par le Code T.V.A.

Elle peut également obtenir pour cette cession la qualité d'assujetti occasionnel. Les mêmes modalités que pour les constructeurs vendeurs occasionnels sont d'application.

Achat-vente par un promoteur immobilier

Rappelons qu'un assujetti en tant que « promoteur immobilier » qui achète avec T.V.A. un bâtiment ou un droit réel pour le revendre ne doit pas opter pour l'assujettissement occasionnel pour pouvoir vendre sous le régime T.V.A. et déduire la T.V.A. grevant son acquisition du bâtiment.

En effet, cette opération rentre dans son activité économique de promoteur immobilier et le paiement et la déduction s'effectuent dans sa déclaration périodique.

Contrat à titre onéreux

Pour que la T.V.A. soit exigible, la cession d'un bâtiment neuf (ou d'un droit réel relatif à un bâtiment neuf) doit avoir lieu en exécution d'un contrat à titre onéreux.

Exemples

La cession du bâtiment peut se faire par :

- la vente (même de la nue-propriété);
- la vente sous condition résolutoire;
- la vente avec transfert différé de la propriété;
- l'échange (deux transmissions réciproques soumises toutes deux à la T.V.A. ou l'une à la T.V.A. et l'autre au droit d'enregistrement);
- l'apport en société (pur et simple ou mixte) sauf article 11 du Code T.V.A.;
- la dation en paiement;
- le partage;
- la cession équipollente à partage;
- la cession de parts indivises entre copropriétaires;

- l'expropriation (assimilée à une transmission à titre onéreux);
- la constitution, la cession, la rétrocession d'un droit d'usufruit, de superficie, ou d'emphytéose, portant sur un bâtiment neuf.

La transmission par décès (succession) et la donation entre vifs sont exclues.

Moment de la vente

Pour que la T.V.A. soit applicable, le bâtiment ou le droit réel y relatif doit être cédé avant, pendant ou après l'érection du bâtiment, mais **au plus tard le 31/12 de la 2ème année qui suit celle de la première occupation ou utilisation**.

Exemple

Un bâtiment est érigé durant les années 2016 et 2017; il est occupé le 15/9/2017. La cession doit intervenir au plus tard le 31/12/2019.

Preuve du moment de la cession

La date du contrat ne peut être établie que par les modes de preuve opposables aux tiers : acte notarié ou acte sous seing privé avec date certaine.

L'Administration peut aussi admettre d'autres preuves :

- paiement du prix par virement bancaire ou postal;
- communication de l'acte à une administration publique;
- demande de prêt à un organisme de crédit;
- etc.

Cas particuliers de vente

Vente sous condition suspensive

Lorsqu'une vente est faite sous condition suspensive, l'existence même de cette vente est subordonnée à la réalisation de l'événement futur et incertain qu'est la condition suspensive.

Aussi la cession d'un bâtiment neuf sous condition suspensive est-elle considérée pour l'application du Code T.V.A. comme inexistante tant que la condition n'est pas réalisée.

L'assujetti qui a vendu un bâtiment neuf sous une condition suspensive, doit donc acquitter la T.V.A. sur la valeur normale de ce bâtiment en vertu de l'article 12, § 2, du Code T.V.A., si la condition ne s'est pas réalisée à l'expiration du délai prévu à l'article 9, § 3, du Code T.V.A.[145]

Vente sous condition résolutoire

En ce qui concerne la T.V.A., on applique les règles relatives à la vente ordinaire.

Vente avec déclaration de command ou élection d'ami

La vente avec déclaration de command, ou élection d'ami, est celle où l'acheteur se réserve dans le contrat la faculté de se substituer, comme acheteur véritable, une autre personne qu'il désignera plus tard, et au seul égard de laquelle la vente produira ses effets.

L'acheteur apparent s'appelle le commandé, l'acheteur véritable, le command.

En matière civile, quatre conditions sont requises pour que la déclaration de commande soit valable :

1° la réserve d'élire command doit être expressément formulée dans l'acte de vente;
2° l'élection de command doit être faite dans le délai prévu par la convention;
3° la déclaration portant élection de command doit être faite par acte authentique;
4° la déclaration doit être pure et simple (en ce sens qu'il ne doit être apporté aucune modification aux conditions de la vente.

Lorsque ces 4 conditions sont remplies, l'acheteur ostensible (commandé) s'efface devant l'acheteur véritable (command) et une seule vente intervient entre le vendeur et le command, à l'égard de qui le contrat produit ses effets dès l'origine.

Lorsqu'un assujetti constructeur habituel, constructeur occasionnel ou revendeur, qui a exercé l'option vend, avec déclaration de command, un bâtiment neuf, une seule livraison soumise à la T.V.A. de 21%

---

[145] Déc. n° E.T. 8140 du 6/6/1975.

intervient entre le vendeur et le command, dès lors que sont réunies les conditions énoncées ci-dessus et, notamment que l'élection de command est faite dans le délai conventionnellement prévu.

En revanche, si les conditions prévues, en matière civile, pour la validité de l'élection de command ne sont pas respectées et, notamment, que l'élection de command n'est pas faite dans le délai conventionnellement prévu, le commandé est, à l'égard du vendeur, acheteur et, à l'égard du command, vendeur du bâtiment. Dans les rapports entre le vendeur et le commandé, la vente du bâtiment est soumise à la T.V.A. de 21% Dans les rapports entre le commandé et le command, elle est soumise, en règle, au droit proportionnel d'enregistrement.

Si, toutefois, le commandé exerce l'option prévue par l'article 8, § 3, du Code T.V.A., la cession du bâtiment a lieu avec application de la T.V.A., étant entendu que, dans ce cas, le commandé peut déduire la taxe que le vendeur lui a portée en compte.

Sont exemptées du droit d'enregistrement proportionnel et soumises au droit fixe général, les déclarations de command, à condition:

1° que la faculté de déclarer command ait été réservée dans l'acte d'adjudication ou de vente;
2° que la déclaration soit faite par acte authentique;
3° qu'elle soit notifiée par exploit d'huissier de justice au receveur de l'enregistrement ou que l'acte soit présenté à la formalité, au plus tard le premier jour ouvrable qui suit celui de l'adjudication ou du contrat.

A défaut d'exécution de ces conditions, la déclaration de command est considérée comme une revente pour l'application du Code des droits d'enregistrement. Cette disposition qui prévoit un délai spécifique pour la déclaration de command, est propre à la matière du droit d'enregistrement; elle n'est donc applicable qu'à la vente des biens soumis au droit d'enregistrement, à l'exclusion de la vente de bâtiments neufs ayant lieu sous le régime de la T.V.A.[146]

---

[146] Déc. n° E.T. 36236 du 15/7/1980.

Vente d'une nue-propriété

Lorsque la nue-propriété d'un bâtiment neuf est cédée en se réservant l'usufruit, il s'agit d'une livraison de biens au sens de l'article 8, § 1er du Code T.V.A.

En effet, la nue-propriété d'un bâtiment neuf qui est cédé au plus tard le 31/12 de la 2ème année qui suit l'année d'occupation iu d'utilisation, est un bien au sens de l'article 9, § 3, du Code.

Base d'imposition

La taxe due se calcule sur le montant du prix et des charges imposées par le vendeur à l'acquéreur pour la cession de la nue-propriété, sans que la base de perception puisse être inférieure à la valeur normale de la nue-propriété du bâtiment aliéné.

Déductions

Si le cédant du bâtiment est un assujetti promoteur, la taxe qu'il a payée pour l'érection ou pour l'acquisition de la pleine propriété du bâtiment ne peut être déduite que partiellement. La taxe déductible représente une partie du montant des taxes que l'assujetti aurait pu déduire s'il avait vendu la pleine propriété du bâtiment et est déterminée en multipliant ce montant par une fraction comportant au numérateur la base sur laquelle la taxe a été perçue en raison de la vente de la nue-propriété et au dénominateur, la valeur normale de la pleine propriété du bâtiment.

Si le cédant est un constructeur professionnel au sens de l'article 8, § 1er, la déduction des taxes qu'il a opérée n'est pas remise en cause du fait qu'il s'est réservé l'usufruit du bâtiment cédé.

Prélèvement de l'article 12, § 2, du Code T.V.A.

Le constructeur professionnel qui a cédé la nue-propriété d'un bâtiment neuf, en se réservant l'usufruit, est censé prélever l'usufruit de ce bâtiment pour ses propres besoins si, à l'expiration du délai prévu, il n'a pas cédé avec T.V.A., l'usufruit de ce bâtiment.

Il en est ainsi même si ce constructeur professionnel a renoncé à son droit d'usufruit avant l'expiration de ce délai.

La taxe due doit se calculer sur la valeur normale de l'usufruit à l'expiration du délai prévu[147].

---

[147] Déc. n° E.T. 20368 du 12/11/1975.

Vente en rente viagère

Lorsque la vente d'un bâtiment en rente viagère s'effectue avec T.V.A., la taxe est due au moment de la livraison du bâtiment sur la valeur de celui-ci (à l'exclusion de la valeur du terrain).

Vente après location

Lorsqu'un promoteur immobilier ou un assujetti occasionnel donne en location, pour une durée déterminée, un bâtiment qu'il a construit, rien ne s'oppose à ce que ce bâtiment doive ou puisse encore être aliéné avec application d'une T.V.A., tant qu'il reste dans le délai où il est toujours considéré comme neuf pour la T.V.A.
La location d'un bâtiment par un promoteur immobilier génère toutefois l'application du prélèvement[148].

Vente d'un bâtiment à un organisme public

Lorsqu'un constructeur professionnel vend un bien visé à l'article 9, § 3, du Code à un organisme public, cette vente est soumise à la T.V.A. même si ce bien est acheté pour cause d'utilité publique.

Le Code T.V.A. ne contient pas de disposition équivalente à celle de l'article 161, 2° , du Code des droits d'enregistrement, selon lequel certaines acquisitions pour cause d'utilité publique sont exemptées de ces droits[149].

Vente d'un bâtiment à une mission diplomatique

Les livraisons de bâtiments (ou parties de bâtiments) et les travaux de réfection, de réparation, d'entretien, etc., effectués pour le compte des missions diplomatiques et consulaires (ou des États qu'elles représentent), répondent à la notion d'usage officiel de ces missions dans la mesure où ils concernent les locaux de la mission.

Ces livraisons et services peuvent ainsi bénéficier de l'exemption de la T.V.A.[150], même s'ils se rapportent à des immeubles (ou parties d'immeubles) simplement pris en location.

---

148 Prévu à l'art. 12, § 1er, 3 du Code T.V.A. - Déc. n E.T. 12.576 du 10/1/1973.
149 Déc. n° E.T. 20264 du19/3/1975.
150 Art. 42 § 3 du Code T.V.A.

Seconde résidence

Etant donné qu'aussi bien la livraison d'immeubles que tout travail immobilier sont exclus expressément de l'exemption de la T.V.A. au bénéfice de certains membres des missions diplomatiques ou postes consulaires pour leur usage personnel, l'Administration a décidé que ne sont pmas exemptées de la T.V.A., les livraisons de biens qui sont clairement destinés à être utilisés dans la construction, la réparation ou l'entretien d'un immeuble qui sert d'habitation personnelle ou de seconde résidence ou qui est la propriété d'une personne visée à l'article 42, § 3, 2° , précité du Code T.V.A.

Il ne peut, en effet, être perdu de vue que les Conventions de Vienne sur les relations diplomatiques et sur les relations consulaires ne contiennent, au regard de la T.V.A., aucune disposition d'exemption sur les livraisons de biens et les prestations de services faites sur le marché intérieur belge aux agents du corps diplomatique et consulaire pour leur usage personnel.
Les exemptions qui sont accordées en Belgique sur lesdites livraisons et prestations de services reposent donc exclusivement sur l'article 42, § 3, 2° , du Code T.V.A., dont les limites et les conditions sont strictement fixées[151].

Livraison d'infrastructures (travaux de voirie,...) à une autorité publique (commune,...) dans le cadre d'un lotissement[152]

Abandon gratuit

Lorsque les travaux de voirie sont abandonnés gratuitement à une autorité publique dans le cadre de projets d'investissements immobiliers, il convient d'opérer la distinction suivante.

- Pour ce qui est des lotisseurs-promoteurs, qui vendent avec T.V.A. des bâtiments au sens usuel du terme (maisons, appartements, magasins,...) en même temps que le terrain y attenant, la déduction est admise en ce qui concerne la T.V.A. grevant les travaux d'infrastructure si ceux-ci sont inclus dans le prix de ces bâtiments[153].

---

151 Déc. n° E.T. 35391 du 8/9/1980.

152 Déc. T.V.A. n° E.T. 124.513 du 23/12/2013.

153 V. déc. du 15/3/2006 n° E.T. 109.060, ainsi que le point 2 de la réponse à la Q.P. n° 1258 de M. WATHELET du 2/5/2006.

Lorsque les travaux de voirie transmis gratuitement à la commune sont réalisés par le promoteur à qui le lotisseur a concédé un droit de superficie, la T.V.A. grevant les frais relatifs aux travaux de voirie peut être déduite par le promoteur concerné dans la mesure où les travaux de voirie sont liés aux lots sur lesquels le promoteur a construit ou fait construire en tant que superficiaire, et à la condition que les frais des travaux de voirie soient compris dans la base d'imposition à la T.V.A. des bâtiments vendus par le promoteur en tant que superficiaire.
On vise ici l'hypothèse d'une vente au client d'un nouveau bâtiment par le promoteur-superficiaire en même temps que la vente au client du terrain par le lotisseur qui a constitué le droit de superficie.

- Pour ce qui est des simples lotisseurs, qui réalisent les travaux de voirie et qui ne vendent pas de bâtiments au sens usuel du terme mais simplement des terrains aménagés (voir ci-dessus), une telle mesure ne se conçoit pas.

Dans ce cas, la déduction est écartée en cas d'abandon gratuit des voiries à l'autorité publique par le lotisseur.

Vente de parts indivises des travaux de voirie aux acheteurs du terrain à bâtir (qui construisent eux-mêmes) avec une clause de remise gratuite de ces parts par ces derniers à la commune[154]

La situation est différente dans le cas où ce sont les acheteurs des lots, qui construisent eux-mêmes et qui, lors de cet achat, achètent également des parts indivises des travaux de voirie, avec obligation de les rétrocéder ensuite gratuitement à l'autorité publique.

Dans les rapports entre le vendeur (lotisseur ou promoteur-superficiaire) et lesdits acheteurs, la vente des parts indivises des travaux de voirie est alors passible de la T.V.A., s'agissant d'un bâtiment neuf, et ouvre un droit à déduction dans le chef du vendeur.

---

[154] Déc. T.V.A. n° E.T. 124.513 du 23/12/2013.

Vente des travaux de voirie à l'autorité publique, pour lesquels les acheteurs du terrain à bâtir (qui construisent eux-mêmes) se comportent comme des tiers payants[155]

Enfin, une troisième situation est celle où l'autorité publique et le lotisseur ou le promoteur-superficiaire s'accordent pour que les travaux de voirie soient vendus à l'autorité publique mais où le prix est totalement ou partiellement acquitté, via le mécanisme du tiers payant, par les acheteurs des lots.

Les travaux de voirie sont ainsi cédés à l'autorité publique à titre onéreux avec T.V.A., garantissant, pour le lotisseur ou le promoteur-superficiaire, le droit à la déduction des T.V.A. supportées en amont.

Abandon gratuit de travaux d'infrastructure, particulièrement les voiries, à une autorité publique dans le cadre de la construction et de l'aménagement d'un centre commercial et de ses abords[156]

On peut admettre le principe de la déduction pour des frais qui, dans le cadre de l'octroi d'un permis d'urbanisme, doivent être engagés sans contrepartie en faveur d'une autorité publique mais sont liés à l'exploitation du centre commercial[157].

Toutefois, en vue d'éviter des inégalités dans l'application de la T.V.A., la déduction ne peut s'étendre à des voiries ou autres infrastructures qui ne sont pas appelées, ou très peu, à desservir le centre commercial mais à être exclusivement, ou presque, utilisées à d'autres fins. Il s'agit évidemment là de questions qui gisent essentiellement en fait.

En outre, puisque le centre commercial a la qualité d'assujetti mixte et que les voiries concernent en principe l'ensemble du site, la déduction doit être limitée[158].

---

155 Déc. T.V.A. n° E.T. 124.513 du 23/12/2013.
156 Déc. T.V.A. n° E.T. 124.513 du 23/12/2013.
157 Arrêt Cass. du 26/2/2010 (SA Les Grands Prés).
158 Point 4.1.6 de la circ. AGFisc n° 34/2012 du 29/10/2012.

Réquisition ou expropriation par l'autorité publique

En cas de réquisition ou d'expropriation faite par l'autorité publique ou en son nom, l'indemnité, à l'exclusion de l'indemnité de remploi, est censée représenter le prix à soumettre à la T.V.A.[159]

Échange de bâtiments

En cas d'échange et, plus généralement, lorsque la contrepartie est une prestation qui ne consiste pas uniquement en une somme d'argent, cette prestation est, pour le calcul de la T.V.A., comptée à sa valeur normale[160].

Cession d'un bâtiment et du terrain pour un prix unique

Lorsqu'un assujetti cède un bâtiment ou une fraction de bâtiment et le sol y attenant, avec application de la taxe en même temps qu'un fonds autre que le sol y attenant, moyennant un prix unique, la taxe est calculée sur une base obtenue en déduisant du prix et des charges stipulés, la valeur vénale du fonds autre que le sol y attenant à la date de la cession, compte tenu de l'état de ce fonds avant le commencement des travaux[161].

Cession d'un gros œuvre

Il arrive qu'une cession avec T.V.A. ait pour objet un bâtiment inachevé (p. ex. le gros œuvre), et que l'acheteur conclue un ou plusieurs contrats d'entreprise pour l'achèvement du bâtiment.

Dans ce cas, la base imposable pour chaque contrat (cession ou entreprise) est le montant total du prix et des charges et autres prestations imposées au cessionnaire ou au maître de l'ouvrage[162].
Le total des bases imposables applicables à ces contrats ne peut être inférieur à la valeur normale cumulée du bâtiment (inachevé) cédé et des entreprises exécutées.

Il ne suffit donc pas, pour pouvoir réclamer un supplément de T.V.A., d'établir que la valeur normale du bâtiment ou de l'une des entreprises est supérieure à la valeur imposée pour ce bâtiment ou

159 Art. 31 du Code T.V.A.
160 Art. 32 du Code T.V.A.
161 Art. 30 du Code T.V.A.
162 Art. 26 du Code T.V.A.

cette entreprise; il faut établir que la somme des valeurs normales de toutes les prestations (livraison du bâtiment et exécution des entreprises), considérées chacune isolément, est supérieure à la somme des valeurs imposées; c'est sur la différence entre ces deux totaux que la T.V.A. supplémentaire est exigible.

En cas d'expertise, celle-ci doit porter sur le bâtiment inachevé et sur chacune des entreprises.

Cession d'un gros œuvre avec terrain

Il arrive qu'une cession avec T.V.A. ait pour objet un bâtiment inachevé (p. ex. le gros œuvre) cédé avec le terrain. Il faut alors distinguer la cession du terrain et celle du bâtiment :

La T.V.A. sur le terrain est calculée sur la valeur vénale du terrain, compte tenu de son état avant le commencement des travaux.

La T.V.A. sur le bâtiment est calculée sur la base « Prix + charges de l'ensemble – valeur vénale du fonds » qui ne peut être inférieure à la valeur normale du bâtiment.

La base imposable pour chacun de ces contrats d'entreprise pour l'achèvement est constituée par le prix, augmenté des charges et des autres prestations imposées au maître de l'ouvrage.

En cas d'expertise, celle-ci doit porter en même temps sur la valeur vénale du terrain, la valeur normale des bâtiments inachevés, la valeur vénale de l'ensemble de l'immeuble cédé et sur chacune des entreprises exécutées.

Travaux d'infrastructure ou d'aménagement d'un terrain

Lorsqu'un lotisseur fait exécuter des travaux d'infrastructure sur un terrain appartenant à une personne qui a renoncé au droit d'accession à son profit, avant le commencement des travaux, le droit d'enregistrement est dû sur le prix total de vente du terrain et de l'infrastructure.

> Pour rappel, la T.V.A. n'est due que sur la cession de terrains attenants à des bâtiments neufs.

En effet, le lotisseur n'est pas ici propriétaire d'un bâtiment au sens du Code T.V.A.[163].

Rappelons que les personnes qui n'ont d'autre activité que d'aménager ou faire aménager des terrains à bâtir en vue de les vendre, sans ériger des bâtiments, effectuent des opérations exonérées de la T.V.A.

Par conséquent, ces personnes sont des assujettis exonérés et les travaux d'infrastructure ne sont pas taxables (voir p. 68).

Vente à tempérament et location-vente

La vente à tempéraments et la location-vente sont traitées comme des ventes ordinaires. Ces deux types de vente sont imposables dès que s'opère la livraison du bien, sans qu'il faille attendre le transfert effectif de la propriété qui a lieu ultérieurement mais sans qu'aucune des parties ne doive encore manifester sa volonté à cet égard.

Vente sur plan

La vente sur plan (vente d'un bien futur) se traite comme une vente ordinaire.

Cession de mitoyenneté

La cession de mitoyenneté est une opération qui, si elle rencontre toutes les conditions requises, peut être soumise à la T.V.A.

Partage

La **cession de parts indivises** peut être assimilée à un échange.

> **Exemple**
>
> A laisse en héritage un bâtiment constitué de deux appartements à ses deux enfants, B et C. Pour régler le partage une fois le moment venu, B cède sa part relativement à l'appartement 1 (la moitié de l'appartement 1) contre la part de C relativement à l'appartement 2 (la moitié de l'appartement 2).

---

[163] Déc. n° E.T. 7318 du 28/7/1971.

La **cession équipollente à partage** peut être assimilée à une cession.

Exemple

Même situation mais dans laquelle B cède sa part indivise dans les appartements 1 et 2 à C.

Apport en société

L'apport de biens en société est un contrat translatif de propriété au profit de la société. L'apport qui a pour objet des biens visés par le Code T.V.A. est soumis à la T.V.A. sauf application éventuelle de l'article 11 (apport d'une universalité de biens).

Dation en paiement

La dation en paiement est la convention par laquelle le créancier accepte que le débiteur se libère en lui remettant autre chose que ce qui est dû.

Il s'agit d'une convention par laquelle les parties conviennent de modifier l'objet du paiement, en complétant l'obligation primitive sans l'affecter ni l'éteindre, de sorte que la chose remise, différente de celle qui était convenue, entraînera néanmoins la libération du débiteur.
Cette nouvelle convention doit être analysée comme une vente ordinaire.

Expropriation

L'expropriation d'un bâtiment est assimilée pour l'application de la T.V.A. à une livraison de biens à titre onéreux[164].

---

164 Art. 10, § 2, 1° du Code T.V.A.

Locations d'immeubles

Notion de location

Une **location** est un contrat par lequel l'une des parties s'oblige à faire jouir l'autre d'une chose, pendant un certain temps, moyennant un certain prix que celle-ci s'oblige à lui payer.

Une **cession ou concession du droit de jouissance** est un contrat à titre onéreux par l'effet duquel une personne obtient un droit personnel de jouissance sur un bien. Il faut, en outre, que la jouissance porte sur un bien corporel ou sur un immeuble par destination en raison de son affectation.

Une **location immobilière** est un contrat par lequel l'une des parties s'engage à faire jouir l'autre d'un immeuble par nature pendant un certain temps et moyennant une rémunération que celle-ci s'oblige à payer. L'objet essentiel de la convention est de procurer au preneur l'usage et la jouissance de l'immeuble par nature donné en location.

Principe

En principe, les locations qui ont pour objet uniquement des immeubles par nature sont exonérées de la T.V.A. Il existe cependant un certain nombre de locations immobilières soumises à la T.V.A.

Location immobilière non soumise à la T.V.A.

Location de maisons, appartements, chambres meublées

Les locations de maisons, d'appartements ou de chambres meublées (même dans les lieux de villégiature) restent entièrement exonérées de la T.V.A., à la condition que ces locaux soient destinés à l'habitation humaine, quelle que soit du reste la qualité du bailleur, pour autant que celui-ci ne soit pas un hôtelier ou l'exploitant d'un établissement assimilé à un hôtel.

Location de chambres meublées pour étudiants

Lorsque des particuliers mettent des chambres meublées à la disposition d'étudiants, pour une durée relativement longue, sans qu'ils ne se chargent d'autres prestations que d'accorder la jouissance de ces chambres, accompagnées ou non des services accessoires (tels que le nettoyage de la chambre et la fourniture du petit déjeuner), on admet qu'ils ne sont pas, pour ces locations des assujettis avec droit à déduction[165].

Location de logements dans des établissements de soins

Les fournitures de logements meublés par les établissements hospitaliers, psychiatriques et cliniques, par les maisons de repos agréées, les crèches et pouponnières, les institutions pour la jeunesse et les établissements d'enseignement, pensionnats et internats sont exonérées de la T.V.A.

Location de places dans des installations diverses

Est exonéré de la T.V.A., l'accès à des établissements d'éducation physique, à des installations sportives, à des musées, monuments, sites, parcs aménagés, jardins botaniques et zoologiques, à des représentations théâtrales, chorégraphiques ou cinématographiques, à des expositions, concerts, et conférences, à condition **que les recettes tirées de ces activités servent uniquement à couvrir les frais**.

Location de chalets et bungalows

Lorsqu'une personne physique ou morale non professionnelle de l'HORECA, met à disposition des chalets, bungalows, etc. lui appartenant, immeubles par nature et établis sur un terrain, aménagé ou non pour le camping, dont cette personne est également propriétaire, l'opération doit s'analyser pour le tout en une location immobilière et est entièrement exemptée de la T.V.A.[166].

Si ces chalets, bungalows, etc., immeubles par nature, ont été érigés par une personne autre que le propriétaire du fonds, ladite personne ne peut

[165] Q. n° 34 du 19/11/1969 – SPROCKEELS.
[166] En vertu de l'art. 44, § 3, 2° du Code T.V.A.

avoir la propriété de ces constructions que si le propriétaire du fonds a constitué à son profit un droit réel tel que le droit d'emphytéose ou le droit de superficie ou, ce qui est d'ailleurs traité comme la constitution d'un droit de superficie, si ce propriétaire du terrain a accordé expressément ou implicitement à la personne l'autorisation de construire sur ce terrain et a renoncé à cet effet à son droit d'accession.

En dehors du cas où il s'agirait de la constitution ou de la cession d'un droit d'emphytéose par une entreprise pratiquant la location-financement de biens immeubles[167] la constitution d'un droit réel, autre que le droit de propriété, donnant à son titulaire un pouvoir d'utilisation sur le terrain concerné, s'analyse en une livraison de biens exemptée [168] encore que l'emplacement sur lequel le droit porte fasse partie d'un terrain aménagé pour le camping[169].

Location immobilière avec services accessoires

Des locations immobilières peuvent s'accompagner d'autres services. Dans ce cas, les parties peuvent stipuler ou non un prix distinct pour ces services.

Les services considérés comme accessoires sont :

- le chauffage et la climatisation des locaux;
- l'éclairage des locaux;
- la fourniture d'eau;
- la garde de l'immeuble;
- le nettoyage des locaux occupés privativement y compris le lavage des vitres extérieures;
- l'usage de services communs tels que les services de réception, le téléphone et les autres services de télécommunication;
- le nettoyage des parties communes et l'entretien de l'ascenseur.

Lorsqu'un bailleur s'engage à l'égard d'un preneur à lui fournir, à côté de la jouissance de l'immeuble, des services visés par le code, le bailleur est alors un assujetti avec droit à déduction dans la mesure de ces services.

---

167 Dans le cadre d'un contrat visé par l'art. 44, § 3, 2°, b) du Code T.V.A.

168 Par l'art. 44, § 3, 1°, b), du Code T.V.A.

169 Q. n° 456 du 2/3/1993 – DE CLIPEELE.

Lorsque l'immeuble donné en location est garni de biens meubles corporels ou d'immeubles par destination, l'opération est soumise à la T.V.A. pour la partie qui porte sur les meubles corporels ou sur les immeubles par destination. Le bailleur est assujetti dans cette mesure et le taux est habituellement de 21%. Si la partie imposable du prix n'est pas fixée contractuellement, il y a lieu de ventiler le prix sous contrôle de l'Administration.

Location de bureaux

Dans les services considérés comme inclus dans une location d'immeubles de bureaux figurent[170]:

- la surveillance de l'immeuble (qui peut inclure l'engagement d'une concierge);
- le nettoyage des locaux (qui peut inclure l'engagement d'une femme d'ouvrage);
- les services communs (qui peuvent comprendre l'engagement d'une réceptionniste, d'une téléphoniste, d'une infirmière, etc.).

Location de logements sociaux

La location de maisons ou d'appartements par des sociétés agréées par la **Société Wallonne du logement** est une opération exonérée de la T.V.A.

Il en est de même pour les services accessoires réclamés aux locataires pour l'utilisation de l'ascenseur et de l'antenne collective de radio et de télévision, pour l'entretien des parties communes ou du chef de la mise à disposition des locataires de locaux de délassement. L'exécution de ces opérations constitue en effet une charge du bail.

Mais lorsque ces sociétés agréées exécutent en régie des réparations locatives et en facturent le coût à leurs locataires, ces réparations sont soumises à la T.V.A.

Par contre, lorsque après le départ d'un locataire, la société fait exécuter certains travaux d'entretien ou de réparation ou doit faire réparer certains dégâts et en récupère le coût sous forme de

---

[170] Q. n° 64 du 21/5/1981 – PEETERS.

dommages et intérêts à payer par son ancien locataire, la T.V.A. n'est pas due sur les sommes ainsi récupérées.

Enfin, lorsque les sociétés agréées effectuent ou font effectuer des travaux d'entretien, de réparation ou de transformation aux immeubles qu'elles donnent en location, sans en réclamer le coût à leurs locataires, aucune taxe n'est évidemment due dans leurs rapports avec ces locataires[171].

Location dans les maisons de repos

Les locations dans les maisons de repos ou de de retraite pour personnes âgées qui n'ont pas obtenu l'agrégation de la part de l'autorité compétente ne peuvent pas bénéficier de l'exonération de l'article 44 du Code T.V.A.

Les locations dans de telles maisons sont donc soumises à la T.V.A.

Location de bâtiments industriels

Lorsqu'une personne donne en location un bâtiment industriel et que, pour un prix distinct, elle s'engage à surveiller et à entretenir ce bâtiment, à charger et à décharger des marchandises et à accomplir les formalités douanières relatives à l'exportation de ces marchandises, cette personne n'a pas la qualité d'assujetti à la T.V.A. pour la location du bâtiment puisque la location d'immeubles n'est pas soumise à la T.V.A., mais elle a cette qualité pour les autres services.

Il est toutefois admis que la surveillance et l'entretien d'un bâtiment constituent des services liés à la location immobilière qui restent dès lors non taxables.

Partie d'immeuble mis à la disposition d'un administrateur par sa société

Lorsqu'une entreprise met des locaux d'habitation à la disposition d'un organe de gestion, elle lui consent la jouissance d'un bien immobilier.

---

171 Q. n° 440 du 7/10/1983 – LAFOSSE.

Lorsque aucun loyer n'est payé, cette opération est assimilée à une prestation de services effectuée à titre onéreux[172].

Toutefois, comme cette jouissance résulte d'une opération exemptée[173] la taxe n'est pas due et l'entreprise doit, écarter[174] la déduction de la T.V.A. grevant les biens et les services utilisés pour la construction, l'entretien ou la réparation de ces locaux d'habitation, en tenant compte, le cas échéant, du pourcentage retenu en matière d'impôts sur les revenus lorsque les locaux font partie d'un immeuble également utilisé à des fins de l'activité économique[175].

Location immobilière soumise à la T.V.A.

Certaines locations immobilières en principe non soumises à la T.V.A. sont cependant taxables soit d'office, soit à certaines conditions.

Locations immobilières accompagnées d'autres services

Voir p. 157 *in fine*.

Location dans un centre d'affaires ou de services

Les centres d'affaires ou de services ont pour activité principale la fourniture à des entreprises, des indépendants ou des titulaires de professions libérales, d'un ensemble de services indissociables s'appuyant sur une infrastructure complète et intégrée. Cet ensemble de services, offert pour un prix forfaitaire, comprend à la fois la mise à disposition de locaux privatifs meublés, l'utilisation d'une infrastructure destinée à l'usage commun de tous les "locataires" (salles de réunion, sanitaires, espace de réception ou de détente, fax, photocopieuse, etc.), l'utilisation de réseaux bureautiques et téléphoniques, ainsi que des services de diverses natures (comme l'accueil des visiteurs, la réception du courrier, l'entretien des locaux, etc).

Cette matière est traitée dans la circ. AFER n° 39/2005 n° E.T.108.816 du 27/9/2005 dont l'essentiel est reproduit ci-après.

---

172 Art. 19, § 1er du Code T.V.A.
173 En vertu de l'art. 44, § 3, 2° du Code T.V.A.
174 Conformément à l'art. 45, § 1er du Code T.V.A.
175 Q.R. n° 153 (1994-95) –WINTGENS.

Dans le cas de centres d'affaires ou de services offrant un ensemble de services, "en package", "présentant l'avantage pour leurs clients d'avoir accès à une organisation et à un milieu de travail dans le cadre desquels les moyens nécessaires à l'exercice de leur activité professionnelle leur sont fournis prêts à l'emploi", les prestations de services constituent un ensemble qui, en application de l'article 18, § 1er , al. 1er , du Code T.V.A. est soumis pour le tout à la T.V.A.

Distinction entre « centre d'affaires ou de services et locations immobilières avec services accessoires

Afin de distinguer les prestations des centres d'affaires ou de services, soumises à la taxe, des locations immobilières exemptées (accompagnées, le cas échéant, de prestations de services accessoires), l'Administration a déterminé un certain nombre de critères qui devront obligatoirement être remplis pour que la prestation des centres d'affaires ou de services soit entièrement soumise à la T.V.A..

Caractéristiques du contrat

Le centre d'affaires ou de services doit conclure avec ses clients un contrat par lequel il s'engage à fournir un ensemble minimal indissociable de services (voir ci-après) moyennant un prix forfaitaire unique.

Le client ne peut avoir la faculté de renoncer à certains de ces services moyennant réduction de prix.

Ce prix forfaitaire comprend tout d'abord toutes les charges, taxes et impôts relatifs au bâtiment du centre d'affaires ou de services et aux biens qui l'équipent (assurances, précompte immobilier, taxes régionales ou communales diverses).

Il comprend également les charges classiques (eau, électricité et chauffage), étant entendu que les compteurs respectifs sont ouverts, auprès des sociétés de distribution, au nom du centre lui-même.

Prestations minimales requises

Pour que le prix forfaitaire réclamé soit soumis pour le tout à la T.V.A., le centre d'affaires ou de services doit offrir au minimum les services suivants en contrepartie de ce prix :

- mise à disposition d'un ou de plusieurs locaux équipés : le bureau comprend un mobilier minimum (p. ex. 1 meuble de bureau + 1 siège, 1 poste téléphonique et 1 armoire). Ces locaux équipés peuvent être soit partagés entre différents clients soit réservés à l'usage exclusif de l'un d'eux, mais en tout état de cause, la convention doit prévoir que le client ne peut pas modifier substantiellement l'aménagement du bureau (par exemple, interdiction de venir avec son propre mobilier ou de repeindre les murs);
- mise à disposition de salles de réunion communes pendant un laps de temps prévu dans la convention initiale; il est important de souligner que la durée de cette mise à disposition peut être variable mais qu'il est nécessaire que cette mise à disposition soit prévue dans le package, étant évidemment entendu que, s'il le désire, le client pourra solliciter des heures d'occupation supplémentaires pour un prix distinct, en fonction de ses besoins ponctuels;
- mise à disposition d'espaces communs : couloirs, sanitaires, ascenseurs, locaux administratifs (pour la photocopieuse, le fax, etc.), et éventuellement, d'une cuisine ou d'une kitchenette équipée, d'un espace de réception ou de détente, etc.;
- mise à disposition d'équipements bureautiques communs : photocopieur, fax et, éventuellement, imprimantes, rogneuses, relieuses, etc.; le prix forfaitaire réclamé au client comprend l'accès à ces équipements (et peut éventuellement lui donner droit à un quota forfaitaire de consommations par période), mais il est permis que les consommations (ou, si un quota forfaitaire est prévu, les suppléments pour dépassement de ce quota) fassent l'objet d'une facturation complémentaire;
- mise à disposition de l'infrastructure ICT (câblage et "points de connexion" jusque dans les bureaux, patch pannel, centraux téléphoniques et ligne du client, pour la téléphonie et l'accès à Internet, etc.) ainsi que la mise à disposition d'un ou plusieurs postes de téléphone.

Ici encore, il est précisé que l'abonnement aux opérateurs de télécommunication doit être pris par le centre d'affaires ou de services, qui se charge d'attribuer lui-même à chaque client un ou plusieurs numéros de téléphone individualisés.

C'est le centre d'affaires ou de services qui reçoit de ces opérateurs la facture globale de toutes les télécommunications rendues à partir du centre. C'est le centre qui se charge ensuite de la répartition des consommations entre ses différents clients.

A cet égard, il est précisé que si le prix forfaitaire réclamé par le centre d'affaires ou de services comprend évidemment l'accès à ces moyens de télécommunications (abonnement), et éventuellement un certain quota de communications téléphoniques, il est toutefois permis que les consommations (ou, si un quota forfaitaire de communication est prévu, les suppléments pour dépassement de ce quota) fassent l'objet d'une facturation complémentaire.

Remarque

La libéralisation des réseaux de télécommunication offre aujourd'hui aux clients des centres d'affaires ou de services la possibilité d'utiliser un autre opérateur en télécommunication que celui auquel ont recours ces centres, par l'intermédiaire d'une carte et /ou d'un numéro d'appel spécial, à partir des appareils de téléphonie mis à leur disposition par les centres d'affaires ou de services et de manière plus générale, à partir de n'importe quel autre appareil de téléphonie.

Dans ce cas, la communication n'est pas facturée aux centres mais directement à leurs clients. Cette situation particulière ne remet pas en cause le régime en matière de T.V.A. applicable au centre d'affaires ou de services :

- nettoyage régulier des bureaux et des espaces communs, maintenance générale du site et de ses équipements, sous la responsabilité du centre d'affaires ou de services, en vue de garantir la continuité des services;
- présence permanente d'un personnel d'accueil, tous les jours ouvrables pendant les heures de bureau; réponse téléphonique personnalisée au nom des clients, en cas d'absence de ceux-ci;
- réception et tri du courrier par le personnel du centre.

Remarque importante

S'il est requis qu'un centre d'affaires ou de services fournisse au minimum les services visés ci-dessus, pour que ces services puissent être considérés comme ne formant qu'une seule prestation de services globale, imposable à la taxe pour le tout, il n'est en revanche pas obligatoire que ces prestations de services soient exécutées par du personnel salarié du centre.

Le centre d'affaires ou de services peut bien entendu faire appel à des prestataires extérieurs (p. ex., une entreprise de nettoyage de bureaux), étant entendu que dans ce cas, le centre d'affaires ou de services doit être l'unique cocontractant de ces prestataires (les contrats ne peuvent être signés qu'avec lui et les factures de ces prestataires ne peuvent être adressées qu'au centre d'affaires ou de services) et qu'à l'égard de ses clients, ce soit contractuellement le centre d'affaires ou de services qui apparaisse comme le seul responsable de la bonne exécution des prestations qui doivent être rendues à ces clients, en contrepartie du prix forfaitaire qui leur est réclamé.

Autres prestations rendues par les centres d'affaires ou de services

Outre les services visés ci-avant, les centres d'affaires ou de services peuvent fournir d'autres services, soit d'office (et dans ce cas, ils sont compris dans le prix forfaitaire réclamé au client) soit "à la carte", en fonction des besoins du client :

- la mise à disposition d'emplacements de parking;
- la mise à disposition de réfectoires;
- services traiteur;
- services de courrier express;
- travaux de secrétariat administratif (tenue d'agendas, secrétariat téléphonique, dactylographie, classement, etc...);
- services de traduction;
- services de support IT (mails, gestion des bases de données...);
- services d'encadrement au niveau juridique, fiscal et comptable;

- accomplissement de démarches officielles auprès des autorités (guichets d'entreprise, Chambre des Négoces et des Métiers,...) ;
- services de marketing et/ou de publicité;
- services de gestion des ressources humaines;
- services de "bureau virtuel" : forfait qui comprend en général : l'utilisation de l'adresse commerciale, la possibilité d'établir son siège social, la réception et le tri du courrier, la réception de fax, une permanence téléphonique, sans que des locaux soient mis à disposition, etc.).

Localisation de la prestation d'un centre d'affaires ou de services

L'ensemble des prestations de services fournies par les centres d'affaires ou de services constituent une prestation complexe qui est réputée se situer à l'endroit où le prestataire de services a établi le siège de son activité économique ou un établissement stable à partir duquel la prestation de services est rendue ou, à défaut d'un tel siège ou d'un tel établissement stable, au lieu de son domicile ou de sa résidence habituelle[176]

Lorsqu'elle a lieu en Belgique, cette prestation est passible du taux normal de la taxe, qui s'élève actuellement à 21 %.

Localisation des prestations de services

Lorsque, outre les services minimaux requis, un ou plusieurs services sont fournis d'office par le centre d'affaires ou de services, en contrepartie du prix forfaitaire, sans que le client n'ait la possibilité d'y renoncer moyennant une réduction de prix, aucune ventilation ne doit être opérée sur la facture du centre d'affaires ou de services. La T.V.A. est applicable dans ce cas à l'ensemble des prestations fournies.

En revanche, lorsque les services sont fournis à la demande du client, moyennant supplément de prix, ou encore lorsqu'ils sont en principe fournis d'office mais que le client a la possibilité d'y renoncer moyennant diminution du prix forfaitaire, ces services doivent être localisés en fonction de leur nature.

---

[176] Art. 21 § 2, du Code T.V.A.

Régime applicable aux centres d'affaires ou de services qui ne redent pas les services minimaux requis

Lorsque les conditions énoncées ci-avant ne sont pas rencontrées, la mise à disposition des locaux privatifs et des locaux communs (salles de réunions, réfectoires, sanitaires, salles de réception, etc.) doit être considérée pour le tout comme une location immobilière exemptée de la T.V.A. en vertu de l'article 44, § 3, 2° du Code.

En revanche, la mise à disposition des biens meubles (mobilier, fax, photocopieuses, etc.) constitue une prestation de services soumise à la taxe.

Si un prix forfaitaire unique est réclamé pour la mise à disposition des parties immeubles et des biens meubles, ce prix doit être ventilé pour la perception de la taxe, sous le contrôle de l'Administration.

Par ailleurs, parmi les autres services fournis par le centre d'affaires ou de services, il convient d'opérer une distinction entre ceux qui sont accessoires à la location immobilière et ceux qui sont tout à fait étrangers à cette location.

Services accessoires à la location immobilière

Il s'agit des services suivants :

- le chauffage et la climatisation des locaux;
- la fourniture d'électricité;
- la fourniture d'eau;
- le nettoyage des locaux occupés privativement et des parties communes, en ce compris l'entretien de l'ascenseur;
- les services de réception, la garde de l'immeuble et le tri du courrier;
- les services de télécommunication, en ce compris la mise à disposition des installations et postes;
- la mise à disposition d'emplacements de parking.

En principe, lorsque le prix forfaitaire réclamé pour la mise à disposition des locaux privatifs ou communs comprend la fourniture de ces services accessoires, ceux-ci sont exemptés au même titre que la location immobilière elle-même.

Ces services accessoires peuvent toutefois être soumis à la taxe lorsqu'ils sont fournis au preneur par le bailleur lui-même ou par son intermédiaire et qu'un prix distinct a été conventionnellement fixé entre parties pour ces fournitures.

Il est toutefois rappelé, à cet égard, que cette faculté de soumettre à la taxe les services précités n'autorise pas le centre d'affaires ou de services à opérer la déduction des taxes ayant grevé les frais des infrastructures utilisées pour la fourniture de ces services (par exemple, l'installation de chauffage ou de climatisation) puisque ces infrastructures constituent des éléments indissociables de l'immeuble dont les parties ou locaux sont donnés en location[177].

Autres services

Les services qui ne peuvent être considérés comme accessoires à la location immobilière (à l'exception des parkings et des réfectoires) sont soumis à la T.V.A. lorsqu'ils sont réputés avoir lieu en Belgique sur base des règles de localisation qui leur sont applicables.

Si la mise à disposition de locaux privatifs et communs s'accompagne de la fourniture de certains de ces services et qu'un prix forfaitaire unique est réclamé, ce prix doit être ventilé pour la perception de la taxe, sous le contrôle de l'Administration.

Location de logements meublés (hôtellerie)

Les fournitures de logements meublés pas les exploitants hôteliers (hôtels, hôtelleries, motels, pensions, etc.) sont soumises à la T.V.A. (taux 6%).

L'exploitation d'un hôtel se caractérise par une organisation permanente groupant les facteurs humains et matériels qui permettent de fournir aux hôtes hébergés des services tels que la

---

177 V. à cet égard, déc. n° E.T. 15.928/2, du 17/2/2005.

réception des voyageurs, la mise à leur disposition d'une chambre meublée, l'entretien et le nettoyage des chambres, y compris la fourniture du linge de maison (draps de lit, couvertures, essuie-mains, etc.) et, le cas échéant, la fourniture du petit déjeuner.

Tous ces services ne doivent pas nécessairement être fournis. Il suffit que certains d'entre eux soient habituellement procurés mais il faut en tout cas qu'un logement meublé soit fourni.

Location de chambres meublées pour un court laps de temps

Les locations de chambres meublées par les exploitants hôteliers qui donnent en location une chambre meublée, pour un court laps de temps et procurent également des services accessoires, fournissent un service visé par le Code T.V.A. même si le client n'est pas hébergé la nuit et ne reçoit ni nourriture ni boissons destinées à être consommées sur place. Il s'agit ici des établissements dénommés « studios garnis », « maisons de passe », etc.[178]

Location de logements dans des maisons de vacances

Les locations de logements dans des maisons qui organisent habituellement des séjours de vacances sont soumises à la T.V.A.

Location dans des maisons de retraite

Les locations dans les maisons qui organisent habituellement des retraites avec séjour sont soumises à la T.V.A.
Il en va de même des locations dans les maisons de retraite ou de repos pour personnes âgées qui n'ont pas obtenu l'agrégation de la part de l'autorité compétente et qui ne peuvent dès lors pas bénéficier de l'exonération de l'article 44 du Code T.V.A.

Location d'emplacements pour le camping

Est soumise à la T.V.A., la mise à disposition d'emplacements de camping par un exploitant sauf dans le cas de fournitures occasionnelles telles que :

---

178 Déc. n° T. 6381 du 18/6/1971.

- la mise à disposition d'un terrain par une personne pendant 60 jours maximum en vue de la pratique du camping, à des groupes organisés de campeurs placés sous la surveillance de moniteur(s) et n'utilisant que des tentes comme abri (mouvements de jeunesse);
- la mise à disposition par un fermier à une ou deux familles d'une de ses prairies, même moyennant rémunération.

Location de places dans des installations diverses

Est soumis à la T.V.A. :

- l'accès à des installations culturelles (même temporaires) telles que les salles de théâtre, de cinéma, de concert, les musées, les expositions, foires, etc.;
- l'accès (même temporaires) à des installations sportives: courses cyclistes, bassin de natation, stade sportif, solarium, terrain de golf, pistes de bowling, circuit automobile, vélodromes, etc.;
- l'accès (même temporaires) à des installations de divertissement : fêtes foraines, cirques, salles de bal, étangs de pêche ou de canotage, grottes, parcs d'attraction, etc.

Location de biens meubles dans des installations diverses

Lorsque la mise à disposition de biens meubles par l'exploitant d'une installation culturelle, sportive ou de divertissement n'est que facultative, le visiteur ou l'utilisateur ayant par exemple la possibilité d'utiliser son propre matériel, le supplément de prix demandé pour la mise à disposition des biens meubles est soumis au taux normal de 21%.

Lorsque l'exploitant d'une installation demande un prix global couvrant tant l'usage de l'installation que la mise à disposition de biens meubles et que, parallèlement, il accorde une réduction à l'utilisateur qui fait usage de son propre matériel, ce prix global doit être ventilé de sorte que le prix relatif à la mise à disposition des biens meubles soit soumis au taux normal de 21%.

Lorsque l'octroi du droit d'accès ou du droit d'utiliser une installation s'accompagne d'office, sans aucun supplément de prix, de la mise à disposition de biens meubles qui, considérés dans leur ensemble, font partie intégrante de cette installation, de sorte que l'accès à cette installation ou son utilisation serait impossible sans ces biens, le prix demandé par l'exploitant de l'installation est soumis, dans sa totalité, au taux de 6%.

Il en est ainsi, par exemple :

- pour les mini-bateaux dans les bassins d'eau ;
- pour les clubs et les balles mis à disposition par l'exploitant d'un mini-golf ;
- pour les appareils de fitness d'une salle de sport (haltères pour la pratique du «owertraining» ;
- appareils divers pour la pratique de la gymnastique (plint, espaliers, etc.[179] ;
- pour les prestations fournies à ses membres par l'exploitant d'un aérodrome dans le cadre de la pratique du vol à voile (mise à disposition des membres des installations et des pistes de l'aérodrome ;
- pour la mise à disposition d'un avion remorqueur et son pilote pour la mise en vol des planeur s propriétés des membres[180].

> Un cas particulier a fait l'objet d'un arrêt rendu le 9/3/2007 par la Cour d'appel de Liège.
>
> Il y a lieu de noter au préalable que, conformément à ce qui a été exposé ci-avant, la décision n° E.T. 100.024 du 4/4/2001 a précisé que la mise à disposition d'un avion dans une installation destinée au sport aérien est passible de la taxe au taux normal.
>
> Ceci n'est pas contestable mais la Cour a été amenée à se prononcer à propos d'une situation fondamentalement différente, à savoir les prestations fournies à ses membres par l'exploitant d'un aérodrome dans le cadre de la pratique du vol à voile et qui consistaient essentiellement à mettre à la disposition des membres les installations et les pistes de l'aérodrome, ainsi qu'un avion remorqueur et son pilote pour la mise en vol des planeurs propriétés des membres.

---

179 Déc. n° E.T. 45.941 du 24/7/1984.

180 Déc. n° E.T. 113.196 du 10/4/2014.

La Cour d'appel a estimé, d'une part, que l'avion n'est pas réellement mis à la disposition des membres puisqu'il n'est ni piloté ni véritablement utilisé par eux et, d'autre part, que la mise en vol du planeur à l'aide de l'avion remorqueur n'est que la « manifestation » du droit d'utiliser l'installation sportive, sans laquelle l'exercice du droit de pratiquer le sport de vol à voile serait radicalement impossible pour les membres disposant de planeurs ordinaires.

S'inspirant de la décision n° E.T. 45.941 du 24/7/1984, la Cour a donc considéré, à bon droit, que l'ensemble des services fournis en l'espèce par l'exploitant de l'aérodrome pouvaient bénéficier du taux de 6%.

Location de salle par un professionnel de l'HORECA

Il s'agit ici de la mise à disposition d'une salle par l'exploitant d'un hôtel, d'un débit de boissons, d'un restaurant ou par un traiteur. Il y a lieu de distinguer les cas de figure suivants :

Location de salle avec service de nourriture et boissons

Lorsqu'un assujetti met une salle à la disposition d'une personne ou d'un groupement en fournissant également la nourriture ou les boissons destinées à être consommées sur place, il procure à son client un service global visé par le Code T.V.A.

La T.V.A. reste due sur la totalité du prix même si un prix distinct est convenu pour la jouissance de la salle ou encore si les consommateurs payent directement les consommations au restaurateur ou au traiteur[181].

Location de salle avec vente de nourriture et boissons (non servies)

La location de la salle (bien immeuble) n'est pas soumise à la T.V.A.; par contre, la location du mobilier, de la vaisselle (biens meubles) est soumise (21%). La vente de nourriture et boissons (sans service) est soumise au taux du bien vendu.

181 Déc. n° E.T. 13.560 du 1/12/1972.

Location de salle sans vente ni service de nourriture ou boissons

L'assujetti qui met une salle à la disposition d'un client et qui ne lui fournit pas d'autres services que ceux nécessaires à la maintenance de la salle, c'est-à-dire : l'éclairage; la climatisation; l'entretien et le nettoyage; le service des vestiaires et toilettes; effectue une opération exonérée de la T.V.A.

La location de biens meubles (tables, chaises, vaisselle, etc.) reste cependant soumise et, si un prix unique est stipulé, l'assujetti doit ventiler ce prix sous le contrôle de l'Administration.

Location de salle par l'exploitant d'installations diverses

Il s'agit de la mise à la disposition exclusive d'une personne ou d'un groupement, par l'exploitant d'installations culturelles, sportives ou de divertissement, d'une salle, en vue de réunions, spectacles ou manifestations quelconques.

Deux situations sont à envisager :

Intervention de l'exploitant dans le spectacle ou la manifestation

En plus de la salle, l'exploitant fournit le concours de personnes participantes (artistes, sportifs, etc.) ou les films qui seront projetés, etc. L'opération s'analyse comme l'octroi du droit d'accéder à des installations culturelles, sportives ou de divertissement et l'octroi du droit de les utiliser. Est soumise à la T.V.A., la totalité de la rémunération de l'exploitant, qu'un prix distinct pour la jouissance de la salle ait été convenu ou non.

Absence d'intervention de l'exploitant dans le spectacle ou la manifestation

N'est pas soumise à la T.V.A., la jouissance de la salle elle-même ainsi que les services nécessaires à sa maintenance :

- éclairage, climatisation, entretien, nettoyage;
- services du personnel chargé du placement des spectateurs;
- vestiaires et cabinets de toilettes.

Restent soumises à la T.V.A., la jouissance des meubles corporels ou immeubles par destination, la fourniture des services du personnel chargé des décors ou des appareils de projection.

Si un prix unique est stipulé, il y a lieu de le ventiler sous le contrôle de l'Administration pour déterminer la partie imposable du prix.

> Pour la Cour d'appel de Liège[182], la location d'installations culturelles n'est pas une location immobilières exonérée de T.V.A. et doit dès lors être soumise à la T.V.A. lorsque l'exploitant dispose de droits et de prérogatives lui permettant d'intervenir à tout moment dans la manifestation et que les services complémentaires qu'il propose, en sus du droit d'utilisation, sont indispensables pour que le preneur puisse utiliser les lieux conformément à leur destination.

Location d'une salle d'exposition d'œuvres d'art

Sont des assujettis avec droit à déduction les personnes qui mettent habituellement une salle à la disposition de personnes qui ont des œuvres d'art à vendre ou à exposer. Elles peuvent fournir également d'autres services (éclairage, chauffage, garde, réception des visiteurs ou encore intervention dans les ventes d'œuvres d'art).
Ces règles ne concernent pas les salles où sont vendus (publiquement ou non) des biens meubles d'occasion, même si elles vendent aussi des œuvres d'art.

L'exploitant de la salle intervient dans la vente des objets exposés

Dans ce cas, l'opération conclue entre l'exploitant et l'exposant n'a pas pour objet la jouissance d'un immeuble par nature. Les liens qui les unissent sont ceux qui existent soit entre un acheteur et un vendeur soit entre un courtier ou mandataire et son commettant.

L'exploitant est censé intervenir dans la vente lorsqu'il intervient comme **commissionnaire** à la vente, lorsqu'il se charge expressément de trouver des acheteurs, lorsqu'il est convenu qu'il touche un pourcentage sur les ventes même si une somme

182 Appel Liège, 16/06/2016.

fixe minimale a été fixée et que seule cette somme est touchée en raison de l'absence de vente.

Les liens entre l'exploitant et l'exposant sont des liens qui existent entre un acheteur et un vendeur lorsque l'exploitant de la salle agit comme un commissionnaire.

Dans ce cas, il vend ou est présumé vendre les biens exposés (non seulement lorsqu'il agit comme commissionnaire mais aussi lorsqu'il délivre aux acheteurs des biens exposés une facture, une note de débit ou tout autre écrit équivalent libellé en son nom).

Il y a lieu de dissocier :

- les rapports entre l'exploitant et l'acheteur. La T.V.A. est due par l'exploitant de la salle sur le prix de vente;
- les rapports entre l'exploitant et l'exposant. Si l'exposant est assujetti, la T.V.A. est due par l'exposant tenu d'adresser une facture à l'exploitant.

La base imposable est égale au prix de vente des biens diminué des sommes dues à l'exploitant, y compris la somme réclamée pour la mise à disposition de la salle.

Si le prix des ventes est inférieur à ce montant, l'exploitant délivre alors à l'exposant une note de débit sans T.V.A

Ces règles écartent la perception de la T.V.A. sur le prix de la mise à disposition de la salle.

Si l'exposant n'est pas assujetti, la T.V.A. n'est due ni dans les rapports entre l'exploitant et l'exposant ni sur le prix de la mise à disposition de la salle.

Remarque

Les artistes peintres, sculpteurs, céramistes, etc. qui vendent habituellement, même par l'intermédiaire des exploitants de salles d'exposition, les œuvres d'art qu'ils ont créées sont des assujettis avec droit à déduction. Il existe cependant – à certaines conditions – une possibilité de franchise en matière de T.V.A.

Les liens entre l'exploitant et l'exposant sont ceux d'un courtier ou mandataire avec son commettant lorsque l'exploitant joue le rôle du courtier ou du mandataire et l'exposant celui du mandant ou du commettant.

La T.V.A. est due sur le total des sommes qui reviennent à l'exploitant, y compris le prix de la mise à disposition de la salle. L'exploitant doit normalement délivrer facture à l'exposant.

En conclusion, lorsque l'exploitant de la salle intervient de manière habituelle dans la vente des objets exposés, soit comme acheteur revendeur soit comme courtier ou mandataire, il est assujetti et soumis dès lors à toutes les obligations qui incombent aux assujettis.

L'exploitant de la salle n'intervient pas dans la vente des objets exposés

L'exploitant est considéré comme n'intervenant pas dans la vente dans les situations suivantes:

- lorsque l'exposition n'est pas organisée en vue de la vente;
- lorsque l'exploitant n'intervient pas comme commissionnaire à la vente;
- lorsqu'il n'est pas chargé de trouver des acheteurs;
- lorsqu'il ne touche pas de pourcentage sur les ventes.

Le régime de taxation est alors le même que celui des foires et expositions décrit ci-dessous.

Locations dans des foires et expositions[183]

Mise à disposition des exposants d'un emplacement avec fournitures accessoires

L'organisateur d'une foire commerciale ou d'une manifestation similaire est un assujetti à la T.V.A. car il effectue habituellement des opérations visées par le Code T.V.A.

183 Circ. n° 106/1971

Convention unique

La convention par laquelle un tel organisateur s'engage envers les exposants à mettre à leur disposition un emplacement déterminé et à effectuer d'autres prestations telles que :

- l'installation, la décoration, le nettoyage du stand;
- la publicité;
- la remise des cartes d'acheteur;
- la location de parking;
- les services d'accueil ou de traduction, etc.

constitue pour le tout une prestation de services visée par le Code T.V.A. et soumise dès lors à la T.V.A. (taux 6%).

Le prix peut être facturé globalement même si certains biens ou services nécessaires ou normalement utilisés au cours de la foire sont livrés ou fournis en exécution de la convention :

- électricité, eau, gaz, téléphone;
- matériel publicitaire, catalogues, etc.

Cette prestation de services a lieu dans le pays lorsqu'elle y est matériellement exécutée[184].

Par exception, ne suivent pas cette règle et doivent être facturés séparément selon le régime qui leur est propre, la fourniture par l'organisateur :

- de biens destinés à être vendus au cours de la foire soit tels quels soit après transformation;
- de biens destinés à être distribués gratuitement (sauf échantillons ou objets de faible valeur);
- de biens d'investissement;
- de biens et services tels que : tabacs, boissons spiritueuses, frais de logement, de nourriture et de boissons, frais de réception;
- de biens et services relatifs au divertissement des exposants (circuits touristiques, représentations théâtrales, etc.).

---

184 Art. 21, ° 3, 4C, a), du Code T.V.A.

Conventions distinctes

Lorsque des contrats distincts existent pour les biens et services non visés aux exceptions reprises ci-dessus, l'Administration ne critique pas la facturation à des prix distincts et à leur taux propre.

Lorsqu'un prix distinct est réclamé pour la mise à disposition d'emplacements (immeuble par nature), l'opération peut être considérée comme un bail immobilier qui échappe à la T.V.A. (si le bail immobilier est un écrit, il doit être soumis à la formalité de l'enregistrement).

Mise à disposition des exposants d'un emplacement sans fournitures accessoires

La personne qui se borne à mettre un emplacement à la disposition des exposants ou organisateurs de foires, sans fournir de services accessoires autres que l'eau, le gaz, l'électricité et le téléphone nécessaires à l'exploitation de cet emplacement, est un assujetti exonéré. L'opération s'analyse comme un bail d'immeuble.

Mise à la disposition d'emplacements pour véhicules

La mise à la disposition des visiteurs, moyennant un prix distinct, d'emplacements pour véhicules, par l'organisateur d'une foire commerciale, d'une compétition sportive ou d'une autre manifestation similaire, est une prestation taxable[185].

Droit d'entrée payé par les visiteurs

Le droit d'entrée payé par un visiteur d'une foire commerciale ou d'une manifestation similaire organisée dans le pays est le prix du droit d'accès à une installation de divertissement visé par le Code T.V.A.

La T.V.A. est due (y compris sur la somme perçue à titre de taxe communale sur les spectacles) au taux de 6% quel que soit le lieu où est établi le visiteur.

---

185 Déc. n° E.T. 33.044. du 23/3/1981.

Services fournis par d'autres personnes que les organisateurs

Lorsqu'une personne extérieure est chargée de la construction, de l'installation ou de l'équipement d'un stand, ces services sont situés dans le pays lorsque la foire commerciale s'y tient (21%).

Services fournis à des exposants ou des participants étrangers

Pour les services fournis aux exposants ou aux participants à des foires commerciales, qu'ils soient ou non établis dans le pays, tant l'organisateur de foire que d'autres prestataires de services doivent porter en compte la T.V.A. due.
L'assujetti qui n'est pas établi dans le pays ou qui n'y a pas d'établissement stable, peut récupérer la T.V.A. selon les règles et de la manière suivante :

- par inscription dans la déclaration T.V.A. du représentant responsable qu'il doit normalement faire agréer en Belgique;
- par voie de restitution au cas où l'assujetti étranger est dispensé de faire agréer un représentant responsable et qu'il fait usage de cette dispense[186].

Cession ou concession du droit d'exercer une activité économique

Cette cession ou concession, a titre exclusif ou non, du droit d'exercer une activité économique, est visée par le Code T.V.A. et intéresse le domaine des immeubles dans la mesure où elle s'applique aux cas suivants :

Cession ou concession du droit d'exploiter une installation commerciale ou autre

L'objet essentiel de la convention est le droit d'exercer une activité économique et non la simple jouissance de l'installation.

Exemple

Le droit, concédé par l'organisateur d'une exposition internationale, d'exploiter un restaurant dans un des pavillons de l'exposition.

---

186 Voir circ. n° 30 du 5/12/1975.

Octroi du droit d'exercer une activité économique au sein d'un complexe commercial

Il s'agit de l'octroi, par l'exploitant d'un complexe commercial ou autre, à une autre personne, du droit exclusif ou non d'exercer une activité économique au sein de ce complexe.

Exemples

- L'exploitant d'un hôtel, d'un restaurant ou d'un théâtre concède le droit d'exploiter le vestiaire, les cabinets de toilettes ou un stand de vente.
- L'exploitant d'un grand magasin concède le droit d'exposer ou de vendre ses produits dans le grand magasin.
- L'exploitant d'un stade sportif concède le droit de débiter des boissons ou de vendre des produits (bonbons, frites, journaux, etc.).
- L'exploitant d'un réseau ferroviaire concède le droit d'exploiter les buffets et restaurants qui se trouvent dans les gares.
- L'organisateur d'une exposition concède le droit d'exploiter une activité économique dans l'enceinte de l'exposition.

Cession ou concession du droit d'exercer une activité économique pendant un spectacle

Il s'agit de la cession ou concession par l'organisateur d'un spectacle sportif ou autre, moyennant une redevance, à titre exclusif ou non, du droit d'exercer une activité économique pendant le déroulement du spectacle.

Exemple

L'organisateur d'une course cycliste concède à une firme commerciale le droit de faire de la publicité à son profit pendant le déroulement de l'épreuve.

Location d'emplacements publicitaires

La convention par laquelle le propriétaire ou le locataire d'un emplacement immeuble par nature concède, moyennant une rémunération, à une autre personne, le droit d'utiliser cet emplacement **bien déterminé** pour y apposer des affiches ou d'autres supports publicitaires, n'est pas soumise à la T.V.A.

En revanche, la convention par laquelle une firme obtient, moyennant rémunération, le droit d'utiliser des emplacements non déterminés pour y effectuer de la publicité par voie d'affiches ou autrement est soumise à la T.V.A.

Il en va de même de la convention par laquelle cette firme concède, à son tour, le droit d'utiliser ces emplacements même si la concession a pour objet, dans ce cas, des emplacements bien déterminés.

Il arrive que le réalisateur d'une campagne publicitaire porte en compte à l'annonceur une somme pour l'utilisation d'emplacements publicitaires. Il est entendu que le réalisateur se charge personnellement d'apposer les affiches dans ces emplacements. La somme réclamée pour ces emplacements représente un élément du prix du service fourni par le réalisateur à l'annonceur.

Location de parkings et garages

L'assujettissement de la personne qui met à disposition des emplacements pour véhicules n'est pas lié à la qualité d' « exploitant »[187].

Quiconque (même un particulier) met à disposition des emplacements pour véhicules, même des garages fermés ou des boxes, a la qualité d'assujetti à la T.V.A. avec droit à déduction et devient redevable de la T.V.A. (21%) sur le loyer.

La mise à disposition d'emplacements pour véhicules ne doit donc pas nécessairement être effectuée dans le cadre d'une exploitation commerciale.

Le nombre de garages donnés en location est sans importance.

Régime de la franchise

Le régime de la franchise pourrait parfaitement convenir à l'exploitant particulier dont le total des loyers annuels n'atteint pas 25.000,00 €, hors T.V.A.

Agriculteur

Un agriculteur soumis au régime particulier du forfait agricole qui met à disposition des emplacements pour véhicules (et ne

[187] Déc. n° E.T. 78.929 du 21/2/1994.

souhaitent pas bénéficier pas pour ces opérations, du régime de la franchise) est soumis au régime normal pour toute son activité.

Emplacement dans un immeuble à appartements

La location de garages situés dans des immeubles à appartements ou dans des dépendances de ces immeubles n'est pas soumise à la T.V.A. lorsqu'elle est consentie exclusivement aux copropriétaires ou aux locataires.

Stationnement payant sur la voie publique

Le stationnement payant sur la voie publique (parcmètres, horodateurs, etc.) résultant d'une décision de l'autorité n'est pas soumis à la T.V.A.

Comptabilité

L'exploitation d'un parking privé payant, doit tenir une comptabilité appropriée à l'activité exercée. Cette activité ne relève pas, en matière de T.V.A., des opérations pour lesquelles, conformément à l'A.R. n° 1, une note ou un reçu doit être délivré[188].

Indivision

Les personnes en indivision visées par ces règles, peuvent, pour l'application de la T.V.A., être considérées comme une association de personnes physiques et/ou morales pour l'assujettissement à la T.V.A. Il ne sera dès lors attribué qu'un seul numéro d'identification à la T.V.A. à cette association.
L'indivision sera enregistrée à l'adresse du mandataire de l'indivision qui fait partie de celle-ci.

Afin de juger si une telle indivision peut revendiquer le régime de franchise, il faut prendre en considération le chiffre d'affaires global de l'indivision.

188 Q. n° 4 du 28/6/1995 – OLAERTS.

Taux

Le taux normal applicable est de 21%. Toutefois, lorsque le service est fourni dans le cadre d'un contrat d'hôtellerie par un hôtelier, à un voyageur descendu chez lui, le taux est ramené à 6%.

Location de cave

La mise à disposition d'une **cave** dans un immeuble à appartements ou dans des dépendances de cet immeuble n'est pas soumise à la T.V.A., lorsqu'elle est consentie aux locataires d'un appartement dans cet immeuble.

Location d'entrepôt

La mise à disposition d'emplacements pour l'**entreposage de biens** est soumise à la T.V.A. au taux normal de 21% et ce même si elle a lieu dans le cadre de la gestion d'un patrimoine privé.

La même règle s'applique lorsque cette mise à disposition porte sur la totalité des espaces ou des emplacements destinés à l'entreposage pour autant que ces derniers aient été respectivement conçus ou érigés comme des emplacements pour l'entreposage de biens et qu'ils ne puissent être utilisés qu'à ces fins.

La circonstance que, dans cet entrepôt il ait été prévu, en annexe, un bureau ou un petit espace qui sert exclusivement à la personne chargée de la gestion de cet entrepôt ou de ce terrain de camping n'a aucun effet sur l'imposabilité des opérations susmentionnées.

L'Administration admet cependant que ceci ne s'applique pas au bureau ou espace prévu **à l'intérieur** de l'entrepôt, pour les personnes chargées de la gestion des biens entreposés, pour autant que la surface de ce bureau ou de cet espace ne dépasse pas 10% de la surface totale du bâtiment[189].

Depuis le 1/1/2014, l'outillage et les machines incorporées à un immeuble donné en location sont exclus de l'exonération (location immobilière) et sont soumis à la T.V.A. (location mobilière).

---

[189] Complément à la déc. n° E.T. 84.364 du 29/9/1995.

D'autre part, la T.V.A. n'est pas applicable lorsque la mise à disposition est étroitement liée à un bail immobilier exempté[190] portant sur un immeuble destiné à un autre usage (p. ex. à usage d'habitation, commercial, etc.), en ce sens que les deux locations forment une opération économique unique.

C'est incontestablement le cas, lorsque l'emplacement pour l'entreposage de biens et l'immeuble loué, destiné à un autre usage, font partie d'un même ensemble immobilier et que les deux biens sont donnés en location au même locataire par le même propriétaire et ce indépendamment de deux conventions distinctes.

La même règle est applicable à la mise à disposition d'un **entrepôt et d'un bâtiment industriel** qui tous deux font partie du même ensemble immobilier. Cette opération est considérée[191] dans sa totalité comme une location immobilière exemptée de la T.V.A.[192]

La taxation de la mise à disposition d'emplacements pour l'entreposage des biens doit dès lors être appliquée de manière strictement limitative.

La T.V.A. n'est seulement applicable qu'à l'égard des bâtiments **séparés** qui sont exclusivement conçus ou érigés pour l'entreposage des biens.

L'exemption est applicable pour le tout à l'égard de la mise à disposition d'un seul bâtiment, à la fois, utilisé pour l'entreposage de biens et la vente (exploitation) de ceux-ci ou comme bureaux.
Dans un tel cas, il s'agit alors de la location d'un bien immeuble par nature qui ne peut être exclusivement utilisé pour l'entreposage.

Location d'un studio d'enregistrement

Il arrive qu'un assujetti qui se charge de certains travaux, tels que des enregistrements audiovisuels, porte en compte à son client, une certaine somme pour la mise à disposition du studio d'enregistrement.

---

190 Sur la base de l'art. 44, § 3, 2° du Code T.V.A.
191 Déc. n° E.T. 84.364 du 29/9/1995.
192 Sur la base de l'art. 44, § 3, 2° du Code T.V.A.

Il est, du reste, entendu que l'exploitant du studio fournit les services des techniciens chargés de l'enregistrement.

Dans ce cas, on ne se trouve pas en présence d'une location immobilière. L'objet essentiel du contrat n'est pas l'usage ou la jouissance d'un local, mais bien l'exécution d'un travail.

Le client n'exerce du reste aucun droit de jouissance sur les locaux.

La somme portée en compte par l'exploitant du studio est dès lors soumise à la T.V.A.

Leasing immobilier

Principe

La circ. n° AFER 10/2007 (E.T.109.976) du 12/4/2007 commente la location-financement d'immeubles avec application de la T.V.A.[193]

L'art. 44, § 3, 2°, b), du Code T.V.A. exclut de l'exemption relative à l'affermage, la location et la cession de bail de biens immeubles par nature, la location-financement d'immeubles consentie par une entreprise pratiquant la location-financement d'immeubles (plus couramment appelée « leasing immobilier »), lorsque cette entreprise construit, fait construire ou acquiert, avec application de la T.V.A., le bâtiment sur lequel porte le contrat et que le preneur prend ce bien en location pour l'utiliser dans l'exercice d'une activité d'assujetti.

Nous rappelons ici les principales règles qui régissent cette matière. Pour le surplus, il est renvoyé à la circ. 10/2007.

Conditions d'application

Pour qu'un contrat de leasing immobilier soit taxable[194], il doit remplir un certain nombre de conditions relatives :

- aux biens qui font l'objet de l'opération;
- au contrat proprement dit;
- à la qualité des parties à l'opération.

---

193 Art. 44, § 3, 2°, b), du Code T.V.A.
194 Art. 44, § 3, 2°, b), du Code T.V.A.

Conditions relatives aux biens

Le contrat doit être relatif à un immeuble bâti, c'est-à-dire un bâtiment (voir p. 20) ainsi que le sol y attenant. Il ne peut concerner que les fonds sur lesquels les bâtiments sont érigés.

La location-financement d'immeubles ne concerne que des immeubles bâtis que l'entreprise pratiquant la location-financement d'immeubles a construit, fait construire ou acquis avec application de la T.V.A.

Le leasing constituant en fait une opération de financement, le donneur n'acquiert la propriété ou d'autres droits réels sur les bâtiments qui font l'objet de l'opération que pour donner la jouissance de ces bâtiments au futur preneur. Il est donc normal que l'acquisition ou la construction du bâtiment doive avoir lieu selon les indications détaillées de ce preneur.

La location-financement d'immeubles taxables est exclusivement réservée aux bâtiments que le preneur en leasing destine, en fonction de leur nature, à être utilisés dans le cadre d'une activité d'assujetti.

Conditions relatives au contrat

Le preneur ne peut exercer son droit de jouissance sur le bâtiment qui fait l'objet du contrat de location-financement qu'en vertu d'un contrat qui ne transfère pas la propriété des biens au preneur.

Le contrat ne peut conférer ni au preneur ni au donneur la faculté de mettre fin à l'opération avant l'expiration du terme convenu. Il ne peut donc comporter une clause qui donne la faculté à chacune des parties ou à une seule d'entre elles, de mettre fin au contrat, moyennant le respect éventuel de certains délais et/ou de certaines formalités ou encore l'accomplissement de certaines conditions.

A l'expiration du contrat, le preneur en leasing doit avoir la faculté d'acquérir les droits réels que le donneur possède sur les biens faisant l'objet du contrat

Dans le contrat de leasing, en tant qu'opération sui generis du régime de la T.V.A., le donneur qui réalise un investissement pour le compte du preneur, retrouve normalement, au terme de l'opération, le capital investi majoré des intérêts, des charges financières ou autres et, en règle générale, d'une marge bénéficiaire.

Condition relative au donneur en leasing

Il faut que le donneur en leasing soit une entreprise pratiquant la location-financement ou le leasing d'immeubles.

Le donneur en leasing doit remplir toutes les obligations qui incombent normalement aux assujettis.

Condition relative au preneur en leasing

Le preneur de leasing doit être un assujetti qui utilise le bâtiment dans le cadre de son activité économique.

Application de la T.V.A.

La location-financement d'immeubles constitue une prestation de services[195] soumise à la T.V.A. lorsqu'elle a lieu en Belgique et qu'elle est effectuée à titre onéreux par un assujetti agissant en tant que tel.

La location-financement d'un immeuble est localisée en Belgique lorsque l'immeuble qui fait l'objet du contrat est situé dans le pays.

La T.V.A. se calcule sur le montant des loyers ou redevances, augmenté, le cas échéant, des charges stipulées au profit du donneur. Aucune distinction n'est opérée, pour la perception de la taxe, d'une part entre la partie du loyer ou de la redevance qui reconstitue le capital et les charges du donneur et celle qui concerne les intérêts, ni d'autre part, entre la partie des loyers et redevances qui est afférente au bâtiment et celle qui est relative au terrain.

Droit à déduction chez le donneur et le preneur

Les bâtiments que le donneur en leasing donne en location dans le cadre d'une opération de location-financement d'immeubles taxable, sont à considérer comme des biens d'investissement dans son chef et permettent dès lors la déduction de la T.V.A. dont il est redevable

---

195 Visée à l'art. 18, § 1er, al. 2, 4°, du Code T.V.A.

pour les opérations imposables qu'il effectue, les taxes ayant grevé les biens et les services qu'il a utilisés pour faire ces opérations.

Lorsque le preneur est un assujetti avec droit à déduction qui affecte uniquement les biens pris en leasing à l'exercice d'une activité économique imposable, il peut déduire la T.V.A. qui grève les loyers ou redevances conformément aux règles normales.

Prélèvements en matière d'immeubles

La matière des prélèvements est vaste. Seules les implications avec le secteur immobilier sont expliquées ici.

Pour comprendre les prélèvements et les révisions (voir p. 215), il faut savoir que leur but est toujours (hormis le cas de l'art. 19 § 2) de revoir, corriger, modifier, adapter, etc. une déduction initiale suite à des faits survenus ultérieurement, comme par exemple :

- une sortie du patrimoine «économique» pour le patrimoine «privé»;
- une transmission gratuite;
- une utilisation comme bien d'investissement;
- une cessation d'activité;
- une modification du statut fiscal du bien, de l'activité, de l'assujetti;
- une utilisation temporaire privée;
- une exécution de certains travaux immobiliers pour les besoins de l'activité économique, besoins privés, etc.;
- etc.

Prélèvement ou révision ?

Le **prélèvement** est une opération taxable à la sortie (livraison de bien ou prestation de services). Il s'inscrit en grille 01/02/03 et 54 de la déclaration.

Pour qu'il y ait prélèvement, il faut qu'il y ait à la fois **un de ces évènements** et qu'en outre **un droit à déduction** soit né (et non pas dès qu'il ait été exercé), l'assujetti restant en effet libre d'exercer son droit à déduction ultérieurement (dans les limites légales).

Lorsque les prélèvements et les révisions des déductions sont en concours, les prélèvements priment, en ce sens qu'il faut d'abord appliquer les prélèvements (et ensuite seulement, et s'il y a lieu, les révisions des déductions).

En règle, s'il y a prélèvement, il n'y a pas de révisions des déductions pour les mêmes raisons.

Cependant, des opérations de prélèvements peuvent aussi générer des **révisions** des déductions. Par exemple, la révision de la déduction ou d'un prorata de déduction sur un investissement prélevé.

La **révision** porte, quant à elle, directement et uniquement sur le montant de la T.V.A. déduite initialement donc sur une opération à l'entrée.

Le tableau ci-après indique les différences essentielles entre ces deux opérations :

Le prélèvement	**La révision**
Est assimilé à une livraison de bien ou à une prestation de services	Simple correction d'une T.V.A. initialement déduite
Se calcule sur la valeur du bien au moment du prélèvement, compte tenu éventuellement d'une dépréciation de sa valeur.	S'opère (en une fois) en 1/5ème ou en 1/15ème de la T.V.A. déduite.
Pas de limitation dans le temps	Limitée dans le temps
Intervient lors d'un changement d'affectation total	Intervient lors d'un changement d'affectation partiel (sauf immeubles)
La taxe est toujours due à l'Etat	La taxe peut être due à l'Etat ou par l'Etat
Rédaction d'un document et inscription en grilles 01 à 03 et 54 de la déclaration	Inscription en grilles 61/62 ou 63/64 de la déclaration
Le prélèvement s'applique aussi bien aux investissements qu'au petit matériel et au stock de marchandise (à moins qu'ils n'aient été vendus, volés ou détruits).	La révision ne concerne que les biens d'investissement toujours atteints par la période de révision de 5 ou 15 ans (à moins qu'ils n'aient été vendus, volés ou détruits).
Le prélèvement prime toujours sur la révision	

Prélèvement d'un immeuble en vue d'une transmission gratuite

Principe

Est assimilé à une livraison de bien (meuble ou immeuble), le prélèvement, par un assujetti, d'un bien de son entreprise pour le transmettre à titre gratuit, lorsque ce bien ou les éléments qui le composent ont ouvert droit à une déduction complète ou partielle de la T.V.A.[196]

Cette disposition légale vise à soumettre à la T.V.A. la cession à titre gratuit d'un bâtiment **neuf** (voir p. 124), ou d'un droit réel y relatif.
Les droits réels relatifs à ces immeubles suivent le même régime. Encore faut-il que ce bien immeuble ou les éléments qui le composent aient ouvert droit à une déduction complète ou partielle de la T.V.A.

Lorsque l'assujetti est un **promoteur immobilier** (agissant dans le cadre de son activité économique), le prélèvement de l'art. 12 § 1er, 2° du Code T.V.A. est la règle dès que le bâtiment visé ou le droit réel y relatif est encore **neuf** pour l'application de la T.V.A. et a ouvert droit à déduction de la T.V.A.

Exemple

Un promoteur immobilier construit (ou achète) un bâtiment sous le régime de la T.V.A. Il déduit normalement, par le biais de ses déclarations, les T.V.A. grevant ce bien immeuble.
Alors que le bâtiment est toujours neuf, et qu'aucun autre prélèvement n'est encore intervenu, il le cède gratuitement.

Comme cet immeuble a bénéficié d'un droit à déduction, la cession à titre gratuit est assimilée à une livraison de bien à soi-même.
Si le bâtiment est situé en Belgique, le promoteur immobilier doit payer la T.V.A. belge sur la base imposable et conserve ainsi son droit à déduction.

---

196 Art. 12 § 1er 2° du Code T.V.A.

Prélèvement par un assujetti non promoteur immobilier

Pour un assujetti qui n'est pas un promoteur immobilier, le prélèvement[197] en cas de transmission à titre gratuit, est subordonnée à l'option préalable (voir p. 30) pour la cession d'un bâtiment neuf (ou de ses droits réels) sous le régime T.V.A. Cette situation est rare. A défaut d'option, la cession aura lieu avec droits d'enregistrement.

Base imposable du prélèvement

La base imposable est constituée par le prix d'achat des biens ou de biens similaires, ou, à défaut de prix d'achat, par le prix de revient, déterminés au moment du prélèvement[198].

> **Exemple**
>
> En 2012, un promoteur immobilier achète un bâtiment avec T.V.A. Il le cède à titre gratuit, en 2014, alors que le bâtiment est toujours neuf.
>
> La T.V.A. due en raison de la cession gratuite se calcule sur le prix d'achat du bâtiment, à déterminer selon les valeurs de l'année 2014 (état de l'immeuble, prix du marché, etc.).
>
> Si entre-temps, le bâtiment a connu des modifications de valeur (dégradations, améliorations, influences du marché, etc.), la base taxable en est influencée.

Taux

Le taux du prélèvement en vue d'une transmission à titre gratuit (21%) est celui en vigueur au moment du prélèvement, même si la déduction s'est opérée à un taux différent.

Modalités

L'assujetti promoteur immobilier dresse, en 2 exemplaires, un document interne de prélèvement.

Le 1er exemplaire est inscrit au facturier des sorties, comme les autres factures destinées à la clientèle.

---

197 De l'art. 12, § 1er, 2° du Code T.V.A.

198 Art. 33, 1° du Code T.V.A.

Le 2ème exemplaire est sans intérêt comptable puisque aucune T.V.A. n'est déductible.

Déduction

Un prélèvement en raison d'une transmission à titre gratuit n'ouvre aucun droit à déduction.

Utilisation d'un immeuble comme bien d'investissement

Principe

Est assimilée à une livraison de bien passible de la T.V.A., l'utilisation par un assujetti, comme bien d'investissement, d'un bien immeuble qu'il a construit, fait construire, fabriqué, fait fabriqué ou acquis autrement que comme bien d'investissement ou pour lequel, avec application de la T.V.A., des droits réels sur un bâtiment neuf ont été constitués à son profit ou lui ont été cédés ou rétrocédés, lorsque ce bien ou les éléments qui le composent ont ouvert droit à la déduction complète ou partielle de la T.V.A.[199]

Il s'agit ici du cas où un bâtiment neuf destiné à la vente, change d'affectation pour devenir un bien d'investissement au sein de la même exploitation du promoteur immobilier. Deux possibilités sont offertes :

Le bâtiment est destiné à être donné en location

Le promoteur immobilier donne en location un bâtiment neuf qu'il a acquis, construit, etc. avec T.V.A., et qu'il destinait à la vente.

Le bâtiment devient un bien d'investissement dès la location. Le prélèvement doit être appliqué à ce moment et la T.V.A. due sur ce prélèvement n'est pas déductible, puisque la location immobilière est une opération exemptée[200].

---

199 Art. 12 § 1er 3° du Code T.V.A.
200 Par l'art. 44, § 3, 2° du Code T.V.A.

En cas de vente ultérieure de ce bâtiment (toujours dans le délai durant lequel il peut être considéré comme neuf), la T.V.A. sera applicable à cette livraison et la T.V.A. qui n'avait pu être déduite lors du prélèvement en vue de la location de l'immeuble devient entièrement déductible.

La révision ne doit par conséquent pas être effectuée[201].

Tant qu'un droit à déduction n'est pas ouvert par la suite, les livraisons à soi-même suivantes (transmission gratuite, cessation d'activité) ne sauraient plus être appliquées. Par contre, les prestations de services à soi-même[202] sont toujours susceptibles de s'appliquer.

Enfin, le prélèvement qui s'impose lors du passage d'un bâtiment du statut «neuf» au statut «ancien»[203], ne s'applique plus lorsque ce bâtiment a déjà fait l'objet du prélèvement pour utilisation comme bien d'investissement.

Le bâtiment est utilisé comme bureaux

Un promoteur immobilier utilise comme bâtiment administratif un appartement initialement destiné à la vente. Cette affectation rend le prélèvement applicable. La taxe due à ce titre est déductible selon les règles normales (partiellement en cas d'assujettissement mixte).

Puisqu'un droit à déduction existe, tant que le bâtiment conserve le statut «neuf» pour l'application de la T.V.A., les prélèvements ultérieurs suivants (transmission gratuite, cessation d'activité) restent possibles.

Enfin, le prélèvement qui s'impose lors du passage d'un bâtiment du statut «neuf» au statut «ancien»[204], ne s'applique plus lorsque ce bâtiment a déjà fait l'objet du prélèvement pour utilisation comme bien d'investissement.

---

201 Voir déc. n° E.T. 77.712 du 28/4/1994.
202 Visées par l'art. 19 § 2 du Code T.V.A.
203 Art. 12, § 2 du Code T.V.A.
204 Art. 12, § 2 du Code T.V.A.

Base imposable du prélèvement

La base imposable est constituée par le prix d'achat des biens ou de biens similaires, ou, à défaut de prix d'achat, par le prix de revient, déterminés au moment où s'effectuent ces opérations[205].

Il faut donc se placer à la date du prélèvement pour l'estimation de ces éléments.

Taux

Le taux de T.V.A. applicable au prélèvement pour utilisation comme bien d'investissement d'un bâtiment ou d'un droit réel y relatif correspond à celui applicable à une vente pure et simple. Ce taux est actuellement de 21%.

Modalités

L'assujetti dresse un document interne, en 2 exemplaires. Ce document constate le prélèvement et contient toutes les mentions d'une facture (fait, base imposable, taux, date, etc.).

Le premier exemplaire est inscrit au facturier des sorties, comme les autres factures délivrées aux clients T.V.A. due en grille 54 de la déclaration).

Le deuxième exemplaire de ce document interne est inscrit au facturier des entrées lorsque l'assujetti peut faire valoir un droit à déduction de la T.V.A. due sur le prélèvement.

Dans la mesure où aucune T.V.A. n'est déductible, le deuxième exemplaire peut rester annexé au premier, dans l'attente d'un droit à déduction ultérieur éventuel.

Déduction

La déduction de la T.V.A. grevant ce prélèvement répond aux règles normales de déductibilité. S'il s'agit par exemple de locaux de

205 Art. 33, 1° du Code T.V.A.

bureaux affectés à la vente de bâtiments neufs, la déductibilité peut être opérée selon les règles normales (déduction totale, prorata général de déduction, affectation réelle, etc.)[206].

Conservation d'un immeuble en cas de cessation d'activité

Principe

Est assimilé à une livraison de bien passible de la T.V.A., le simple fait de détenir un bien, par un assujetti ou par ses ayants droit, lors de la cessation de l'activité économique, lorsque ce bien ou les éléments qui le composent ont ouvert droit à la déduction complète ou partielle de la T.V.A.[207] *(sauf en cas de cession d'universalité de biens*[208]*.*

Assujetti non promoteur immobilier (cas peu fréquent)

Dans des situations certes très limitées (Pour rappel, le bâtiment ou le droit réel doit toujours être **neuf** et il doit avoir ouvert **droit à déduction** totale ou partielle de la T.V.A.), un assujetti non promoteur immobilier peut opter pour soumettre le prélèvement au régime T.V.A.

S'il ne manifeste pas cette intention, le bien suit alors les règles de la révision propre aux biens d'investissement (voir p. 215).

Assujetti promoteur immobilier (cas encore moins fréquent)

Lorsqu'un promoteur immobilier (voir p. 29) cesse toute activité économique (soumises à la T.V.A. ou exemptées part l'art. 44) et conserve des bâtiments **neufs** ou des droits réels y relatifs, une T.V.A. est due en raison de cette détention de biens ayant ouvert droit à déduction complète ou partielle de la T.V.A.

Rappelons qu'un assujetti, personne physique ou morale, reste identifié à la T.V.A. pour toutes les opérations de liquidation

---

206 Déc. n° E.T. 77.712 du 28/4/1994.
207 Art. 12 § 1er 5° du Code T.V.A.
208 Visées à l'art. 11 du Code T.V.A.

(volontaire, judiciaire, faillite, etc.) qui restent donc soumises à la T.V.A. selon les règles normales.

Le prélèvement prévu en cas de cessation d'activité économique n'est dès lors susceptible de s'appliquer que lorsque les conditions suivantes sont réunies :

- l'activité économique est définitivement terminée;
- les opérations de liquidation sont totalement réalisées;
- le bien (bâtiment et droit réel) est toujours neuf pour l'application de la T.V.A. (plutôt rare).

Dans ces circonstances, le promoteur immobilier doit impérativement soumettre à la T.V.A. les bâtiments et droits réels neufs qu'il conserve.

Base imposable du prélèvement

La base imposable[209] est constituée par le prix d'achat des biens ou de biens similaires, ou à défaut de prix d'achat, par le prix de revient, déterminés au moment où s'effectue le prélèvement. L'état du bien lors de la cessation d'activité est donc déterminant.

Taux

Le taux applicable est celui de la vente normale de pareil bâtiment ou droit réel, au moment de la cessation de l'activité économique. Il est actuellement de 21%.

Modalités

L'assujetti établit un document interne de prélèvement (comme une facture) inscrit au facturier des sorties. La T.V.A. est donc payée par le truchement de la grille 54.

L'assujetti non promoteur immobilier qui opte pour obtenir la qualité d'assujetti occasionnel paye la T.V.A. sur base d'une déclaration spéciale.

---

209 Selon l'art. 33, 1° du Code T.V.A.

Prélèvement par un promoteur immobilier d'un bâtiment qui cesse d'être neuf

Principe

Seuls les promoteurs immobiliers (voir p. 29) sont visés par ce prélèvement[210]. Les bâtiments, et les droits réels y relatifs, ne sont soumis à la T.V.A. que s'ils sont encore **neufs**. Passé ce délai, ils sont vendus sous le régime des droits d'enregistrement.

Or, en cours de construction, le promoteur a pu déduire la T.V.A. grevant les bâtiments et les droits réels destinés à la vente (grille 59). Lorsque ces biens ne peuvent plus être soumis à la T.V.A., parce qu'ils perdent leur statut de «neufs», un prélèvement est logiquement pratiqué pour rectifier les déductions opérées.

Ainsi, l'assujetti promoteur est censé prélever, pour ses propres besoins, le bâtiment non cédé à l'expiration du délai (voir p. 21), lorsque ce bâtiment n'a pas encore fait l'objet à ce moment de l'utilisation comme bien d'investissement[211].

Le prélèvement que le promoteur immobilier est censé effectuer à cette date est assimilé à une livraison à soi-même taxable[212].

Il en va de même pour le promoteur immobilier, au profit de qui un droit réel a été constitué avec application de la T.V.A. ou à qui un tel droit a été cédé avec application de la T.V.A.,

> **Exemple**
>
> Un promoteur immobilier achète un bâtiment neuf sous régime T.V.A. en 2010. A cette date, il déduit la T.V.A. grevant cet achat.
> Supposons que ce bien soit occupé pour la première fois dans le courant de l'année 2011. Si le bâtiment n'est pas cédé avec application de la T.V.A., au plus tard le 31/12/2013, et si, avant cette date, il n'a pas fait l'objet du prélèvement pour utilisation comme bien d'investissement, le promoteur immobilier est censé se vendre à lui-même le bâtiment.
> La cession ultérieure de ce bâtiment aura lieu sous couvert du droit d'enregistrement.

---

210 Art. 12 § 2 du Code T.V.A.

211 Prévue à l'art. 12, § 1er, 3° du Code T.V.A.

212 Prévue à l'art. 12 § 2 al. 1er Code T.V.A.

Base imposable du prélèvement

La taxe due en raison de ces prélèvements de bâtiments ne doit être calculée que **sur le prix de revient** retenu par l'article 33, 1° du Code T.V.A., qui correspond en fait au coût que représenteraient les travaux de construction du bâtiment visé, si ces travaux étaient effectués au moment où s'opère le prélèvement[213] (le 31/12/2013 dans l'exemple ci-dessus).

Taux

Le taux de T.V.A. applicable à ces prélèvements est celui de la vente des mêmes biens (actuellement 21%).

Déduction

La déduction dans ce cas, dépend de l'affectation qui sera donnée au bien prélevé. Si l'immeuble demeure destiné à la vente, aucune déduction ne peut être opérée puisque ce bien ne peut plus être vendu sous régime T.V.A.

Par contre, si après ce prélèvement, le bien est par exemple investi par le promoteur (bureaux administratifs, entrepôt, etc.), la déduction est possible et les règles de révision s'appliquent.

Utilisation d'un immeuble pour des besoins privés

Premier cas de figure

Un assujetti acquiert un bâtiment sous régime T.V.A. et l'affecte partiellement à la mise à disposition d'emplacements pour l'entreposage de biens (activité économique réalisée avec les tiers) ou encore à l'entreposage de biens privés (caravane, bois de chauffage, matériel de jardin, etc).

D'emblée, la limitation à déduction a été appliquée pour tenir compte de l'entreposage de biens privés.

---

213 Déc. n° E.T. 41.665 du 27/2/1992.

Deuxième cas de figure

L'affectation privée est postérieure à l'acquisition du bâtiment.

L'assujetti a déduit la totalité dès l'acquisition et ensuite, pour tenir compte de cette affectation privée ultérieure, il opère chaque année encore révisable, la révision de la déduction, propre aux biens d'investissement.

Troisième cas de figure

L'utilisation privée de l'immeuble est temporaire. Le prélèvement envisagé ici est une prestation de services à soi-même.

Est assimilée à une prestation de services effectuée à titre onéreux[214], l'utilisation d'un bien immeuble (ou meuble) affecté à l'entreprise pour les besoins privés de l'assujetti, ou pour les besoins privé de son personnel ou plus généralement, à des fins étrangères à l'activité économique de l'assujetti lorsque ce bien a ouvert droit à une déduction complète ou partielle de la T.V.A.

Cette assimilation taxable est basée sur le fait que l'assujetti a récupéré la T.V.A. sur un bien normalement affecté à la réalisation d'opérations ouvrant droit à déduction de la T.V.A. et qu'ensuite, ce bien est temporairement «distrait» de l'entreprise pour une utilisation qui ne permet pas la déduction de la T.V.A. (besoins privés ou étrangers à l'entreprise).

Le présent prélèvement suppose donc une affectation **temporaire ou partielle**. Il ne s'applique pas lorsqu'il a déjà été tenu compte de l'utilisation pour limiter le droit à déduction (voir les deux premiers cas).

En d'autres termes, l'article 19, § 1er du Code T.V.A., pour l'utilisation privée temporaire ou partielle d'un bien affecté à l'entreprise, s'applique exclusivement lorsque la limitation du droit à déduction ou la révision des déductions ne sont pas applicables.

---

214 Art. 19 § 1er du Code T.V.A.

Exemple 1

Un assujetti dont l'activité consiste en la mise à disposition d'emplacements pour véhicules se réserve **temporairement** un emplacement pour y remiser le mobilier de sa fille. Le prélèvement de l'article 19 § 1er est applicable, pour autant qu'il y ait eu déduction initiale.

Exemple 2

Un établissement hôtelier met **temporairement** des chambres à la disposition gratuite des membres de sa famille. Le prélèvement de l'article 19, § 1er est applicable dans la mesure où un droit à déduction a été ouvert sur les biens, meubles et immeubles.

Base imposable du prélèvement

La base imposable est constituée par le montant des dépenses engagées par l'assujetti pour permettre cette utilisation privée ou étrangère à l'activité économique[215].

La taxation des dépenses engagées doit consister à placer l'utilisation dans les mêmes conditions de charge T.V.A. que la même utilisation par un particulier qui aurait acheté le bien en question[216].

Commentaire

Supposons une utilisation partielle privée qui a généré des dépenses d'acquisition, d'assurance et d'entretien. Les dépenses à taxer comprennent donc uniquement la partie correspondant à l'utilisation privée et uniquement dans la mesure où des T.V.A. auraient grevé la même utilisation par un particulier.

Dès lors, les dépenses d'assurance ne rentrent jamais dans la base taxable puisqu'un particulier ne supporte pas cette T.V.A. sur pareilles dépenses.

Les dépenses d'acquisition et d'entretien ne seraient à incorporer à la base taxable que si un particulier devait subir une T.V.A. sur ces dépenses.

Donc, si l'achat initial du bien n'a pas supporté la T.V.A. (vendeur particulier, bâtiment ancien, etc.), la quote-part privée des dépenses d'acquisition n'est pas non plus soumise à la taxe.

---

215 Art. 33 al. 1er 2° du Code T.V.A.

216 Jugement C.J.C.E. du 25/5/1993 C-193/91.

Taux

Le taux de cette prestation de services est celui applicable à la même opération réalisée avec les tiers, notamment 21% (mise à disposition d'emplacements pour véhicules, pour l'entreposage de biens, etc.) ou 6% (fourniture de logements meublés, mise à disposition d'emplacements pour le camping, etc.).

Modalités

Etablissement d'un document interne à inscrire dans le facturier des sorties.

Déduction

S'agissant d'une rectification de la déduction initiale opérée, suite à une utilisation temporaire ou partielle à des fins privées ou étrangères à l'entreprise, aucune déduction de la T.V.A. due sur ce prélèvement n'est envisageable.

Prélèvement de travaux immobiliers pour soi-même

Principe

Est assimilée à une prestation de services soumise à la taxe, l'exécution par un assujetti, d'un travail immobilier[217]*:*

1° pour les besoins de son activité économique à l'exception...
- *des travaux de construction d'un bâtiment effectués par un assujetti promoteur immobilier;*
- *des travaux de réparation, d'entretien ou de nettoyage, lorsque l'exécution de tels travaux, par un autre assujetti, ouvrirait droit à la déduction complète de la T.V.A.;*

2° pour ses besoins privés, ou pour ceux de son personnel, et, plus généralement à titre gratuit ou à des fins étrangères à son activité économique

---

[217] Art. 19 § 2 du Code T.V.A.

Travaux immobiliers visés

Cette prestation de services à soi-même vise tout travail de construction, de transformation, d'achèvement, d'aménagement, de réparation, d'entretien, de nettoyage et de démolition de tout ou partie d'un immeuble par nature.

Est également visée, toute opération comportant, à la fois, la fourniture d'un bien meuble et son placement dans un immeuble, de manière telle que ce bien meuble devienne immeuble par nature. Les travaux intellectuels sont écartés.

Exemple

L'installation d'un chauffage central ou l'installation sanitaire effectuée dans ses locaux par une entreprise de chauffage.

Travaux immobiliers exclus

Ne sont pas visés par cette règle :

- les travaux de construction d'un bâtiment qu'un assujetti promoteur immobilier effectue lui-même ou fait exécuter par son personnel dans la mesure où ils sont réalisés pour les besoins de son activité économique, la vente.

Par contre, les travaux de construction pour ses besoins privés ou pour ceux de son personnel, et, plus généralement, à titre gratuit ou à des fins étrangères à son entreprise, sont assimilés à des prestations de services à soi-même taxables[218].

Exemple

Un promoteur immobilier réalise la construction de sa maison de campagne, ou encore gratuitement l'érection du mur d'enceinte du bâtiment d'un administrateur, d'un membre de son personnel, d'un groupement sportif, etc.

- Les travaux de réparation, d'entretien ou de nettoyage ouvrant droit à déduction complète de la T.V.A. à condition que l'assujetti dépose des déclarations périodiques à la T.V.A. et qu'il aurait

---

218 Art. 19, § 2, 2° du Code T.V.A.

pu, si ces travaux avaient été facturés par un tiers, déduire la totalité de la T.V.A.

Exemple

Un détaillant en alimentation générale demande à des membres de son personnel de peindre le magasin, de laver les vitrines, de réparer la porte d'entrée, etc. En effet, dans la mesure où ces travaux auraient été réalisés par un entrepreneur, la T.V.A. due par report de perception cocontractant aurait été entièrement déductible par le détaillant en alimentation générale.

- Les travaux de réparation, d'entretien ou de nettoyage effectués par un assujetti exonéré par l'article 44 du Code T.V.A. (tels que les hôpitaux, les crèches, les maisons de repos pour personnes âgées, etc.). Mais lorsque des assujettis exonérés par l'article 44 du Code T.V.A. effectuent des travaux autres que de réparation, d'entretien ou de nettoyage (construction p. ex.) dans les conditions de l'article 19, § 2, 1° (pour les besoins de l'activité économique, par l'assujetti lui-même ou par son personnel, etc.), cette opération est taxable au titre de prélèvements immobiliers.

Exemple

Un hôpital demande à son personnel de nettoyer les chambres des patients. L'Administration admet que cette opération ne soit pas taxée malgré le prescrit du texte de l'article 19, § 2, 1° du Code T.V.A.

Le même établissement demande à son personnel de construire une aile supplémentaire et d'y effectuer les travaux de plomberie, sanitaire, carrelage, etc. Cette opération est une prestation de services à soi-même passible de la T.V.A. par application de l'article 19, § 2, 1° du Code T.V.A.

(...) Les assujettis dont l'activité est exemptée sur la base de l'article 44 du Code T.V.A. (assujettis sans droit à déduction) doivent également appliquer l'article 19, § 2, 1° du Code T.V.A. précité.
D'autre part, ces derniers peuvent déduire la T.V.A. ayant grevé l'achat des matériaux qu'ils utilisent, le cas échéant, pour l'exécution du travail immobilier dans les circonstances visées à l'alinéa précédent, de sorte que la taxe n'est due qu'une seule fois, à savoir au moment où la prestation de services est achevée (art. 22 § 1er Code T.V.A.). Pour les services visés ci avant, la valeur normale est, en d'autres mots, constituée par le prix qui devrait être payé si les services à soumettre à la taxe étaient fournis à l'assujetti par un tiers contre paiement d'une somme d'argent.

Les cas pour lesquels l'article 19, § 2, 1° du Code T.V.A. sont applicables dans le chef d'un assujetti sans droit à déduction, sont vraisemblablement très rares. C'est pourquoi lorsque le cas se présente, afin d'éviter des formalités supplémentaires aux intéressés, l'Administration va réclamer la taxe due par l'application de cette disposition, en tenant compte de la T.V.A. déductible, au moyen d'un relevé de régularisation[219].

- Les travaux intellectuels.

  Exemple

  Les travaux d'étude et de contrôle (établissement de plans, surveillance des travaux, etc.) effectuées par des techniciens de l'entreprise.

Exploitants agricoles exclus

Un cultivateur au régime particulier des exploitants agricoles construit une porcherie pour son exploitation et s'occupe lui-même de la maçonnerie et des toitures avec l'aide gratuite de membres de sa famille. Il achète les matériaux en acquittant la T.V.A.
Eu égard au régime particulier établi en matière agricole[220], il est admis que l'article 19 § 2 du Code T.V.A. ne doit pas être appliqué à l'assujetti qui est soumis à ce régime[221].

Travaux effectués «dans» ou «pour» l'exercice de l'activité économique

Outre les conditions ci avant, il faut encore que le travail soit réalisé dans ou pour l'exercice de l'activité économique qui confère la qualité d'assujetti à son auteur.

Un travail immobilier effectué par un assujetti **personne morale** est *toujours* réalisé «dans» ou «pour» l'exercice de son activité économique, le caractère privé d'une personne morale n'étant jamais envisageable.

---

219 Q. n° 315 du 29/2/1996 – VAN DEN EYNDE.
220 Art. 57 du Code T.V.A.
221 Q. n° 54 du 29/3/1972 – PERSYN.

Par contre, pour une **personne physique**, le travail peut couvrir des besoins privés et/ou ceux de son activité économique.

Dès qu'une personne physique utilise des membres de son personnel pour la réalisation de tels travaux, elle est toujours censée agir «dans» l'exercice de son activité économique.

Aucune distinction ne doit être opérée selon que l'assujetti dispose de la propriété ou de la jouissance de l'immeuble par nature auquel les travaux se rapportent. Ainsi, un locataire est soumis aux mêmes règles qu'un propriétaire pur et simple.

Lorsque l'assujetti est une personne physique et qu'il s'agit d'un immeuble de communauté, le prélèvement s'applique à la totalité et non pour la moitié. Le régime matrimonial est donc sans influence en la matière.

Exemples

Travaux «dans» l'exercice de l'activité économique

- Une entreprise **générale** de travaux de construction agit «dans» l'exercice de son activité économique pour tous les travaux immobiliers matériels.
- Une entreprise de **plafonnage**, n'agit «dans» l'exercice de son activité économique que pour les travaux de plafonnage. Elle n'agit donc pas «dans» l'exercice de son activité économique lorsqu'elle réalise des travaux de plomberie, de sanitaire, d'électricité, etc.
- De même, un **menuisier** agit «dans» l'exercice de son activité économique lorsqu'il réalise des travaux de menuiserie et n'agit pas «dans» l'exercice de son activité économique lors de la réalisation de travaux de maçonnerie, carrelage, terrassement, pose de canalisations, chauffage, etc.

Travaux «pour» l'exercice de l'activité économique

- Un détaillant en **alimentation générale** procède lui-même à la **construction** d'une annexe économique.
- Un **architecte** indépendant réalise lui-même le **carrelage** de son bureau.
- Un **comptable** identifié à la T.V.A. effectue **l'installation électrique** de ses locaux professionnels.

La directive T.V.A. européenne 2006/112/CE (art. 27) a fait modifier cette règle et indique à présent que cette opération n'est plus taxable que lorsque cette opération n'ouvrirait pas droit à la déduction complète de la T.V.A. dans le chef de l'assujetti[222].

Dès lors, l'opération ne devrait être taxable que si l'assujetti (exonéré ou mixte) n'a pas droit à la déduction totale de la T.V.A. (Etablissements bancaires, sociétés d'assurances, établissements scolaires, hôpitaux, maisons de repos, etc.).

En conséquence, les assujettis avec droit à déduction total de la T.V.A. ne doivent plus taxer ces productions immobilisées (ce qui ne change rien pour eux puisque, par hypothèse, la T.V.A. aurait été totalement déductible). Seuls les assujettis avec droit à déduction partiel assujettis mixtes) ou sans droit à déduction (assujettis exonérés, franchisés) restent soumis à cette taxation.

Exemple

Un hôpital qui effectue des travaux immobiliers pour compte propre devra donc toujours les grever de T.V.A., vu qu'un hôpital a généralement la qualité d'assujetti exonéré, sans droit à déduction.

Dans les cas où, du fait de ce nouveau régime, des travaux immobiliers pour compte propre ne doivent plus être soumis à la T.V.A., il faudra néanmoins toujours, le cas échéant, procéder à une révision; mais cette révision sera limitée à la T.V.A. qui grève les dépenses «engagées pour la construction du bâtiment».

Base imposable du prélèvement

Pour les travaux réalisés «pour» les besoins de l'activité économique, la base imposable est constituée par la valeur normale des prestations de services considérées[223].

Pour les travaux pour besoins privés, à titre gratuit, à des fins étrangères à l'activité économique, la base imposable est constituée par le montant des dépenses engagées par l'assujetti pour la réalisation de ces prestations[224].

222 Circ. 2018/C/20.
223 Art. 33, 3° du Code T.V.A.
224 Art. 33, 2° du Code T.V.A.

Exemple

Dans le cadre de la réalisation de travaux immobiliers matériels taxables au titre de prestations à soi-même, les dépenses suivantes sont engagées : frais de personnel (salaires, cotisations sociales, etc.), matériaux, matières, etc. Tous ces éléments font partie de la base à soumettre à la T.V.A.

Régime applicable aux biens utilisés

- Lorsque les prélèvements visés à l'article 19, § 2 du Code T.V.A. s'appliquent, les biens utilisés dans le cadre de cette assimilation à une prestation de services sont compris dans la base taxable.

  Si le prélèvement relève du 1° («pour» l'exercice de l'activité économique), la base imposable correspond à la valeur normale des prestations de services, comprenant la main d'œuvre et les matériaux utilisés dans ce cadre.

  Si le prélèvement relève du 2° (pour les besoins privés, à titre gratuit ou à des fins étrangères à l'activité économique), la base imposable est constituée par le montant des dépenses engagées. Parmi celles-ci figurent les biens utilisés.

  Par conséquent, l'utilisation de ces biens pour exécuter des travaux entrant dans le champ d'application de l'art. 19, § 2 ne donne lieu ni à un prélèvement taxé[225] ni à une révision des déductions opérées lors de l'achat de ces biens.
- Par contre, dans la mesure où des biens sont utilisés pour effectuer des opérations non assimilées à des prestations de services par l'article 19 § 2 du Code T.V.A. (cas de l'assujetti personne physique réalisant un travail immobilier à des fins privées, travail qui ne relève pas de l'activité économique qui lui confère la qualité d'assujetti) l'assujetti réalise un prélèvement soumis à la T.V.A.[226] dans la mesure où une déduction a été opérée initialement.

---

225 En vertu de l'art. 12 § 1er, 3° ou 4° du Code T.V.A.

226 En vertu de l'art. 12 § 1er 1° du Code T.V.A.

Taux

Qu'il s'agisse de travaux réalisés «pour» ou «dans» l'activité économique, le taux applicable est de 21%.

Modalités

Rédaction d'un document interne établi au plus tard le 15 du mois qui suit celui au cours duquel les travaux ont été définitivement terminés. Il est inscrit au facturier des sorties.

En cas de possibilité de déduction (travaux utilisés à des fins économiques) le second exemplaire du document interne est inscrit au facturier des entrées.

Déduction

Sur les travaux effectués «pour» l'exercice de l'activité économique, la T.V.A. due est déductible selon les règles normales.

> **Exemple**
>
> Un vendeur de matériel informatique procède personnellement à l'agrandissement des entrepôts pris en location.
>
> Cette opération s'analyse en une prestation de services immobilière, taxable sur la valeur normale des prestations réalisées par cet assujetti. Cette T.V.A. peut être postulée intégralement en déduction, après paiement à l'État. Elle est toutefois soumise aux révisions des déductions.

Sur les travaux pour besoins privés, à titre gratuit, à des fins étrangères à l'activité économique, la T.V.A. n'est évidemment pas déductible.

Synthèse des prélèvements

L'assujetti est une personne physique

1ère hypothèse Travaux immobiliers matériels effectués par l'assujetti, personne physique, pour les besoins de son activité économique	
Prélèvement art. 19 § 2, 1° sauf : - si assujetti qui peut déduire toute la T.V.A. - construction d'un bâtiment par promoteur - réparation, entretien, nettoyage lorsque droit à déduction complète de la T.V.A. - réparation, entretien, nettoyage par un assujetti exonéré	Base imposable = valeur normale
Exemple Un entrepreneur général – assujetti mixte – construit de nouveaux locaux administratifs pour son entreprise.	

2ème hypothèse – Travaux immobiliers matériels effectués par l'assujetti, personne physique, pour ses besoins privés, à titre gratuit, à des fins étrangères à l'activité économique **Dans le cadre de son activité économique** : Les travaux réalisés par l'assujetti personne physique sont de même nature que ceux lui conférant la qualité d'assujetti.	
Prélèvement art. 19 § 2,	Base imposable = dépenses engagées
Remarque : Lorsqu'un assujetti affecte un ou des membres de son personnel à ces travaux immobiliers, ceux effectués par ce personnel sont toujours considérés comme étant effectués «dans» l'exercice de l'activité économique de l'assujetti (voir exemple 2 – 2ème tiret).	
Exemples - un assujetti électricien réalise l'installation de téléphonie intérieure de son immeuble d'habitation; - le personnel employé d'un pharmacien identifié à la T.V.A. entretient la piscine de celui-ci; - un assujetti plafonneur effectue gratuitement des réparations au plafonnage du bâtiment de ses parents; - un maçon indépendant construit gracieusement les vestiaires d'un club de football.	

3ème hypothèse – Travaux immobiliers matériels effectués par l'assujetti, personne physique, pour ses besoins privés, à titre gratuit, à des fins étrangères à l'activité économique

En dehors du cadre de son activité économique : Les travaux réalisés par l'assujetti personne physique sont différents de ceux lui conférant la qualité d'assujetti.

Pas de prélèvement de l'art 19 § 2, 2°.
Mais application éventuelle du prélèvement de l'art. 12 § 1er 1°

Remarques

Lorsque l'assujetti affecte un ou plusieurs membres de son personnel à la réalisation de pareils travaux immobiliers, les travaux effectués par ce personnel sont toujours considérés réalisés «dans» l'exercice de l'activité de l'assujetti (voir tableau 2e hypothèse).

Exemples

- un électricien indépendant réalise personnellement et gratuitement le carrelage de la maison privée de son voisin;
- un pharmacien identifié à la T.V.A. entretient lui-même la piscine de sa maison de villégiature;
- un plafonneur assujetti réalise lui-même des travaux d'électricité à sa maison privée;
- un maçon indépendant place gratuitement du double vitrage aux vestiaires du club local de football.

4ème hypothèse – Travaux immobiliers matériels effectués par l'assujetti, personne physique, pour son activité économique et pour ses besoins privés, à titre gratuit, à des fins étrangères à l'activité économique

Prélèvement art. 19 § 2, 1° et Prélèvement art. 19 § 2, 2° (dans le cadre activité économique et si pas déduction totale possible) ou pas de prélèvement (hors du cadre de l'activité économique)	Base imposable = valeur normale et / ou dépenses engagées

Exemple

Un électricien – assujetti mixte – indépendant effectue des travaux de maçonnerie et d'électricité à un bâtiment lui appartenant. Le rez de chaussée est professionnel et le premier étage privé :

- pour le rez de chaussée : prélèvement de l'article 19 § 2, 1° du Code T.V.A. sur la valeur normale pour les travaux de maçonnerie et d'électricité;
- pour le premier étage : prélèvement de l'article 19 § 2, 2° du Code T.V.A. sur les dépenses engagées pour les travaux d'électricité;

Pas de prélèvement de l'art. 19 § 2 sur les travaux de maçonnerie mais prélèvement de l'art 12 § 1er 1° possible.

L'assujetti est une personne morale

Travaux immobiliers matériels effectués par l'assujetti, personne morale, toujours considérés pour l'activité économique
Prélèvement art. 19 § 2, 1° ou 2° sauf : - construction d'un bâtiment par un promoteur immobilier; - réparation, entretien ou nettoyage lorsque droit à déduction complète de la T.V.A. - réparation, nettoyage, entretien par un assujetti exonéré.

Résumé des situations assimilées à des livraisons de biens ou à des prestations de services dans le chef d'un promoteur

– la transmission, à titre gratuit, d'un bâtiment neuf, ou d'un droit réel y relatif (livraison de biens de l'art. 12 § 1er 2° C.T.V.A);
– l'utilisation, comme bien d'investissement, d'un bâtiment neuf, ou d'un droit réel y relatif, destiné à la vente (livraison de biens de l'art. 12 § 1er 3° Code T.V.A.);
– la détention d'un bâtiment neuf, ou d'un droit réel y relatif, lors de la cessation de l'activité économique (livraison de biens de l'art. 12 § 1er 5° Code T.V.A.);
– l'arrivée du terme de la période pendant laquelle le bâtiment neuf, ou le droit réel, peut encore être cédé sous régime T.V.A. (livraison de biens de l'art. 12 § 2 Code T.V.A. au 31 12 de la 2ème année qui suit celle de la première occupation ou utilisation);
– l'utilisation d'un immeuble pour des besoins privés ou étrangers à l'activité économique (prestation de services de l'art. 19 § 1er C.T.V.A);
– l'exécution d'un travail immobilier matériel pour ses besoins privés ou pour ceux de son personnel, et, plus généralement, à titre gratuit ou à des fins étrangères à son activité économique (prestation de services de l'art. 19 § 2, 2° Code T.V.A.).

Résumé des situations qui ne sont pas assimilées à des livraisons de biens ou à des prestations de services dans le chef d'un promoteur

– les travaux de construction d'un bâtiment (art. 19 § 2 1° a) Code T.V.A.);
– les travaux de réparation, d'entretien ou de nettoyage de nature immobilière, ouvrant droit à déduction complète de la T.V.A. (art. 19 § 2 1° b) Code T.V.A.).

Révisions en matière d'immeubles

La matière des révisions des déductions est vaste. Seules les implications avec le secteur immobilier sont expliquées ici.

Comme dit dans le chapitre des prélèvements (voir p. 189), le but d'une révision ou d'un prélèvement est toujours (hormis le cas de l'art. 19 § 2) de revoir, corriger, modifier, adapter une déduction initiale en raison de faits survenus ultérieurement, comme par exemple :

- une sortie du patrimoine «économique» pour le patrimoine «privé»;
- une transmission gratuite;
- une utilisation comme bien d'investissement;
- une cessation d'activité;
- une modification du statut fiscal du bien, de l'activité, de l'assujetti;
- une utilisation temporaire privée;
- une exécution de certains travaux immobiliers pour des besoins économiques ou privés;
- etc.

Pour qu'il y ait révision des déductions, il faut en outre qu'un droit à déduction ait existé auparavant.

Révision ou prélèvement ?

A l'inverse du prélèvement, la révision porte directement et uniquement sur le montant de la T.V.A. déduite initialement donc sur une opération à l'entrée.

Dès lors, si un bien a été acquis sans application de T.V.A. (et donc sans déduction de T.V.A.) il ne peut être question de révision.

Exemples

- un investissement acquis au régime de la marge;
- un investissement acquis auprès d'un particulier.
- un investissement acquis auprès d'un assujetti exonéré.

Révision quinquennale ou quindécennale des déductions sur bâtiment

La période de révision sur les biens d'investissement est habituellement de **5 ans (révision quinquennale).**

Elle est de **15 ans (révision quindécennale)** pour les T.V.A. relatives à la **construction** ou à l'**acquisition** d'un bâtiment avec T.V.A., ou d'un droit réel portant sur un bâtiment.

> Lorsque la révision est de 15 ans, l'assujetti doit conserver les livres et documents relatifs au bâtiment **pendant 15 ans à partir du 1/1 de l'année qui suit leur clôture, s'il s'agit de livres, leur date, s'il s'agit de documents** ou la dernière année pendant laquelle a été utilisé un système informatisé.
>
> Lorsque le point de départ de la période de révision est le 1/1de l'année au cours de laquelle le bien d'investissement a été mis en service, le délai de conservation prend cours à ce moment, s'il se situe après ceux déterminés ci-dessus[227].

Révision sur un immeuble cessant d'exister dans l'entreprise (cessation d'activité, etc.)

Lorsque durent la période de révision, un immeuble investi cesse d'exister dans l'entreprise, une révision de la déduction doit s'opérer en une fois pour l'année au cours de laquelle intervient la cause de la révision et les années restant à courir, à concurrence d'1/15[228].

La révision est constatée dans la déclaration relative à la période au cours de laquelle l'immeuble investi cesse d'exister (grille 61).

L'année d'acquisition ou de mise en service est comptée entière (quelle que soit la date) et l'année de disparition du bien est négligée (quelle que soit la date).

---

227 Q. n° 422 du 13/5/1996 – FOURNEAUX.
228 A.R. n° 3, art. 11 §3.

Exemple

Un immeuble a été acquis le 15/4/2013 avec application de la T.V.A. et affecté en totalité à l'activité économique.
T.V.A. déduite : 39.900,00 €.

L'entreprise cesse des activités le 30/6/2018.
L'immeuble a été affecté durant les années 2013, 2014, 2015, 2016 et 2017, soit 5 années.
Révision de 10/15 de la T.V.A. déduite soit : 26.600,00 €.

Cette révision ne doit pas être opérée dans les situations suivantes :

- cession de l'immeuble avec application de la T.V.A.;
- cession de l'immeuble dans le cadre de l'art. 11 du Code T.V.A. (exemption de T.V.A.);
- destruction de l'immeuble (preuve à apporter);

Révision sur immeuble en cas de changement de régime

Lorsqu'un assujetti ne désire plus bénéficier du régime de la franchise ou en perd le bénéfice, il devient ou redevient un assujetti avec droit à déduction.

Le passage du statut d'assujetti franchisé au statut d'assujetti avec droit à déduction - et inversement - a des conséquences au niveau des immeubles investis.

En cas de sortie du régime de la franchise, on entre dans un régime de déduction et la T.V.A. qui n'avait pu être déduite au moment de la construction ou de l'acquisition avec T.V.A. d'un immeuble, devient déductible. Une révision quindécennale **en faveur de l'assujetti** peut être envisagée dans ce cas.

Inversement, lors de l'entrée dans le régime de franchise, les immeubles investis dont la T.V.A. avait été récupérée lors de la construction ou l'acquisition avec T.V.A., rentrent dans un régime de non déduction. Une révision quindécennale **en faveur de l'Etat** doit être opérée dans ce cas.

Révision sur immeubles en cas de faillite

Les opérations effectuées par le curateur d'un assujetti failli, sont considérées comme étant effectuées par l'assujetti failli lui–même.

Lorsque des bâtiments anciens (ou des bâtiments neufs, pour lesquels le curateur n'a pas exercé l'option) sont cédés, après jugement déclaratif de faillite, mais pendant la période de révision, la vente de ces bâtiments est soumise au droit d'enregistrement et, en sa qualité de représentant du failli, le curateur doit opérer la révision de la T.V.A. initialement déduite.

Étant donné que cette révision est une obligation légale née après la déclaration de faillite et que, par conséquent, la T.V.A. est due après la déclaration de faillite, la T.V.A. que le curateur est tenu de verser doit être regardée comme une dette dans la masse et non comme une dette de la masse[229].

Révision en cas de mise en location d'un immeuble neuf

Si un assujetti a l'intention, dès la construction d'un bâtiment, de le donner en location, la T.V.A. grevant la construction n'est pas déductible étant donné que l'opération qui consiste en la location d'un bien immeuble par nature est exonérée de la T.V.A.[230]

Par contre, si au départ, il a l'intention d'affecter le bâtiment à une activité économique soumise à la T.V.A., la T.V.A. grevant les frais relatifs à la construction est déductible dans cette mesure.

Si, par la suite, le bâtiment venait à être loué sans qu'il y ait eu utilisation économique, la totalité de la T.V.A. initialement déduite doit être reversée[231].

La révision s'opère en une fois à concurrence d'1/15 du montant des taxes déduite, pour l'année au cours de laquelle intervient le

---

229 Déc. n° E.T. 40.864 du 15/7/1982.- Cass. 20/1/1994.

230 Q. n° 230 du 22/5/87 – DENYS.

231 Art. 45, § 1er du Code T.V.A.

changement d'affectation, à savoir la location, et chacune des années restant à courir de la période de révision quindécennale.

En cas de location d'une partie du bâtiment, la révision s'applique compte tenu de la partie du bâtiment donnée en location[232].

Révision lors de la cession d'une universalité de biens avec location d'un bâtiment

Si une entreprise, tout en conservant la qualité d'assujetti pour une partie de ses activités, donne en location à un tiers à qui elle a cédé une universalité de biens, les bâtiments dans lesquels elle exerçait l'activité cédée, elle est tenue de revoir les déductions opérées sur les travaux relatifs à l'immeuble donné en location (opération qui ne permet pas la déduction).

La circonstance que la location s'accompagne de l'obligation de s'approvisionner en marchandises auprès du loueur n'y change rien[233].

Révision sur un immeuble professionnel affecté à un usage privé

Lorsqu'un assujetti avec droit à déduction a acquis un immeuble entièrement affecté à un usage économique et dont il a, dès lors, récupéré la T.V.A., décide ultérieurement d'en utiliser **définitivement** une partie à des fins privées (autre que la location), il doit procéder à une révision partielle de la déduction initiale[234] pour autant évidemment que le bien immeuble concerné ait été utilisé pour partie aux besoins privés de l'assujetti pendant la période de révision de 15 ans, qui commence à courir le 1/1 de l'année au cours de laquelle le droit à déduction a pris naissance.

---

232 Q. n° 45 du 18/11/1988 – ADRIAENSSENS.
233 Q. n° 324 du 26/6/1987 – BELOT.
234 Conformément à l'art. 10, 1° de l'A.R. n° 3.

Révision sur un bâtiment investi et revendu sous droit d'enregistrement

Si un assujetti avec droit à déduction fait ériger ou achète sous le régime de la T.V.A. un bâtiment neuf destiné à son usage économique, il peut déduire la T.V.A. qui a grevé cet investissement.

Si pour diverses raisons, il est amené à revendre cet immeuble avec application du droit d'enregistrement (parce que l'immeuble n'est plus neuf au sens du Code T.V.A.), une révision de la T.V.A. initialement déduite doit être opérée, à condition que cette revente ait lieu dans les 15 ans à compter du 1/1 de l'année au cours de laquelle le droit à déduction a pris naissance, peu importe que le bâtiment soit ou non remplacé par un autre.

Cette révision s'opère en une fois, pour l'année au cours de laquelle interviennent la cause de révision et les années restant à courir de la période de révision, à concurrence d'1/15 par année[235].

Révision sur les travaux d'étude relatifs à un bien d'investissement

Les travaux d'études effectués en vue de la constitution, de la transformation ou de l'amélioration d'un bien d'investissement sont présumés devoir être affectés à cette fin, encore que l'assujetti puisse dans des cas exceptionnels ne pas encore avoir pris définitivement la décision de procéder à l'investissement envisagé.

La T.V.A. grevant ces travaux d'études est donc à considérer comme une T.V.A. grevant un bien d'investissement, notamment pour l'application de la révision.

Révision sur le courtage d'une agence immobilière

La T.V.A. grevant la commission qu'une agence immobilière réclame à son client assujetti pour son intervention dans l'achat d'un terrain sur

---

235 Q.R. n° 137 (1994-95) – DE CLIPPELE.

lequel ce client fera ériger des bâtiments qu'il destine à son usage économique doit être considérée comme une T.V.A. grevant un bien d'investissement pour l'application de la révision.

L'opération de courtage concourt en effet à la constitution d'un bien d'investissement[236].

Révision sur les travaux préparatoires à l'exploitation d'une carrière, sablière, mine ou d'un remblai

Les murs de soutènement construits dans les carrières (et notamment ceux sur lesquels des ponts roulants se déplacent) ainsi que les galeries de mines constituent des biens d'investissement pour l'application de la T.V.A.[237]

En revanche, les travaux préparatoires à l'exploitation d'une carrière ou d'une sablière (notamment les travaux qui consistent à enlever la couche de terre qui recouvre la pierre ou le sable à extraire du sol) ne concourent pas à la constitution de biens d'investissement.

Il en va de même, dans les sablières, des travaux de remblai qui trouvent leur source dans l'obligation de remettre le site en étant à la fin de l'exploitation.

236 Déc. n° E.T. 11.298 du 10/4/1973.
237 Déc. n° E.T. 22.720 du 30/8/1978.

Les taux de T.V.A. du secteur immobilier

L'importance de cette législation, sa constante évolution et par conséquent sa difficulté nous ont incités à porter cette matière en fin de l'ouvrage en guise d'annexe.

Pour mieux la mettre en valeur, mais aussi pour un accès plus direct.

Taux 0% « cocontractant » ou « Autoliquidation »

Principe du régime « cocontractant » ou « de l'autoliquidation »

En matière de travaux immobiliers, un régime de **«report de perception»** ou « **autoliquidation** » a été instauré[238]. Il déroge au principe habituel du fonctionnement de la T.V.A. en ce sens qu'il impose au cocontractant du fournisseur (le client) l'obligation d'acquitter lui-même la T.V.A. à l'Etat à la place de son fournisseur.

Le taux de 0% ne signifie pas qu'il n'y a pas de T.V.A. C'est le prestataire du service qui n'applique pas de T.V.A. sur sa prestation, à charge de son client d'appliquer lui-même par l'autoliquidation la T.V.A. due au taux qu'il convient (généralement 21%).

Ce système n'est pas une tolérance, il doit obligatoirement s'appliquer :

- lorsque le client est un assujetti qui dépose des déclarations périodiques à la T.V.A.;
- lorsque les opérations qui font l'objet du contrat font partie de la liste des travaux immobiliers ci-après;
- lorsque les biens et les services fournis sont utilisés par le client dans le cadre de son activité économique.

Le client se substitue au fournisseur pour tout ce qui concerne les obligations du paiement de la T.V.A. à l'État.

Le fait que le fournisseur soit ou non enregistré comme entrepreneur n'exerce aucune influence sur l'application de ce régime.

---

238 Art. 20 de l'A.R. n° 1 du 29/12/1992.

Exemple

Un carreleur fait construire une salle d'exposition. L'entrepreneur qui réalise les travaux immobiliers ne peut porter aucune T.V.A. en compte au carreleur, lequel doit lui-même en assurer le paiement à l'État.

Un détaillant en alimentation générale fait nettoyer sa vitrine par un laveur de vitres. Celui-ci ne peut pas porter de T.V.A. en compte au détaillant.

Conséquence du système

La solidarité légale ne peut plus être invoquée à l'égard du fournisseur qui n'est plus tenu du paiement de la T.V.A. à l'État. Cette façon de procéder entraîne des obligations particulières pour le fournisseur et le client.

Quel fournisseur doit appliquer la règle du «cocontractant» ?

Un assujetti avec droit à déduction S'il effectue des travaux immobiliers	OUI
Un particulier	NON
Un assujetti exonéré	NON
Un assujetti franchisé Chiffre d'affaires annuel H.T.V.A.	NON
Un assujetti mixte ou partiel S'il effectue des travaux immobiliers	OUI
Un assujetti qui effectue des travaux immobiliers pour lui-même	NON
Un fournisseur sur une note de crédit «cocontractant» portant sur des travaux immobiliers	OUI
Un syndic d'immeubles S'il est assujetti et s'il agit en son nom propre (il reçoit les factures des fournisseurs libellées à son nom et il refacture ces opérations à la copropriété), la «règle du cocontractant» est applicable tant à la facturation qui est faite au gérant qu'à celle du gérant envers la copropriété. La copropriété doit être elle-même assujettie à la T.V.A.	OUI

Quel client peut bénéficier de la règle du «cocontractant» ?

Un assujetti avec droit à déduction (tous) Par exemple, une société commerciale propriétaire d'un appartement.	OUI
Un particulier	NON
Un assujetti exonéré	NON
Un assujetti franchisé	NON
Un assujetti étranger non identifié en Belgique	NON
Toute personne physique ou morale qui ne dépose pas de déclaration T.V.A.	NON
Un assujetti mixte ou partiel Dans ce cas, la T.V.A. sur la totalité des travaux doit être payée, la déduction s'opérant selon les règles du prorata général ou de l'affectation réelle propres aux assujettis mixtes.	OUI
Un exploitant agricole soumis au forfait Qu'il effectue des travaux immobiliers en rapport ou non avec la culture.	NON
Un représentant responsable d'un assujetti étranger	OUI
Un organisme public (seulement pour les activités pour lesquelles ils sont assujettis avec droit à déduction) [239] **- les universités libres ou d'Etat** **- les sociétés publiques de logement** **- les régions, provinces et communes** **- les C.P.A.S.** [240] **- les provinces** A la condition que les bons de commande adressés par ces organismes à leurs fournisseurs mentionnent le secteur d'activité (soumis ou non soumis à la T.V.A.) auquel sont destinés les biens ou les services et qu'ils portent sur les travaux immobiliers prévus.	OUI
Un gérant ou syndic d'immeubles (s'il agit pour son propre compte)	OUI
Les assujettis qui se facturent à eux-mêmes des travaux immobiliers (prélèvements – art. 19 § 2) Car il n'y a pas facturation à un cocontractant.	NON

[239] Déc. n° E.T. 32.759 des 12/7/1979 et 4/2/1980 & n° E.T. 33.253 du 10/10/1979.

[240] Déc. n° E.T. 32.759 des 12/7/1979 et 4/2/1980 & n° E.T. 33.253 du 10/10/1979.

Note de crédit

Chez le fournisseur	Lorsqu'un assujetti délivre une note de crédit relative à une facture qui a subi le régime d'autoliquidation, la T.V.A. ne peut évidemment pas figurer sur cette note de crédit.
Chez le client	– Si la note de crédit porte sur une opération pour laquelle la T.V.A. autoliquidée a pu être déduite intégralement et définitivement, cette note ne donne lieu à aucune restitution. – Si la note de crédit porte sur une opération mixte pour laquelle la T.V.A. autoliquidée n'a pas pu être déduite intégralement (p. ex. note de crédit adressée à un assujetti mixte), il y a restitution de la T.V.A. trop déduite.

Quels travaux immobiliers sont concernés par la règle du cocontractant ?

Par travail immobilier, il faut entendre tout travail de construction, de transformation, d'achèvement, d'aménagement, de réparation, d'entretien, de nettoyage et de démolition de tout ou partie d'un immeuble par nature. Sont aussi visées, les opérations qui comportent à la fois la fourniture d'un bien meuble et son placement dans un immeuble de manière telle que ce bien meuble devienne immeuble par nature[241].	
Construction	De tout ou partie d'immeuble quel qu'il soit, du moment qu'il fait corps avec le sol (maison d'habitation, maison clé sur porte, appartement, bâtiment industriel, commercial ou agricole, route, pont, écluse, quai d'un port, berges d'un cours d'eau, etc.)
Achèvement d'une construction	
Grosses réparations	Qui concourent à tenir en état les constructions
Aménagement, entretien et nettoyage de terrains	Et de tous autres immeubles par nature
Démolition d'immeubles	
Erection du gros œuvre	
Battage des pieux sur lesquels une construction sera érigée	
Plafonnage d'une maison en construction	
Lavage de façade	Dont le prix comprend au minimum la main d'œuvre

[241] Art. 19 § 2 dernier al. du Code T.V.A.

Peinture de façade	Dont le prix comprend la main d'œuvre (si la fourniture des matières premières nécessaires est facturée conjointement, la «règle du cocontractant» est applicable à toute la facture)
Ramonage des cheminées	
Désobstruction d'égouts	
Curage et entretien des égouts	
Entretien et aménagement de jardins	Même si le prix réclamé comprend la fourniture d'arbres, d'arbustes, de fleurs, de semences, de gravier ou autres, ainsi que les travaux d'aménagement d'une pépinière faisant partie d'une exploitation agricole
Entretien d'un ascenseur	Avec éventuellement les pièces remplacées et les produits utilisés
Remplacement de vitres	Avec éventuellement les pièces remplacées et les produits utilisés
Epandage	De gravier, de sel et de chlorure de calcium sur les routes ou d'engrais sur un champ
Abattage d'arbres et enlèvement des souches	
Enfouissement d'une citerne	Donc dans le sol
Incorporation au sol de poteaux de signalisation	
Placement de cloisons métalliques ou autres	Devenant immeubles par nature
Fourniture avec placement de quincaillerie du bâtiment	Crémones, espagnolettes, boutons de porte ou de fenêtre, poignées, crosses, boîte aux lettres, etc.
Enduisage et entretien des routes	Au moyen de goudron et autres matières
Fourniture avec décharge de béton préparé	Dans les coffrages d'une construction (l'incorporation à un immeuble par le déversement direct dans un coffrage ou autrement est impératif) [242]
Fourniture avec placement de coffres-forts individuels	Uniquement s'ils sont définitivement encastrés dans un bâtiment dans des espaces spécialement aménagés à cet effet [243]

242 Q.P. n° 63 du 11/7/1979 – COPPIETERS.

243 Déc. n° E.T. 32.620 du 25/6/1979.

Fourniture avec pose de hourdis	Sur des caves déjà construites ou sur des murs déjà maçonnés lorsque les matériaux sont posés à l'endroit où ils resteront définitivement (la simple pose provisoire dans l'attente d'un placement définitif n'est donc pas visée), sans qu'il y ait lieu de distinguer selon que les opérations visées soient effectuées par l'assujetti avec son propre personnel ou qu'il les fasse exécuter pour son compte par un tiers. Dans ce dernier cas, le tiers effectue également une opération visée par la règle du cocontractant [244]
Construction d'une station d'épuration d'eau	Qui est un immeuble par nature (pour le tout, y compris les machines et les appareils qui l'équipent) qui comprend d'importantes constructions en maçonnerie, en béton ou en métal, telles que les bassins ou réservoirs de grande capacité [245]
Hauts fourneaux, silos et réservoirs de grandes dimensions	Montés sur place et qui ne peuvent être déplacés ou enlevés sans détérioration [246]
Travaux fournis par des entrepreneurs en bâtiments aux distributeurs franchisés	L'entreprise qui dispose d'un réseau de distributeurs et qui s'entremet dans des travaux immobiliers fournis par des entrepreneurs en bâtiments aux distributeurs franchisés doit utiliser la règle du «cocontractant» pour autant que les travaux en cause soient des opérations visées et que les distributeurs franchisés soient des assujettis déposants [247]
Installation de - **chauffage central** - **climatisation** - **«mini chauffage»** - **générateur d'air chaud** - **plusieurs appareils diffuseurs de chaleur fonctionnant à l'électricité**	Tout ou en partie, y compris les brûleurs, réservoirs, appareils de régulation et de contrôle reliés à la chaudière ou aux radiateurs; non compris les convecteurs à gaz indépendants desservis pas un réservoir unique
Installation sanitaire	Tous appareils fixes pour usages sanitaire ou hygiénique branchés sur une conduite d'eau ou d'égout : tuyauteries, robinets, pompes, éviers, lavabos, W.C., urinoirs, bidets, tubs et baignoires, scellés ou autrement attachés au bâtiment ainsi que la fourniture avec placement d'un chauffe-eau quel que soit l'endroit où il est placé dans le bâtiment

244 Déc. n° E.T. 32.273 du 26/4/1979.
245 Déc. n° E.T. 32.494 du 23/5/1979.
246 Q.P. n° 709 du 22/9/1993 – DE CLIPPELE.
247 Q.P. n° 708 du 22/9/1993 – DE CLIPPELE.

Installation électrique	A l'exclusion des appareils d'éclairage et des lampes, sauf si ceux-ci sont encastrés dans des plafonds ou faux plafonds. Par appareils d'éclairage et lampes, la loi vise, notamment, les lampes à suspension, à globe, plafonniers, lustres, lampes appliquées, lampes de table, de chevet, de bureau, lampes veilleuses, lampadaires, lampes étanches pour locaux humides, candélabres, porte bougies pour piano, réverbères, lampes consoles pour vitrine de magasin, tubes fluorescents et leurs supports y compris les starters et les ballasts, etc.
Installation de sonnerie électrique	On vise les dispositifs électromagnétiques qui, soit provoquent la vibration d'un petit marteau qui vient heurter un timbre, soit émettent un bourdonnement, une mélodie, etc.
Installation de détection d'incendie et de protection contre l'incendie ou le vol	On peut citer les appareils reliés à une canalisation d'eau, les appareils à produits fusibles, à dilatation, à variation d'une résistance électrique, à cellule photoélectrique, les divers appareils détecteurs à ultrasons, etc.
Installation de téléphonie intérieure	Les machines et appareils équipant une centrale de transmission qui relie différentes installations de téléphonie intérieure, les parlophones et ouvre portes, les postes intérieurs, etc.
Installation de mobilier de cuisine ou de salle de bains	- Armoires de rangement, éviers, armoires éviers, sous éviers, armoires lavabos, sous lavabos, hottes, ventilateurs et aérateurs équipant une cuisine ou une salle de bains - Placards de rangement uniquement incorporés à usage définitif dans des volumes spécialement aménagés dans la construction Ne sont pas des travaux immobiliers : la fourniture et le placement d'un réfrigérateur, d'un surgélateur, d'un réchaud, d'une cuisinière à gaz ou à l'électricité, d'un four électrique, d'un lave-vaisselle, d'un broyeur de déchets, d'une machine à lessiver ou séchoir, etc. L'Administration laisse la possibilité au fournisseur de facturer l'ensemble avec application de la règle du cocontractant ou uniquement la partie de la facture qui se rapporte aux éléments visés

Installation de placards et d'armoires de rangement	Dans une pièce de séjour, une chambre à coucher uniquement si les meubles sont incorporés à titre définitif dans des volumes spécialement prévus dans la construction
Installation de volets, persiennes et stores	Placés à l'extérieur du bâtiment
Placement de revêtements de murs et de sols	Qu'il y ait fixation au bâtiment ou que le placement ne nécessite qu'un simple découpage, sur place aux dimensions de la surface à recouvrir
Placement entretien et réparation d'enseigne lumineuse ou de panneau publicitaire	Uniquement s'ils sont immeubles par nature, c'est-à-dire fixés à des poteaux ou à un socle incorporés dans le sol. Mais pas le remplacement des lampes et des starters de tels biens
Travail préparatoire à des travaux de fixation	Travaux de transformation, d'aménagement, de consolidation des sols et/ou des murs, de démolition ou de remaçonnage des murs, de placement de conduites (d'eau, de gaz ou d'électricité) en vue du placement dans un bâtiment de machines, d'appareils, d'outillage ou d'objets
Travail préparatoire à des travaux de fixation	Travaux de transformation, d'aménagement, de consolidation des sols et/ou des murs, de démolition ou de remaçonnage des murs, de placement de conduites (d'eau, de gaz ou d'électricité) en vue du placement dans un bâtiment de machines, d'appareils, d'outillage ou d'objets

Travaux agricoles [248]	- labourage, fraisage et hersage des terres - ensemencement - ensemencement et pulvérisation - ensemencement t et microgranulat - pulvérisation - nébulisation - atomisation - fauchage - hachage - arrachage du lin - récolte par moissonnage battage - récolte (pommes de terre, betteraves, maïs, légumes verts, carottes, fruits) - épandage (chaux, engrais, fumier, amendements, lisier) - taillage d'arbres et de haies - plantation - creusage de fossés - curage de fossés (mécanique ou chimique) - curage de cours d'eau - drainage - désinfection d'étables et du sol - arrosage, irrigation - etc.
Nettoyage et entretien de bureau	Dans la mesure où ces services se rapportent à des immeubles (murs, fenêtres, plafonds ou sols des immeubles de bureaux) mais pas au mobilier de bureau
Mise à disposition de personnel	Si elle porte sur des opérations soumises à la règle du cocontractant. Il s'agit de la convention en vue de l'exécution des opérations reprises ci-dessus par des personnes engagées dans les liens d'un contrat d'emploi ou de travail (avec lien de subordination), qui travaillent sous la direction de la personne à la disposition de laquelle elles sont mises. La mise à disposition de personnel administratif (dactylo, secrétaire, téléphoniste, etc.) n'est pas concernée et la T.V.A. due doit être portée en compte sur la facture délivrée.

248 Info T.V.A. 79/15/5.

Refacturation de frais communs de nettoyage et d'entretien	Lorsqu'une entreprise A qui occupe un immeuble pour son activité habituelle a un contrat avec une entreprise de nettoyage d'immeubles et que ces services sont pour partie refacturés par A à d'autres entreprises (B, C et D) qui occupent également une partie de cet immeuble pour leur activité économique, ces travaux d'entretien ou de nettoyage doivent l'être en application du régime "cocontractant"pour autant, bien entendu, qu'il s'agisse de travaux immobiliers et que les entreprises B, C et D soient des assujettis avec droit à déduction. Ceci sans distinguer selon que l'entreprise A agit vis-à-vis de l'entreprise de nettoyage, en son nom et pour son propre compte ni que l'entreprise A est ou n'est pas enregistrée comme entrepreneur[249].
Aménagement d'un magasin	Lors de l'exécution d'un contrat global d'entreprise pour l'aménagement d'un magasin qui comprend, d'une part, la livraison avec placement de vitrines frigorifiques, de comptoirs frigo, de présentoirs et autres mobiliers de magasin, et, d'autre part, divers travaux immobiliers ou opérations assimilées, tels que la pose de revêtements de sols et/ou murs, de (faux) plafonds, de murs de séparation, d'étalage, l'Administration n'émet aucune critique à l'encontre des entreprises qui facturent le montant total du prix d'entreprise, avec application de la règle du "cocontractant".

249 Q. n° 426 du 13/5/1996 – FORNAUX.

Quels travaux immobiliers ne sont pas concernés par la règle du cocontractant ?

Location d'échafaudages	Même s'ils sont montés et démontés par les soins du bailleur[250]
Installation de matériel de radiologie	Simplement fixés ainsi que la réparation et l'entretien des mêmes biens (même lorsque ce montage comporte un travail immobilier de peu d'importance)[251]
Régulation des serres	Travaux d'installation destinés à la régulation climatique dans les serres, commandée par un ordinateur central
Placement, entretien et réparation d'enseigne lumineuse ou de panneau publicitaire	Eclairés ou non, fixés à un bâtiment ou placés sur le toit d'un bâtiment (selon la jurisprudence, ils ne sont pas immeubles par nature) même si à cette fin, l'installateur a tiré une ligne électrique reliant l'enseigne lumineuse à la boîte à fusibles du bâtiment[252]
Système d'arrosage de plante	Pour les plantes qui ne sont pas enracinées dans le sol, ce qui est le cas pour les plantes en pots et l'hydroculture[253]
Installation de vitrines et comptoirs frigorifiques	Sauf di l'installation est facturée en même temps que des travaux immobiliers. Les vitrines, armoires et comptoirs frigorifiques fixés au sol à l'aide de ciment ou de colle, ou par maçonnage des points d'attache, ne sont pas incorporés.
Fourniture avec placement d'un bien meuble non incorporé à un bâtiment	Ce n'est pas un travail immobilier[254]. Les machines, appareils et outillage, notamment pour des installations industrielles, ou les objets d'utilisation quotidienne, objets d'équipement normal ou objets de décoration, restent, en principe, des biens meubles ou deviennent tout au plus des biens immeubles par destination
Livraison d'une machine-outil	- Avec ancrage à une assise en béton, même lorsque cette assise doit être construite en vue de cet ancrage; - Fixée au sol au moyen de boulons et branchée sur les conduites d'eau, d'air ou d'électricité
Livraison avec fixation de miroirs, portemanteaux, penderies, pendules	Dans un vestiaire
Livraison avec placement de podiums ou de fauteuils basculants	Vissés au sol de salles de spectacles

250 Déc. n° E.T. 33.476 du 12/9/1979.

251 Déc. n° E.T. 32.483 du 08/6/1979.

252 Déc. n° E.T. 71.428 du 27/12/1993.

253 Q.P. n° 1377 du 17/1/1995 – VAN DEN EYNDE.

254 Circ. n° 3 du 1/2/1979.

Travaux immobiliers mixtes (contrats comportant des opérations soumises et non soumises à la règle de l'autoliquidation)

Opérations autoliquidées majoritaires

Dans le cas ou un contrat a pour objet des opérations visées par la « règle du cocontractant » et d'autres pas, la « règle du cocontractant » n'est en principe applicable qu'à la partie du contrat visée par elle de sorte que les factures doivent normalement être ventilées.

L'Administration admet toutefois, à titre de simplification, que la «règle du cocontractant» soit appliqué pour le tout même si le contrat donne lieu à des factures séparées, dont certaines ne constatent que des opérations qui ne tombent pas sous le coup de la « règle du cocontractant », pour autant qu'elles fassent référence au contrat et qu'il apparaisse clairement que celui-ci tombe partiellement dans le champ d'application de la « règle du cocontractant »[255].

Cette tolérance ne trouve toutefois à s'appliquer que pour autant **que l'objet principal du contrat soit une opération visée par la « règle du cocontractant »** et que, par conséquent, les éléments du contrat ne tombant pas sous cette règle n'en constituent que l'accessoire.

Opérations autoliquidées minoritaires

Lorsque l'objet principal du contrat est une opération non visée par la « règle du cocontractant » et qu'accessoirement le fournisseur est amené à exécuter des opérations tombant sous l'application la « règle du cocontractant », la facture doit être ventilée et il est exclu que la « règle du cocontractant » soit appliquée pour l'opération principale.

Le report de perception reste en revanche applicable, en règle, aux opérations accessoires visées par la « règle du cocontractant ».

Dans un tel cas, l'Administration n'émettra aucune critique si, sur la facture, le fournisseur porte également en compte la T.V.A. pour ces opérations accessoires visées par la « règle du cocontractant ».

---

255 Déc. n° E.T. 32.742 du 11 06 1979.

S'il fait usage de cette tolérance, le fournisseur indique sur la facture la référence suivante :

« *Déc. n° E.T. 84.160 du 12/6/1995* »

Cette mesure de simplification s'applique même si la facture ne mentionne pas un prix global, mais comprend des montants séparés pour les différents éléments ou parties d'un ensemble, dont certains tombent dans le champ d'application du régime cocontractant et d'autres pas.

Enfin, cette mesure peut s'appliquer lorsque entre les mêmes contractants, une convention unique est conclue et qu'une partie du prix global, ou un prix séparé, se rapporte à un travail immobilier, visé par la règle du cocontractant et que la partie restante du prix global, ou un autre prix séparé, se rapporte à des biens qui ne deviennent pas immeubles par nature par suite de leur placement et qui ne sont pas déjà visés par le § 2, 1° ou 2°, de l'article 20 de l'A.R. n° 1[256].

Cocontractant assujetti mixte ou partiel

Lorsque le cocontractant d'un travail immobilier est un assujetti mixte ou partiel, le report de paiement doit en principe être appliqué lorsque ce travail est en tout ou en partie destiné à l'activité ou aux opérations pour lesquelles le cocontractant a la qualité d'assujetti à la T.V.A.

Etant donné qu'il n'est pas toujours possible au prestataire de connaître la destination exacte des travaux, l'autoliquidation est applicable sur les travaux immobiliers effectués pour un assujetti partiel déposant des déclarations périodiques, indépendamment de la destination des travaux.

L'autoliquidation est, par conséquent, également d'application lorsque les travaux sont exclusivement destinés aux opérations du cocontractant qui tombent en dehors du champ d'application de la T.V.A.

256 Déc. n° E.T. 32.583 du 4/7/1979.

Lorsque le cocontractant est un assujetti mixte, l'autoliquidation est applicable, même si le cocontractant destine exclusivement les travaux à son activité exemptée de T.V.A.

Cocontractant personne morale non assujettie

L'autoliquidation n'est pas applicable lorsque le travail immobilier est destiné à une personne morale non assujettie qui n'est pas tenue de déposer des déclarations périodiques, même si cette personne est identifiée à la T.V.A. par exemple en raison d'acquisitions intracommunautaires de biens et est tenue au dépôt de déclarations spéciales à la T.V.A.

Présentation de la facture

L'assujetti «fournisseur» doit délivrer à son cocontractant une facture portant les mentions habituellement prévues[257] mais sur la facture, il ne mentionne ni le taux, ni le montant de la T.V.A. due. La facture doit porter la mention suivante :

« Taxe à acquitter par le cocontractant - Autoliquidation (A.R. n° 1, article 20)

Déclaration périodique

Chez le fournisseur prestataire du travail immobilier :

Grille 45	Le montant Hors T.V.A.

Chez le client assujetti avec droit à déduction :

Grille 81 82 ou 83	Le montant Hors T.V.A. (charge)
Grille 87	Le montant Hors T.V.A. (statistique)
Grille 56	Le montant de la T.V.A. due
Grille 59	Le montant de la T.V.A. déductible

257 Par l'art. 5, § 1er de l'A.R. n° 1.

Déduction de la T.V.A. cocontractant

Le montant des T.V.A. dues repris dans la **grille 56** peut être déduit par le client dans la déclaration périodique en **grille 59** sous réserve des diverses limitations prévues par la législation.

T.V.A. portée erronément en compte

La « règle de l'autoliquidation » a pour but d'écarter les déductions abusives que rendent possibles des factures frauduleuses ou des factures dont les montants sont faussement majorés.

Ce régime postule impérativement que l'exercice du droit à la déduction soit subordonné au paiement de la T.V.A. par l'acquéreur de biens ou le preneur de services.

Le contrôle du paiement effectif peut s'opérer au vu de la seule comptabilité de ce dernier, sans qu'il soit nécessaire de vérifier la comptabilité du fournisseur de biens ou de services.

Dans le cas où, bien que les conditions de la « règle du cocontractant » soient remplies, le prestataire délivre une facture en portant la T.V.A. en compte à son cocontractant, la T.V.A. déduite sera, en principe, rejetée et régularisée à charge du cocontractant.

Toutefois, lorsque dans ce cas, il est prouvé ou constaté que l'opération a réellement été effectuée et a été reprise, avec la T.V.A. portée en compte, non seulement dans la comptabilité mais également dans les déclarations périodiques à la T.V.A. du prestataire et que la T.V.A. a été payée au Trésor, aucune critique n'est formulée[258].

Amende

L'application erronée de la « règle du cocontractant » est sanctionnée par l'amende prévue à l'article 70, § 1er du Code T.V.A. qui s'élève à deux fois la taxe éludée. Cette amende est en principe réduite à 5 ou 10%.

---

258 Q. n° 61 du 22/1/1980 – MAINIL.

Taux « cocontractant »

Le taux de T.V.A. applicable par le client à une opération d'autoliquidation est, en principe, le taux normal de 21%. L'attention est attirée sur l'importance de renseigner, sur la facture, tous les éléments permettant de déterminer la nature exacte de l'opération à laquelle elle se rapporte.

Exemple

Un ferronnier d'art fait construire un atelier ainsi qu'un hall d'exposition pour les produits qu'il commercialise. Il est assujetti déposant mensuel.

Il reçoit les factures suivantes qui portent la mention «Autoliquidation - *Taxe à acquitter par le cocontractant, A.R. n° 1, article 20*» :

Facture de l'entreprise de maçonnerie du 10/9:	37.500,00 €
Facture de l'entreprise de menuiserie:	7.500,00 €
Facture de l'entreprise de toitures du 8/10:	12.500,00 €
Facture de l'entreprise de vitrerie du 10/12 y compris un travail privé estimé à 2.500,00 €	10.000,00 €
Total :	**67.500,00 €**

Déclarations des entrepreneurs (prestataires)

Facture de l'entreprise de maçonnerie:	Grille 45	37.500,00 €
Facture de l'entreprise de menuiserie:	Grille 45	7.500,00 €
Facture de l'entreprise de toitures:	Grille 45	12.500,00 €
Facture de l'entreprise de vitrerie:	Grille 45	10.000,00 €
Total :		**67.500,00 €**

Déclaration du mois de septembre du ferronnier (client)

Grille 83 :	45.000,00 € (37.500,00 + 7.500,00)
Grille 87 :	45.000,00 €
Grille 56 :	9.450,00 € (45.000,00 x 21%)
Grille 59 :	9.450,00 €

Déclaration du mois d'octobre du ferronnier (client)

Grille 83 :	12.500,00 €
Grille 87 :	12.500,00 €
Grille 56 :	2.625,00 € (12.500,00 x 21%)
Grille 59 :	2.625,00 €

Déclaration du mois de décembre du ferronnier (client)

Grille 83 :	7.500,00 € (10.000,00 – 2.500,00)
Grille 87 :	10.000,00 €
Grille 56 :	2.100,00 € (10.000,00 x 21%)
Grille 59 :	1.575,00 € (7.500,00 x 21%)

Taux réduit de 6% pour les travaux aux logements privés des particuliers

Un taux réduit de 6% (au lieu de 21%) peut s'appliquer aux travaux immobiliers effectués à des logements privés de particuliers mais il faut que l'opération réunisse **5 conditions**[259].

A défaut d'une de ces conditions l'opération doit être taxée au taux normal de 21%.

1ère condition : il doit s'agir de travaux immobiliers

Les opérations doivent avoir pour objet la transformation, la rénovation, la réhabilitation l'amélioration, la réparation ou l'entretien, à l'exclusion du nettoyage, de tout ou partie d'un immeuble d'habitation.

Quels types de travaux immobiliers ?

Aérateur (placement)	OUI	
Agrandissement (travaux d')	OUI	S'ils peuvent être considérés comme transformation c'est-à-dire si la superficie de la partie ancienne est > 50% de la superficie totale après les travaux et si la partie nouvelle complète la partie ancienne (mais elle ne doit pas nécessairement être sous le même toit)
Agrandissement au dessus d'un garage	OUI	Sauf si l'opération concourt à l'érection d'un nouvel immeuble (question de fait)[260]
Amélioration (travaux d')	OUI	
Appareils	NON	Même encastrés
Appartement construit en surrélévation	NON	
Architectes (études et travaux)	NON	Excepté les prestations des estimateurs [261]

259 A.R. n° 20, tableau A, rubrique XXXVIII.

260 Q.P. n° 585 du 1/6/1993 - GEHLEN.

261 Déc. n° E.T. 45.523 du 30/3/1983.

Armoire fixée dans une cuisine ou une salle de bains	**OUI**	Si elle devient immeuble par nature [262]
Armoire évier (placement)	**OUI**	Si elle devient immeuble par nature
Armoire (installation)	**OUI**	Mais uniquement pour la main d'oeuvre. Les éléments constitutifs du système doivent être facturés au taux normal
Armoire et placard (installation)	**OUI**	Si faits sur mesure et intégrés dans des espaces prévus spécialement à cet effet
Ascenseur (entretien)	**OUI**	
Ascenseur (installation)	**OUI**	
Ascenseur (remplacement)	**NON**	Au moins de la cabine. Les pièces doivent alors être facturées à 21%
Aspirateur central (installation)	**OUI**	Sauf le groupe moteur, le tuyau d'aspiration et les accessoires [263]
Baignoire de massage	**NON**	Type «Whirlpool», jacuzzi, «spa» sauf si contenance maximale de 1.000 L[264]
Bain à bulles	**NON**	Type «Whirlpool», jacuzzi, «spa» sauf si contenance maximale de 1.000 L[265]
Bâtiment communal	**OUI**	Uniquement si bâtiment affecté au logement privé[266]
Bâtiment industriel (transformation)	**OUI**	Sauf si concourt à l'érection d'un nouvel immeuble (question de fait)[267]
Bâtiment scolaire		Voir p. 255
Bornage (travaux de)	**NON**	
Cabine de bain de vapeur	**NON**	Avec ou sans douche incorporée
Cabine électrique	**NON**	Cabine [268]
Caserne (transformation)	**OUI**	Sauf si concourt à l'érection d'un nouvel immeuble (question de fait)[269]
Chaudière collective	**NON**	
Chaudière (réparation)	**NON**	Si fixée au sol[270]
Chauffage central (entretien)	**OUI**	Même par abonnement
Chauffage central (installation)	**OUI**	
Chemin d'accès à des services d'incendie	**NON**	S'il n'est pas relié à la voie publique[271]
Chemin d'accès à une habitation	**OUI**	Uniquement le chemin qui mène de la voie publique à l'habitation[272]

262 Q.P. n° 416 du 3/7/2000 - SCHOOFS.
263 Q.P. n° 855 du 27/12/2001.
264 Déc. n° E.T. 94.492 du 18/6/1999.
265 Déc. n° E.T. 94.492 du 18/6/1999.
266 Q.P. n° 51 du 26/11/1990 – VAN HOOLAND.
267 Q.P. n° 585 du 1/6/1993 - GEHLEN.
268 Déc. n° E.T. 20.228 du 12/8/1975.
269 Q.P. n° 585 du 1/6/1993 - GEHLEN.
270 Q.P. n° 169 du 17/1/1997 – NELIS-VAN LIEDEKERKE.
271 Q.P. n° 17 du 24/10/1968 - SAUWENS.
272 Q.P. n° 17 du 24/10/1968 - SAUWENS.

Chemin de promenade	**NON**	S'il n'est pas relié à la voie publique[273]
Chemin desservant grange, abri de jardin, etc.	**NON**	S'il n'est pas relié à la voie publique[274]
Chemin desservant un garage séparé	**NON**	S'il n'est pas relié à la voie publique[275]
Chemin forestier (aménagement & réparation)	**NON**	Ce n'est pas non plus un service agricole à 6%
Citerne		Voir p. 285
Climatisation (installation)	**OUI**	
Clôture	**NON**	Y compris les portes d'accès
Compteur (placement)	**NON**	
Contrôle d'une installation	**NON**	Sauf si le contrôle est lié à la création d'une installation
Culture (travaux de)	**NON**	
Débouchage d'égouts et de canalisations	**OUI**	Sauf si préalable à un travail immobilier
Démolition (travaux de)	**OUI**	Simple démolition ou démolition en vue de réparation, transformation, amélioration soumise au taux réduit
Désinfection (travaux de)	**OUI**	Si considérés comme travaux d'entretien (pulvérisation d'herbicide, pose de laque insecticide, pose d'un insecticide pour le bois)
Destruction d'animaux nuisibles	**OUI**	Si considérés comme travaux d'entretien (pulvérisation d'herbicide, pose de laque insecticide, pose d'un insecticide pour le bois)
Détection incendie (installation)	**OUI**	Y compris les canalisations, appareils, détecteurs et cellules
Drainage de jardins	**OUI**	Uniquement si destinés à éviter les infiltrations d'eau dans le bâtiment[276]
Eclairage extérieur	**NON**	Qu'il soit public ou privé [277]
Electricité (installation)	**OUI**	Sauf appareils d'éclairage et lampes (sauf ceux encastrés dans les plafonds ou faux plafonds)
Entretien (travaux d')	**OUI**	Sauf le nettoyage
Entretien domestique (cirage, dépoussiérage...)	**NON**	
Estimateur (prime à la réhabilitation)	**OUI**	Si tend à préparer ou coordonner des travaux immobiliers[278]
Etable (décapage et blanchissage)	**OUI**	Il s'agit ici du taux de 6% applicable aux services agricoles[279]

---

273 Q.P. n° 17 du 24/10/1968 - SAUWENS.
274 Q.P. n° 17 du 24/10/1968 - SAUWENS.
275 Q.P. n° 17 du 24/10/1968 - SAUWENS.
276 Q.P. n° 131 du 19/1/1984 - KLEIN.
277 Déc. n° E.T. 20.228 du 12/8/1975.
278 Déc. n° E.T. 45.523 du 30/3/1983.

Eviers et sous éviers (installation)	**OUI**	
Façade verte		Voir p. 287
Ferme (transformation)	**OUI**	Sauf si concourt à l'érection d'un nouvel immeuble[280] (question de fait)
Four (réparation)	**NON**	Si fixé au sol[281]
Hangar (transformation)	**OUI**	Sauf si concourt à l'érection d'un nouvel immeuble (question de fait)[282]
Hottes (installation)	**OUI**	Hottes dans cuisines[283]
Installation (travaux d')	**OUI**	
Internat		Voir p. 283
Interphone	**NON**	Simple appareil branché sur le secteur
Jardinage (travaux de)	**NON**	Travail de jardinage[284] mais certaines plantations peuvent être fournies au taux de 6%[285]
Minigolfs (installation)	**NON**	
Mise en service d'une installation	**NON**	Sauf si liée à l'installation
Muret	**OUI**	Uniquement si attenant à la propriété, y compris grilles et portillons qui y sont placés. Jamais si délimitation de la propriété
Nettoyage	**NON**	
Parking	**NON**	Même s'il jouxte l'habitation
Peinture	**OUI**	intérieure et extérieure
Persiennes (installation)	**OUI**	Si placées à l'extérieur du bâtiment
Pièce de rechange	**OUI**	Uniquement si placement dans des immeubles par nature et dans le cadre d'un travail immobilier
Piscine (installation)	**NON**	Sauf si intégrée dans l'immeuble
Placard de rangement (installation)	**OUI**	Si incorporé à titre définitif dans un volume spécialement conçu à cet effet
Placard de séparation entre deux pièces	**NON**	Placards[286]
Placement d'un bien meuble qui devient immeuble par nature (travaux de)	**OUI**	Ex. : un évier, une baignoire, etc.
Placement (sans fourniture des biens par l'installateur)	**OUI**	Si porte sur des installations visées
Porte (ouverture par un serrurier)	**OUI**	Si par l'autorité publique (huissier, procureur du Roi, ...)

279 Déc. n° E.T. 46.565 du 10/1/1984.
280 Q.P. n° 585 du 1/6/1993 - GEHLEN.
281 Q.P. n° 169 du 17/1/1997 – NELIS-VAN LIEDEKERKE.
282 Q.P. n° 585 du 1/6/1993 - GEHLEN.
283 Q.P. n° 416 du 3/7/2000 – SCHOOFS.
284 Q.P. n° 98 du 19/12/1983 & Q.P. n° 434 du 18/6/1993 – SUYKERBUYK.
285 Déc. n° E.T. 81.156 du 15/2/1996.
286 Q.P. n° 416 du 3/7/2000 - SCHOOFS.

Porte d'accès	**NON**	Y compris la clôture attenante
Protection antivol (installation)	**OUI**	Y compris les centrales, postes intérieurs et portiers électriques (parlophone, vidéophone, ouvre porte)
Raccordement par une entreprise de distribution d'eau	**OUI**	Parce que le taux de l'eau est de 6%
Raccordement électrique par un distributeur d'électricité	**NON**	Car construction d'un nouvel immeuble[287]
Raclage de parquet	**OUI**	
Ramonage	**OUI**	De cheminées[288]
Ravalement de façade	**OUI**	Par jet de sable ou autre procédé
Reconstruction après destruction par le feu	**NON**	Même cas de force majeure[289]
Réhabilitation (travaux de)	**OUI**	Voir «Transformation»
Remise (transformation)	**OUI**	Sauf si concourt à l'érection d'un nouvel immeuble (question de fait)[290]
Rénovation (travaux de)	**OUI**	Voir «Transformation»
Réparation (travaux de)	**OUI**	
Revêtement de murs (installation)	**OUI**	Tout revêtement, y compris la matière (colle, ...)
Revêtement de sols (installation)	**OUI**	Tout revêtement, collé, fixé ou posé, ne nécessitant qu'une simple découpe aux dimensions de la pièce
Sanitaires (installation)	**OUI**	Y compris les éléments qui la composent
Sauna	**NON**	Standard ou sur mesure
Signalisation routière	**NON**	Sur la voie publique[291]
Sonnerie électrique (installation)	**OUI**	
Sous-traitance	**OUI**	Si entreprise enregistrée[292]
Station d'épuration (installation)	**OUI**	Même individuelle[293]
Stores (installation)	**OUI**	Sores extérieurs
Système d'épuration par les plantes (installation)	**NON**	
Systèmes de réfrigération de type «split-système»	**NON**	Sauf s'ils forment un système intégré dans le bâtiment (comme un chauffage central)
Tapissage	**OUI**	Tout revêtement, y compris la matière (colle, ...)

287 Q.P. n° 42 du 3/4/1992 - SENECA.
288 Q.P. n° 25 du 27/10/1986 - DE CLIPPELE.
289 Q.P. n° 814 du 30/1/1998 – OLIVIER.
290 Q.P. n° 585 du 1/6/1993 - GEHLEN.
291 Déc. n° E.T. 20.228 du 12/8/1975.
292 Q.P. n° 930 du 5/6/1997 - DAEMS.
293 Q.P. n° 797 du 1/10/2001- WAUTERS.

Téléphonie intérieure	NON	Frais de placement[294]
Téléphonie intérieure (installation)	OUI	Y compris les installations extérieures qui permettent de communiquer à l'intérieur du bâtiment. Pas les interphones.
Tennis (installation d'un court)	NON	
Terrasse extérieure (aménagement)	OUI	Uniquement si attenante au bâtiment[295]
Toiture verte		Voir p. 287
Transformation (travaux de)	OUI	
Transformation en vue d'une location	OUI	Si le bâtiment ne peut être considéré comme neuf après la rénovation c'est-à-dire lorsque le coût des travaux H.T.V.A. n'atteint pas 60% de la valeur vénale du bâtiment, terrain exclu, au moment de l'achèvement des travaux
Transformation en vue d'une vente	OUI	Si la location à usage privé est certaine[296]
Travaux d'urgence à un immeuble sinistré	NON	Sauf si dans le cadre d'un contrat de réparation
Ventilateur	OUI	Incorporé au bâtiment[297]
Vernissage de parquet	OUI	
Vidange de fosse sceptique	NON	Sauf si travail préalable à un travail immobilier[298]
Voie d'accès	OUI	Voir « Chemin d'accès »
Volets (installation)	OUI	

2ème condition : le bâtiment doit, après les travaux, être affecté au logement privé (à titre principal ou d'appoint)

La facture délivrée par le prestataire de services et le double qu'il conserve, doivent, sur la base d'une attestation formelle et précise du client, constater l'existence de cet élément justificatif du taux réduit.	
Attestation d'affectation privée du logement	L'entrepreneur doit obtenir de son client une attestation d'occupation de l'immeuble à titre privé. Voir annexe 2. Sauf collusion entre les parties ou méconnaissance évidente du régime, il est ainsi déchargé de sa responsabilité[299]

294 Déc. n° E.T. 52.634 du 3/7/1991.
295 Q.P. n° 17 du 24/10/1986 - SCHOOFS.
296 Q.P. n° 188 du 4/4/1986 – VAN RENTERGHEM.
297 Q.P. n° 416 du 3/7/2000 - SCHOOFS.
298 Déc. n° E.T. 52.861 du 10/5/1985 & déc. n° E.T. 95.,911 du 21/2/2000.
299 Q.P. n° 384 du 10/9/1986 - MEYNTJENS.

3ème condition : le bâtiment doit être occupé depuis au moins 10 ans (5 ans jusqu'au 11/2/2016)

La condition d'ancienneté d'un logement, pour l'application du taux réduit de T.V.A. de 6% en matière de travaux de rénovation est passé de 5 ans à **10 ans** depuis le **12/2/2016**[300].

La décision[301] prévoyait des mesures transitoires pour les logements qui, suite à la modification de la condition d'ancienneté, n'entrent plus en ligne de compte pour l'application du taux réduit .

L'ancien régime tarifaire (5 ans d'ancienneté) s'est terminé le 11/2/2016. Le nouveau régime tarifaire (10 ans d'ancienneté) est entré en vigueur le 12/2/2016.

Seuls les travaux effectués à un logement privé occupé **depuis au moins 10 ans**, seront dès lors encore pris en considération pour le taux réduit de 6%.

Pour les travaux effectués à un logement privé à partir du 12/2/2016, la nouvelle condition d'ancienneté de 10 ans est remplie lorsque le logement a été occupé pour la première fois dans le courant de l'année 2006 ou précédemment.

Cette mesure peut exclusivement être invoquée pour des logements qui ont été occupés pour la première fois dans le courant des années 2007, 2008, 2009, 2010 ou 2011.
Un logement qui a été occupé pour la première fois dans le courant de l'année 2012 (respectivement 2013, 2014, 2015, 2016, etc.) ne pourra seulement bénéficier du taux réduit de 6% qu'à partir de 2022 (respectivement 2023, 2024, 2025, 2026, etc.) conformément au nouveau régime.

De tels logements ne sont pas visés par la mesure transitoire.

---

300 Rubrique XXXVIII du tableau A de l'annexe à l'A.R. n° 20 du 20/7/1970 – V. A.R. du 26/1/2016 modifiant l'A.R. n° 20 du 20/7/1970.

301 Déc. T.V.A. n° E.T. 129.030/3 du 2/2/2016 remplaçant la déc.TVA n° E.T. 129,030 du 10/12/2015 et la déc. n° E.T. 129,030/2 du 17/12/2015.

Mesure transitoire pour les logements qui, à partir du 12/2/2016 ne remplissaient pas la nouvelle condition d'ancienneté

Les opérations soumises à un permis d'urbanisme ou à une déclaration urbanistique préalable pour lesquelles la demande ou la déclaration a été faite au plus tard le 11/2/2016, peuvent continuer à bénéficier du taux réduit de 6% pour autant que les factures soient émises au plus tard le 31/12/2017.

Cela vaut également pour les contrats avec date certaine qui sont conclus au plus tard le 11/2/2016.

Les logements occupés pour la première fois après le 31/12/2011, ne peuvent invoquer ni l'ancien régime tarifaire, ni la mesure transitoire. C'est le taux normal de 21% qui s'applique.

Conditions du régime transitoire

Afin de pouvoir bénéficier de l'ancien régime tarifaire après le 11/2/2016, il faut que :

1. Le logement ait été occupé pour la première fois entre le 1/1/2007 et le 31/12/2011;
2. Toutes les conditions d'application de l'ancien régime tarifaire soient remplies au 11/1/2016;
3. a) le contrat concernant les travaux concrets soit conclu au plus tard le 11/2/2016.

      Outre les cas prévus par la loi où un contrat acquiert date certaine (enregistrement, acte authentique), la date certaine du contrat pouvait également être établie lorsque une copie de ce contrat avait été déposée à l'office de contrôle de la T.V.A. du prestataire de service au plus tard le 11/2/2016 (voir également les remarques ci-dessous).
      Dans ce cas, l'office de contrôle de la T.V.A. aura délivré un accusé de réception en mentionnant la date de réception et les coordonnées des parties concernées (prestataire de services et maître d'ouvrage). Le prestataire de service devait conserver une copie de l'accusé de réception ;

   OU

b) pour les travaux soumis à un permis d'urbanisme, la demande concernant les travaux concrets ait été introduite au plus tard le 11/2/2016. La date d'introduction de la demande devait être démontrée au moyen d'un accusé de réception délivré par la commune ou la preuve de l'envoi recommandé ou la preuve du dépôt digital via une plateforme de l'autorité publique.
L'entrepreneur/le prestataire de services devait conserver une copie de cette demande, de la preuve de la date d'introduction et du permis d'urbanisme

OU

c) pour les travaux soumis à une déclaration urbanistique préalable, le formulaire de déclaration concernant les travaux concrets ait été introduit au plus tard le 11/2/2016.
La date d'introduction de ce formulaire doit être démontrée au moyen d'un accusé de réception délivré par la commune ou la preuve de l'envoi recommandé ou la preuve du dépôt digital via une plateforme de l'autorité publique.
L'entrepreneur/le prestataire de services doit conserver une copie du formulaire de déclaration et de la preuve de la date d'introduction.

4. la facture concernant ces travaux doit être émise au plus tard le 31/12/2017.

Pour plus de précisions et quelques exemples concrets, comp. la décision T.V.A. n° E.T.129.030/3 sur Fisconet .

Occupation	Il faut considérer la date de première occupation quelle que soit la destination initiale (économique ou privée) du bâtiment c'est-à-dire la date qui a marqué le début d'occupation effective du bâtiment et qui, à ce titre, a été retenue pour la fixation du RC et l'imposition au précompte immobilier[302]
Période de 10 ans	Les travaux immobiliers doivent être effectués à un bâtiment dont la première occupation précède la première date d'exigibilité de la T.V.A. d'au moins 10 années.

302 Q.P. n° 384 du 10/9/1986 - MEYNTJENS.

Attestation d'ancienneté du logement	L'entrepreneur doit obtenir de son client une attestation d'ancienneté de l'immeuble occupé à titre privé. Voir annexe 2. Sauf collusion entre les parties ou méconnaissance évidente du régime, il est ainsi déchargé de sa responsabilité[303]

4ème condition : les travaux doivent être fournis et facturés à un consommateur final

Sont considérés comme consommateurs finals[304] au sens de la présente disposition pour les travaux immobiliers et autres opérations qui concernent les logements effectivement utilisés pour l'hébergement des personnes âgées, des élèves et étudiants, des mineurs d'âge, des sans-abri, des personnes en difficulté, des personnes souffrant de troubles psychiques, des handicapés mentaux et des patients psychiatriques, les personnes de droit public ou de droit privé qui gèrent :

1° des établissements d'hébergement pour personnes âgées qui sont reconnus par l'autorité compétente dans le cadre de la législation en matière de soins des personnes âgées;

2° des internats annexés aux établissements scolaires ou universitaires ou qui en dépendent;

3° des homes de la protection de la jeunesse et des structures résidentielles qui hébergent de manière durable des mineurs d'âge, en séjour de jour et de nuit, et qui sont reconnus par l'autorité compétente dans le cadre de la législation relative à la protection de la jeunesse ou à l'assistance spéciale à la jeunesse;

4° des maisons d'accueil qui hébergent en séjour de jour et de nuit des sans-abri et des personnes en difficulté et qui sont reconnues par l'autorité compétente;

5° des maisons de soins psychiatriques qui hébergent d'une manière durable, en séjour de jour et de nuit, des personnes présentant un trouble psychique chronique stabilisé ou des

---

303 Q.P. n° 384 du 10/9/1986 - MEYNTJENS.

304 A.R. n° 20, tableau A, rubrique XXXI, § 2.

handicapés mentaux, et qui sont reconnues comme telles par l'autorité compétente;

6° des bâtiments où s'effectuent, au titre d'initiative d'habitation protégée, reconnue comme telle par l'autorité compétente, l'h ébergement d'une manière durable, en séjour de jour et de nuit, et l'accompagnement des patients psychiatriques.

Le consommateur final est la personne qui détient le droit réel de propriété, d'usufruit ou un droit de jouissance (locataire) sur le bâtiment		
Huissier de justice	**OUI**	Dans le cas d'une ouverture forcée de porte
Maisons de repos reconnues	**OUI**	
Institutions pour handicapés	**OUI**	
Internats scolaires	**OUI**	
Homes de protection de la jeunesse	**OUI**	
Centre d'accueil pour demandeur d'asile	**OUI**	Si affecté à l'hébergement (de jour et de nuit) des sans-abri et des personnes en difficulté
Les maisons de soins psychiatriques	**OUI**	Qui hébergent d'une manière durable, en séjour de jour et de nuit, des personnes présentant un trouble psychique chronique stabilisé ou des handicapés mentaux et reconnues comme telles par l'autorité compétente
Les maisons d'hébergement de patients psychiatriques	**OUI**	Ou s'effectuent, au titre d'initiative d'habitation protégée, reconnues comme telles par l'autorité compétente, l'hébergement de manière durable, en séjour de jour et de nuit et l'accompagnement de ces patients

5ème condition : mention doit être faite sur la facture

La facture délivrée par le prestataire de services et le double conservé doivent, sur la base d'une attestation formelle et précise du client, constater l'existence des divers éléments justificatifs du taux réduit.
Sauf collusion entre les parties ou méconnaissance évidente de la présente disposition, l'attestation du client décharge la responsabilité du prestataire de services pour la détermination du taux.

Rappelons que le taux réduit de 6% n'est en aucune façon applicable :

- aux travaux et autres opérations de nature immobilière, qui ne sont pas affectés au logement proprement dit, tels que les travaux de culture ou jardinage et les travaux de clôture;

- aux travaux et autres opérations de nature immobilière, qui ont pour objet tout ou partie des éléments constitutifs de piscines, saunas, mini-golfs, courts de tennis et installations similaires.

- à la partie du prix portant sur la fourniture de chaudières dans les immeubles à appartements, ainsi que sur la fourniture de tout ou partie des éléments constitutifs de systèmes d'ascenseurs.

Taux réduit de 6% pour les bâtiments scolaires[305]

Sont soumis, à partir du 01.01.2016, au taux réduit de T.V.A. de 6%[306] :

- les livraisons de bâtiments, destinés à l'enseignement scolaire ou universitaire exempté [307] ainsi qu'aux constitutions, cessions et rétrocessions de droits réels portant sur de tels biens, qui ne sont pas exemptées[308] ;
- les livraisons de bâtiments, destinés aux centres psycho-médicaux-sociaux et aux centres d'encadrement des élèves exemptés[309], ainsi qu'aux constitutions, cessions et rétrocessions de droits réels portant sur de tels biens, qui ne sont pas exemptées[310] ;
- les travaux immobiliers à l'exclusion du nettoyage et les autres opérations[311] relatives à ces bâtiments;
- la location-financement d'immeubles ou leasing immobilier[312] portant sur ces bâtiments.

Bâtiments visés

- Les « bâtiments scolaires » destinés à être utilisés par un établissement scolaire, afin de dispenser un enseignement exempté.
- Les bâtiments destinés à être utilisés par les centres psycho-médico-sociaux et les « centres d'encadrement des élèves », afin d'effectuer des prestations d'encadrement des élèves exemptées.

305 Circulaire 2018/C/6.
306 Conformément à la rubrique XL du tableau A de l'annexe à l'arrêté royal n° 20.
307 En vertu de l'art.i 44, § 2, 4°, a), du Code T.V.A.
308 Conformément à l'art. 44, § 3, 1°, du Code T.V.A.
309 En vertu de l'art. 44, § 2, 2°, alinéa 2, sixième tiret, du Code T.V.A.
310 Conformément à l'art. 44, § 3, 1°, du Code T.V.A.
311 Visées à la rubrique XXXI du tableau A, § 3, 3° à 6°.
312 Visée à l'article 44, § 3, 2°, b), du Code de la TVA.

Sauf usage mixte, l'application du taux réduit est appréciée bâtiment par bâtiment.

Les terrains qui font partie du campus scolaire, de même que les installations incorporées à ces terrains sont également visés (par ex : cour de récréation (couverte), appareils pour le sport et le divertissement incorporés au sol, terrain de sport, parking, emplacement pour vélos, clôtures, chemin d'accès, serre, etc.)

L'utilisation ou la destination des bâtiments préalablement aux travaux ou à la vente est sans importance.

Les travaux de transformation d'un immeuble de bureaux en un bâtiment scolaire ou un centre d'encadrement des élèves sont donc visés.

Nature de l'enseignement

Les opérations visées doivent concerner les bâtiments destinés :

- à dispenser un enseignement scolaire ou universitaire, en ce compris l'enseignement aux enfants et aux jeunes;
- à dispenser une formation ou un recyclage professionnel;
- à la fourniture d'opérations étroitement liées à l'enseignement exempté (logement, nourriture et boissons).

Il s'agit de l'enseignement dispensé en principe selon un cycle de cours correspondant à l'année scolaire ou académique, dans le respect d'un programme pédagogique et comprenant l'organisation d'examens, en vue de délivrer un titre (diplôme, certificat, brevet, attestation, certificat de qualification).

L'enseignement réglementé, à savoir l'enseignement maternel, primaire et secondaire, l'enseignement supérieur et universitaire, l'enseignement spécial, l'enseignement pour adultes et similaires, dispensés ou non à temps partiel.

L'enseignement artistique qui est dispensé par une académie de musique, une académie de danse ou similaire, est également visé pour autant qu'il soit satisfait aux conditions et qu'il ne s'agisse pas, dans ce cadre, de prestations de services revêtant un caractère purement récréatif.

Sont également visés l'enseignement professionnel et la formation se rapportant directement à l'apprenissage d'un métier ou d'une profession ainsi qu'au perfectionnement, au recyclage et à l'éducation permanente effectués dans ce cadre.

Qualité de l'établissement scolaire

L'enseignement et les opérations liées doivent être effectuées par des organismes de droit public ou par d'autres organismes considérés comme ayant des fins comparables, pour autant qu'ils n'ont pas pour but la recherche systématique du profit, les bénéfices éventuels ne devant jamais être distribués mais bien affectés au maintien ou à l'amélioration des prestations précitées.

S'il s'agit d'internats exemptés annexés ou dépendants, le taux réduit de 6% peut également s'appliquer. S'ils ne sont pas exemptés, le taux réduit sera tout de même possible, par ex. en cas de travaux de transformation (6%) ou en cas de construction (12%).

Qualité des centres d'encadrement

En Communauté française, les centres psycho-médicaux sociaux offrent un service d'encadrement des élèves. Ils apportent un soutien aux élèves en ce qui concerne l'apprentissage et l'étude, l'orientation scolaire, les problèmes psychiques et sociaux et les soins de santé préventifs. Les parents, enfants, professeurs et directions peuvent être mis gratuitement en rapport avec une équipe de médecins, infirmiers, psychologues, pédagogues et assistants sociaux.

Bâtiments à usage mixte

Sont concernés, non seulement les locaux destinés à l'enseignement proprement dit (salles de classe, local de soins, salles de sport, auditorium, salles de sciences, locaux informatiques et similaires, ateliers de travail, etc.), mais aussi tous les autres lieux qui sont utilisés par les étudiants (réfectoires, salles de lecture et salles de loisirs, salles d'étude, bibliothèques, espaces de culte, garderies extrascolaires, etc.), de même que les locaux destinés au personnel (salle des professeurs, etc.), les locaux techniques (cuisines, caves, débarras, etc.), les locaux administratifs (le secrétariat, etc.), les locaux qui sont utilisés par les centres d'encadrement des élèves et ce qu'on appelle communément les « mini entreprises » ou « entreprises d'apprentissage ».

De même, les locaux utilisés pour l'apprentissage et l'étude, l'orientation scolaire, la résolution de problèmes psychiques ou sociaux des élèves, les soins de santé préventifs aux élèves et les autres tâches confiées aux centres d'encadrement.

Il arrive qu'un bâtiment soit placé sous le régime de la copropriété (le droit de propriété est partagé entre différentes personnes selon des lots comprenant chacun une partie privative construite et une quote-part dans les parties communes). Chaque partie privative et la partie correspondante des parties communes sont considérées séparément. L'application du taux réduit est alors appréciée pour chaque « partie d'un bâtiment ».

Lorsqu'un bâtiment ou une partie d'un bâtiment est également utilisé à d'autres fins que l'enseignement proprement dit ou l'encadrement des élèves, le taux réduit est applicable, pour autant que le bâtiment soit principalement utilisé pour l'enseignement exempté ou l'encadrement des élèves exempté.

Exemples

1. La construction de bâtiments destinés à être utilisés par une SPRL pour organiser des séminaires pour les professionnels du chiffre ne peut bénéficier du taux réduit de 6% (21%). Les formations professionnelles dispensées ne sont, en effet, pas exemptées.
2. L'entretien de l'ascenseur dans un bâtiment scolaire où est prodigué un enseignement artistique exempté, peut bénéficier du taux réduit de 6 %.
3. Une fédération d'employeurs constituée en ASBL est propriétaire d'un bâtiment comprenant divers locaux : une petite salle de réunion, quatre bureaux et une cafétéria, de même que quatre locaux qui sont utilisés pour l'organisation de formations professionnelles (séminaires, workshops et similaires) exemptées. Le bâtiment n'est considéré comme un bâtiment scolaire que si la destination principale du bâtiment est de dispenser l'enseignement exempté.
4. L'infrastructure (une piscine, un gymnase, une salle de théâtre, etc.) à laquelle un établissement scolaire (par ex. une école communale) ou un CEE dispose d'un simple droit d'accès (pas de location immobilière), gérée par un tiers (par. ex., une A.S.B.L. qui exploite une installation sportive, un centre culturel), ne peut bénéficier du taux de 6%.

En revanche, cette infrastructure le peut lorsque l'établissement d'enseignement prend l'infrastructure en location et l'utilise exclusivement pendant les horaires scolaires normaux, quoique l'infrastructure soit mise à disposition de tiers (par ex., des associations sportives) par l'établissement d'enseignement ou le propriétaire, en dehors des horaires scolaires normaux.
La distinction entre une location immobilière et un simple droit d'accès est une question de fait.

5. La transformation d'un restaurant situé sur le site scolaire d'une école hôtelière, exploité commercialement et qui sera ouvert au public peut bénéficier du taux réduit de 6% pour autant que les bâtiments situés sur le site soient principalement utilisés pour dispenser un enseignement exempté. Peu importe que l'exploitation du restaurant soit en dehors du champ d'application de l'exemption.

6. Les travaux de peinture effectués dans un local d'un bâtiment scolaire d'une commune, situé sur le site scolaire, destiné à la garderie extrascolaire des enfants organisée par l'école communale elle-même peuvent bénéficier du taux réduit de 6%. Ceci vaut également dans le cas où un tiers se charge de la garderie extrascolaire.

7. Lorsqu'une commune met un bâtiment situé en dehors du site scolaire à la disposition d'une organisation (autre qu'un établissement d'enseignement) où celle-ci organise la garderie extrascolaire de différentes écoles communales exemptées de la région, les travaux de peinture des locaux de ce bâtiment ne peuvent pas bénéficier du taux réduit de 6%.

8. Lorsque la commune ne met pas ce bâtiment à disposition mais organise elle-même la garderie extrascolaire tant pour l'enseignement communal, l'enseignement communautaire que l'enseignement libre de la région, les travaux de peinture des locaux de ce bâtiment ne peuvent pas bénéficier du taux réduit de 6%. Ceci vaut également si un autre tiers se charge de la garderie extrascolaire ou si la garderie extrascolaire est uniquement destinée aux élèves de l'enseignement communal.
   Ce bâtiment est bien visé par le taux réduit s'il est utilisé exclusivement pendant les horaires scolaires normaux par l'établissement d'enseignement, quoique, en dehors des horaires scolaires normaux, il soit mis à disposition pour assurer la garderie extrascolaire des enfants. La distinction entre une location immobilière et un simple droit d'accès est une question de fait.

Nature des travaux immobiliers

Seuls les travaux immobiliers[313], à l'exclusion du nettoyage, et les opérations assimilées[314], bénéficient du taux réduit de 6% pour autant bien entendu que ces opérations immobilières portent sur les bâtiments visés ci-dessus.

La tarification pour les opérations immobilières est déterminée principalement par le critère d'immeuble par nature, propre au droit civil. En cas de fourniture d'un bien meuble qui n'est pas incorporé à un bâtiment mais qui est simplement fixé (attaché) à ce bâtiment (fixé à l'aide de vis ou de boulons au mur/plafond/plancher, appareils simplement reliés au réseau électrique, etc.), ce bien reste en principe meuble ou devient tout au plus immeuble par destination.

Ces opérations peuvent toutefois être traitées comme des opérations immobilières assimilées pour autant qu'elles soient expressément énumérées au § 3 de la rubrique XXXI précitée.

Est ainsi visée, entre autres, toute opération comportant à la fois la fourniture et la fixation à un bâtiment de tout ou partie des éléments constitutifs d'une installation de chauffage central ou de climatisation, d'une installation sanitaire, d'une installation électrique, etc.

Compte tenu de sa formulation explicite et restrictive, cette disposition ne peut, en aucune manière, être élargie et être valablement invoquée pour justifier l'application d'un taux réduit pour une opération autre que celles expressément prévues.

Les travaux de nettoyage sont expressément exclus. Sous le « nettoyage » exclu, on entend l'entretien domestique habituel afin de maintenir le bien immeuble en état de propreté comme le nettoyage régulier des bâtiments, le dépoussiérage des tapis, le cirage des parquets, le lavage des vitres.

Ces opérations sont soumises au taux normal de 21%.

---

313 Au sens de l'art. 19, § 2, alinéa 2, du Code T.V.A.

314 Limitativement énumérées à la rubrique XXXI , § 3, 3° à 6,° du tableau A de l'annexe à l'A.R. n° 20 du 20/7/1970.

Par contre, les travaux immobiliers d'entretien des bâtiments visés, qui vont au-delà du simple nettoyage et qui ont pour objet de maintenir en bon état tout ou partie des bâtiments, sont soumis au taux de 6% (travaux de peinture extérieure et intérieure, le tapissage d'un bien immobilier, travaux d'entretien des ascenseurs et des installations de chauffage central, ramonage des cheminées, débouchage des égouts et des canalisations, activités de nettoyage après les travaux de construction, ponçage et le vernissage des parquets, etc.).

Il va de soi que les travaux de nettoyage qui précèdent l'exécution d'un travail d'entretien (p. ex., le nettoyage de surfaces à peindre) suivent le régime applicable à ce travail d'entretien.

Enfin, l'achat direct de matériaux de construction sans placement par le fournisseur n'est pas pris en considération pour l'application du taux de 6 %. Par ex. :

- la fourniture avec placement d'appareils encastrables (p. ex., un four, un lave-vaisselle, une table de cuisson, un frigo, ...) équipant la cuisine d'une école;
- la livraison avec placement d'appareils d'éclairage (armatures) et, le cas échéant, les lampes (la livraison avec placement de spots encastrables est cependant bien visée);
- la livraison avec placement de mobilier (p. ex., coiffeuses, tables de professeur, tables de réunion) sur mesure ou non, ou de format particulier, où le câblage du sol/des murs est fixé au meuble en question et qui reçoit de la sorte une place fixe dans le local;
- la livraison avec placement de tables de laboratoire reliées au gaz, à l'eau ou à l'électricité et fixées au sol à l'aide de vis;
- les prestations de services des architectes, ingénieurs en construction et coordinateurs en sécurité.

Terrains

Est également visé, le travail immobilier, à l'exclusion du nettoyage, relatif aux terrains faisant partie des bâtiment visés (travaux de décontamination du sol (pas les coûts d'études réalisées par un assujetti autre que celui qui exécute les travaux de décontamination du sol), d'aménagement et d'entretien du jardin (tonte du gazon), d'aménagement d'une aire de jeux, d'un terrain de sport, d'un parking ou d'un chemin d'accès, etc.

Est également visée, la livraison avec placement d'appareils de sport et de divertissement, de clôtures, d'emplacements pour vélos, de serres et similaires, par incorporation aux terrains précités.

Enfin, la constitution d'une toiture verte, quel que soit le type de toiture verte, est également prise en compte pour l'application du taux de 6 %[315] (voir p. 287).

Location-financement d'immeubles

Les contrats de location-financement d'immeubles ou leasing immobilier qui concernent un bâtiment scolaire ou un centre d'encadrement d'élèves sont soumis au taux réduit de 6%.

Salles de classe modulaires

Etant donné que des difficultés peuvent se présenter dans la pratique pour déterminer le caractère mobilier ou immobilier des salles de classe modulaires (aussi appelées « classes containers »), l'administration ne conteste pas le fait que de telles salles de classe puissent être considérées comme des bâtiments scolaires[316].

Par conséquent, la vente ou la location de salles de classe modulaires[317] peut également bénéficier du taux réduit de 6 %.

Par salles de classe modulaires, on entend ici les locaux démontables et/ou déplaçables :

- constitués de matériaux préfabriqués (containers qui, lors de leur placement, sont habituellement assemblés);
- vendus ou loués pour être utilisés à titre principal pour l'enseignement scolaire ou universitaire exempté;
- placés sur le terrain de l'établissement d'enseignement qui achète ou prend en location les salles de classe.

Il est sans importance que ces salles de classe soient placées par ou pour le compte du vendeur ou du loueur.

---

315 Voir circ. 2017/C/25 du 24/4/2017.

316 Q.P. n° 1093 du 29/6/2016 de M. VAN MECHELEN.

317 Si elle n'est pas exemptée. La location de salles de classe modulaires, considérées pour l'application de la T.V.A. comme des biens immeubles par nature, est exemptée en vertu de l'art. 44, § 3, 2°, du Code T.V.A.

Ainsi, par exemple, peut bénéficier du taux de 6%, la livraison de salles de classe modulaires non installées à une école, quand cette école fait placer les salles de classe acquises par un assujetti autre que le vendeur/fournisseur.

Le simple placement de salles de classe modulaires par un entrepreneur (c'est-à-dire l'installation sans livraison ou location des salles de classe par ce dernier) peut également bénéficier du taux de 6% prévu pour la rubrique XL précitée.

Les dispositions qui précèdent valent également pour les salles modulaires destinées aux centres psycho-médico-sociaux et aux centres d'encadrement des élèves.

Bâtiments destinés à l'enseignement et à l'encadrement des élèves

Le taux réduit de 6% est applicable aux travaux immobiliers facturés à un promoteur immobilier qui va donner en locatin le bâtiment scolaire ainsi construit à un locataire qui l'utilisera principalement pour la dispense de formations professionnelles exemptées par l'art 44, § 2, 4°, a), du Code T.V.A.

Pour plus de précisions sur ce sujet précis, nous renvoyons au commentaire de la décision reprise sur Fisconet.

Qualité du client qui peut bénéficier du taux de 6%

Tant le maître d'ouvrage (celui qui fait exécuter des opérations immobilières à un bâtiment, en tant que propriétaire ou locataire), que le cessionnaire (l'acheteur du bâtiment ou celui qui reçoit un droit réel sur ce bâtiment), ou encore le preneur en leasing, peut se prévaloir, comme client, du bénéfice du taux réduit de 6%.

Il peut s'agir de l'établissement d'enseignement ou des centres mêmes, d'un promoteur immobilier externe, d'une société DBFM, d'une intercommunale, d'une société de développement urbain, etc.

Le taux réduit de 6% est également possible dans la relation entre le sous-traitant et l'entrepreneur, lorsqu'un entrepreneur donne en sous-traitance la totalité ou une partie des travaux qui lui sont confiés par le maître d'ouvrage.

Coresponsabilité

En principe, le cocontractant (client) du fournisseur ou du prestataire de services est solidairement tenu avec celui-ci au paiement de la T.V.A. lorsque la facture ou le document en tenant lieu ne mentionne pas le montant de la T.V.A. due sur l'opération ou le mentionne inexactement[318].

Lorsque le taux de 6 % a été mentionné à tort sur la facture, notamment, suite à des indications incorrectes sur la nature et la destination de l'opération, l'administration peut dès lors réclamer la T.V.A. supplémentaire tant au fournisseur ou prestataire de services qu'au client cocontractant.

Lorsque le fournisseur ou le prestataire de services n'est pas à même de déterminer de façon objective le taux et pour autant qu'il ait reçu du client une confirmation écrite de la nature et de l'affectation des bâtiments visés, sur la base de laquelle il a déterminé la T.V.A. due, l'administration admet qu'il soit déchargé de sa responsabilité, sauf en cas de collusion entre les parties.

Dans les cas où la taxe doit être payée par le cocontractant de l'entrepreneur, le recouvrement est effectué, en toute hypothèse, à charge de ce cocontractant[319].

Précisons que pour déterminer l'application ou non du taux réduit de 6 %, il est tenu compte de la première affectation du bâtiment après l'exécution des travaux. Mais si la première affectation est accidentelle, de courte durée et contraire à l'affectation normale du bâtiment tel qu'il a été conçu, il n'est pas exclu, après examen de chaque situation particulière, qu'il soit tenu compte de l'affectation subséquente plus significative.

---

318 Art. 51bis, § 1er, 3°, du Code T.V.A.
319 Art. 51, § 4, du Code T.V.A.

Il en serait ainsi par exemple ainsi si un bâtiment à usage de bureaux était provisoirement et pour une courte durée utilisé comme un bâtiment scolaire.

Exigibilité de la TVA

Seules les opérations pour lesquelles la T.V.A. est devenue exigible à partir du 1/1/2016 peuvent être prises en considération pour l'application du taux réduit de 6%.
Il y a lieu de distinguer si le client est considéré comme un assujetti (exempté) (B2B) ou comme un organisme de droit public (B2G).

Relations B2B

Pour les opérations nationales entre assujettis, la T.V.A. devient exigible sur le montant facturé au moment où *la facture* est émise, peu importe que l'émission de la facture ait lieu avant ou après le moment où la livraison ou la prestation de services est effectuée[320].

De plus, la T.V.A. devient en tout état de cause exigible le 15ème jour du mois qui suit celui au cours duquel la livraison du bien ou la prestation de services est intervenue pour autant qu'aucune facture n'ait été émise avant cette date[321] .

Lorsque le paiement du prix ou d'une partie de celui-ci est reçu avant le fait générateur, la T.V.A. deviendra exigible au moment de la réception du paiement, à concurrence du montant perçu[322].

Relations B2G

Pour les services fournis par une entreprise assujettie à des organismes de droit public[323], le principe de l'encaissement est applicable. La seule cause d'exigibilité de la TVA est le moment de la réception du paiement, quel que soit le moment de l'émission de la facture et ce, que le paiement se produise avant ou après le fait générateur[324].

---

320 Art. 17, § 1er, alinéa 1er et art. 22bis, §1er, alinéa 1er du Code T.V.A.
321 Art.17, §1er, alinéa 2 et 22bis, §1er, alinéa 2 du Code T.V.A.
322 Art. 17, §1er, alinéa 3 et art. 22bis, § 1er, alinéa 3 du Code T.V.A.
323 Art. 6 du Code T.V.A.
324 Art. 22bis, § 4, alinéa 1er, du Code T.V.A.

Cette règle n'est pas applicable aux services pour lesquels l'autorité est le redevable de la T.V.A.[325] par exemple, en cas de travaux immobiliers commandés par une école ou un CEE tenus de déposer des déclarations périodiques à la T.V.A.[326]

Le principe de l'encaissement n'est pas davantage applicable à la livraison de bâtiments neufs et de terrains y attenants, ainsi que la constitution, la cession et la rétrocession de droits réels sur ces bâtiments à des organismes de droit public visés à l'art. 6 du Code T.V.A.

Dans de telles situations, sont d'application les règles qui s'appliquent dans les relations B2B327.

L'ancienne règle selon laquelle sous certaines conditions la T.V.A. était exigible au moment où l'organisme de droit public approuvait le montant dû, a été abrogée au 1/1/2016.

---

325 Sur base de l'art. 51, §§ 2 et 4, du Code T.V.A. (arti. 22bis, § 4, alinéa 2 du Code T.V.A.).

326 Déc. n° ET 122.360 du 20/3/2012.

327 Art. 22bis, § 1er, premier ou deuxième alinéa) ou l'article 17, § 1er, premier ou deuxième alinéa du Code T.V.A.

Taux réduit de 6% pour les démolitions et reconstructions de bâtiments dans des zones urbaines

Le taux réduit de 6% s'applique aux travaux immobiliers et autres opérations énumérées à la rubrique XXXI, § 3, 3° à 6°, ayant pour objet la démolition et la reconstruction conjointe d'un bâtiment d'habitation[328].

Le bénéfice du taux réduit est subordonné à la réunion des conditions suivantes :

1ère condition : bâtiment

Les opérations doivent être relatives à un bâtiment d'habitation qui, après l'exécution des travaux, est utilisé, soit exclusivement, soit à titre principal comme logement privé.

2ème condition : grandes villes

Les opérations doivent concerner un bâtiment d'habitation qui est situé dans une des grandes villes énumérées dans les arrêtés royaux[329] déterminant les conditions auxquelles les autorités locales peuvent bénéficier d'une aide financière de l'Etat dans le cadre de la politique urbaine.

3ème condition : déclaration préalable

Le maître d'ouvrage doit, avant le moment où la taxe devient exigible, remettre une déclaration à l'office de contrôle de la T.V.A. dans le ressort duquel le bâtiment est situé.

---

328 A.R. n° 20, tableau A ; rubrique XXXVII.

329 A.R. du 12/8/2000, du 26 /9/2001 et du 28/4/2005 en exécution de l'art. 3 de la loi du 17/7/2000.

Cette déclaration doit mentionner que le bâtiment qu'il fait démolir et reconstruire est destiné à être utilisé soit exclusivement, soit à titre principal, comme logement privé, et elle doit être accompagnée d'une copie du permis de bâtir et du (des) contrat(s) d'entreprise.

Le maître d'ouvrage doit produire au(x) prestataire(s) de services une copie de la déclaration visée ci-dessus.

4ème condition : exigibilité

Le moment où la taxe devient exigible conformément aux articles 22, § 1 et 22bis du Code T.V.A. doit survenir au plus tard le 31/12 de l'année de la première occupation du bâtiment.

5ème condition : facture

La facture émise par le prestataire de services, et le double qu'il conserve, doivent, sur la base de la déclaration visée ci-avant, constater l'existence des divers éléments justificatifs de l'application du taux réduit.

Sauf collusion entre les parties ou méconnaissance évidente de la présente disposition, la déclaration du client décharge la responsabilité du prestataire de services pour la détermination du taux.

Le taux réduit n'est en aucune façon applicable :

- aux travaux et autres opérations de nature immobilière, qui ne sont pas affectés au logement proprement dit, tels que les travaux de culture ou jardinage et les travaux de clôture;
- aux travaux et autres opérations de nature immobilière, qui ont pour objet tout ou partie des éléments constitutifs de piscines, saunas, mini-golfs, courts de tennis et installations similaires;
- au nettoyage de tout ou partie d'un bâtiment d'habitation.

Taux réduit de 6% pour logements privés des personnes handicapées

Le taux réduit de 6% est applicable - aux 4 conditions ci-après -aux travaux immobiliers, à l'exclusion du nettoyage[330].

1ère condition : facturation

Les opérations doivent être fournies et facturées soit à :

- une société régionale de logement ou une société de logement social agréée par celle-ci;
- une province, une société intercommunale, une commune, un centre public intercommunal d'aide sociale ou un centre public d'aide sociale;
- une A.S.B.L., ou une société à finalité sociale qui, dans le cadre du logement de personnes handicapées sont reconnues par l'autorité compétente ou par une agence ou un fonds pour personnes handicapées constitués par cette autorité.

2ème condition : bâtiment

Les opérations doivent être effectuées à un bâtiment d'habitation qui, en tout cas après leur exécution, est spécialement adapté au logement privé d'une personne handicapée.

Les opérations doivent être effectuées à un bâtiment d'habitation destiné à être donné en location par une institution, une société, une A.S.B.L. ou une société à finalité sociale visées à la 1ère condition à une personne handicapée qui bénéficie d'une intervention d'un fonds ou d'une agence pour personnes handicapées reconnu par l'autorité compétente.

3ème condition : attestion

La facture émise par le prestataire de services, et le double qu'il conserve, doivent, sur la base d'une attestation formelle et précise du

330 A.R. n° 20, Tableau A, rubrique XXXII.

client, constater l'existence des divers éléments justificatifs de l'application du taux réduit; sauf collusion entre les parties ou méconnaissance évidente de la présente disposition, l'attestation du client décharge la responsabilité du prestataire de services pour la détermination du taux.

Le taux réduit de 6% n'est en aucune façon applicable :

- aux travaux et autres opérations de nature immobilière, qui ne sont pas affectés au logement proprement dit, tels que les travaux de culture ou jardinage et les travaux de clôture;
- aux travaux et autres opérations de nature immobilière, qui ont pour objet tout ou partie des éléments constitutifs de piscines, saunas, mini-golfs, courts de tennis et installations similaires.

Le taux réduit de 6% est également applicable :

aux livraisons de bâtiments ainsi qu'aux constitutions, cessions et rétrocessions de droits réels portant sur de tels biens, qui ne sont pas exemptées de la taxe conformément à l'article 44, § 3, 1°, du Code T.V.A., lorsque ces biens :

- sont spécialement adaptés au logement privé d'une personne handicapée;
- sont livrés et facturés à une société ou une institution visées à la 1ère condition;
- et sont destinés à être donnés en location par cette société ou institution à des handicapés visés à la 3ème condition.

Le taux réduit est également applicable à la location-financement d'immeubles ou leasing immobilier.

Il s'agit de location-financement d'immeubles ou leasing immobilier[331] portant sur des bâtiments qui sont spécialement adaptés au logement privé d'une personne handicapée, lorsque le preneur en location-financement ou leasing immobilier du bâtiment est une société ou une institution visées à la première condition, qui donne ces bâtiments en location à des handicapés visés à la 3ème condition.

---

331 Visé à l'art. 44, § 3, 2°, b, du Code T.V.A.

A.S.B.L. et sociétés à finalité sociale

Depuis le 1/1/2014, le taux réduit de 6% est également applicable aux travaux immobiliers et opérations assimilées lorsqu'elles sont fournies et facturées à certains opérateurs privés[332].

Ceci concerne plus précisément une A.S.B.L. ou une société à finalité sociale qui, dans le cadre du logement de personnes handicapées sont reconnues par l'autorité compétente ou par une agence ou un fonds pour personnes handicapées constitués par cette autorité.

Le taux réduit s'étend également :

- aux livraisons de logements privés pour handicapés si ces logements sont livrés et facturés aux opérateurs susvisés, et destinés à être donnés en location par ceux-ci;
- à la location-financement d'immeubles ou leasing immobilier de logements privés pour handicapés lorsque le preneur est un des opérateurs privés susvisés.

Une des conditions est qu'il doit s'agir d'une opération relative à un logement privé destiné à être donné en location à une personne handicapée qui bénéficie d'une intervention octroyéepar un fond ou une agence pour personnes handicapées reconnu par l'autorité compétente comme, par exemple :

- Vlaams Agentschap voor Personen met een Handicap;
- l'Agence Wallonne pour l'Intégration des Personnes Handicapées;
- Dienststelle für Personen mit Behinderung.

332 Déc. T.V.A. n° E.T.125.365 du 11/4/2014.

Taux réduit de 6% pour les établissements pour personnes handicapées

Le taux réduit est applicable sous les conditions ci-après aux travaux immobiliers à l'exclusion du nettoyage[333]:

1ère condition : habitation

Les opérations doivent être effectuées aux complexes d'habitation destinés à être utilisés pour l'hébergement des personnes handicapées.

Hébergement de manière durable, en séjour de jour et de nuit, des personnes handicapées qui bénéficient d'une intervention octroyée par un fond ou une agence pour personnes handicapées reconnu par l'autorité compétente comme, par exemple :

- Vlaams Agentschap voor Personen met een Handicap;
- l'Agence Wallonne pour l'Intégration des Personnes Handicapées;
- Dienststelle für Personen mit Behinderung

2ème condition : bénéficiaire

Les opérations doivent être fournies et facturées à une personne de droit public ou de droit privé qui gère une institution qui héberge des personnes handicapées de manière durable, en séjour de jour et de nuit et qui bénéficie pour cette raison d'une intervention d'un fonds ou d'une agence pour personnes handicapées qui est reconnue par cette autorité.

3ème condition : attestion

La facture émise par le prestataire de services, et le double qu'il conserve, doivent, sur la base d'une attestation formelle et précise du client, constater l'existence des divers éléments justificatifs de l'application du taux réduit.

---

333 A.R. n° 20, tableau A, rubrique XXXIII.

Sauf collusion entre les parties ou méconnaissance évidente de la présente disposition, l'attestation du client décharge la responsabilité du prestataire de services pour la détermination du taux.

Le taux réduit n'est en aucune façon applicable :

- aux travaux et autres opérations de nature immobilière, qui ne sont pas affectés au logement proprement dit, tels que les travaux de culture ou de jardinage et les travaux de clôture;
- aux travaux et autres opérations de nature immobilière, qui ont pour objet tout ou partie des éléments constitutifs de piscines, saunas, mini-golfs, courts de tennis et installations similaires.

Le taux réduit est également applicable :

- aux livraisons de bâtiments ainsi qu'aux constitutions, cessions et rétrocessions de droits réels portant sur de tels biens, qui ne sont pas exemptées de la taxe conformément à l'art. 44, § 3, 1°, du Code T.V.A., lorsque ces biens sont destinés à être utilisés comme complexes d'habitation pour l'hébergement des personnes handicapées et sont livrés et facturés à une personne de droit public ou de droit privé visées à la 2ème condition;
- à la location-financement d'immeubles ou leasing immobilier portant sur des complexes d'habitation destinés à être utilisés pour l'hébergement des personnes handicapées lorsque le preneur en location-financement ou leasing immobilier du complexe est une personne de droit public ou de droit privé visée à la 2ème condition.

Taux réduit de 6% pour le logement dans le cadre de la politique sociale

Le taux réduit de 6% s'applique[334] **:**

1° aux livraisons de bâtiments, ainsi qu'aux constitutions, cessions et rétrocessions de droits réels portant sur de tels biens, qui ne sont pas exemptées de la taxe conformément à l'article 44, § 3, 1°, du Code, lorsque ces biens sont destinés au logement dans le cadre de la politique sociale :

a) les logements privés qui sont livrés et facturés aux sociétés régionales de logement et aux sociétés de logement social agréées par celles-ci, au "Vlaams Woningfonds", au Fonds du Logement des familles nombreuses de Wallonie et au Fonds du Logement de la Région de Bruxelles-Capitale et qui sont destinés à être donnés en location par ces sociétés ou ces fonds;

b) les logements privés qui sont livrés et facturés aux sociétés régionales de logement, aux sociétés de logement social agréées par celles-ci, au "Vlaams Woningfonds", au Fonds du Logement des familles nombreuses de Wallonie et au Fonds du Logement de la Région de Bruxelles-Capitale et qui sont destinés à être vendus par ces sociétés ou ces fonds;

Jusqu'au 31/12/2013, le champ d'application de cette rubrique était limité à certaines opérations relatives aux logements privés livrés et facturés aux sociétés régionales de logement et aux sociétés de logement social agréées par celles-ci et qui sont destinés soit à être donnés en location par ces sociétés, soit à être vendus par celles-ci.

Dans le cadre de la politique sociale du logement, certains fonds du logement doivent toutefois accomplir des missions imposées par les Régions.

334 A.R. n° 20, tableau A, rubrique XXXVI.

C'est pourquoi, depuis le 1/1/2014, le champ d'application est élargi au Vlaams Woningsfonds, au Fonds du Logement des familles nombreuses de Wallonie et au Fonds du Logement de la Région de Bruxelles-Capitale.

c) les logements privés qui sont livrés et facturés par les sociétés régionales de logement, par les sociétés de logement social agréées par celles-ci et par le "Vlaams Woningfonds", le Fonds du Logement des familles nombreuses de Wallonie et le Fonds du Logement de la Région de Bruxelles-Capitale;

2° aux travaux immobiliers, à l'exclusion du nettoyage, et aux autres opérations effectuées aux logements privés visés au 1° et fournis et facturés aux sociétés régionales de logement, aux sociétés de logement social agréées par celles-ci et au "Vlaams Woningfonds", au Fonds du Logement des familles nombreuses de Wallonie et au Fonds du Logement de la Région de Bruxelles-Capitale;

3° à la location-financement d'immeubles ou leasing immobilier, portant sur des logements privés visés au 1° lorsque le preneur en location-financement ou leasing immobilier est une société régionale de logement ou une société de logement social agréée par celle-ci ou le "Vlaams Woningfonds", le Fonds du Logement des familles nombreuses de Wallonie ou le Fonds du Logement de la Région de Bruxelles-Capitale.

Le taux réduit de 6% n'est en aucune façon applicable :

- aux travaux et autres opérations de nature immobilière qui ne sont pas affectés au logement proprement dit, tels que les travaux de culture ou de jardinage et les travaux de clôture;
- aux travaux et autres opérations de nature immobilière, qui ont pour objet tout ou partie des éléments constitutifs de piscines, saunas, mini-golfs, courts de tennis et installations similaires.

Taux réduit de 6% pour les estimateurs

Étant donné que les prestations des estimateurs (primes à la réhabilitation) dépassent les limites d'une simple expertise immobilière et qu'elles tendent à préparer et à coordonner l'exécution de travaux, les prestations que les architectes agrées effectuent dans le cadre de la mission d'estimateur dont elles sont ainsi chargées, peuvent, pour autant qu'elles satisfassent aux autres conditions fixées en la matière, bénéficier du taux réduit de T.V.A. de 6%[335].

[335] Déc. n° E.T. 45.523 du 30/3/1983.

Taux réduit de 12% pour le logement dans le cadre de la politique sociale

Livraisons de logements

Le taux réduit de 12% s'applique aux livraisons de biens ci-après[336] ainsi qu'aux constitutions, cessions et rétrocessions de droits réels portant sur de tels biens, qui ne sont pas exemptées de la T.V.A.[337], lorsque ces biens sont destinés au logement dans le cadre de la politique sociale :

- les logements privés livrés et facturés aux provinces, aux sociétés intercommunales, aux communes, aux centres publics intercommunaux d'action sociale, aux centres publics d'action sociale et aux sociétés holding mixtes à majorité publique et qui sont destinés à être donnés en location par ces institutions ou ces sociétés;
- les logements privés livrés et facturés aux C.P.A.S. et qui sont destinés à être vendus par ces centres ;
- les logements privés livrés et facturés par les C.P.A.S.,
- les complexes d'habitation destinés à être utilisés pour l'hébergement des personnes âgées, des élèves et étudiants, des mineurs d'âge, des sans-abri, des personnes en difficulté, des personnes souffrant de troubles psychiques, des handicapés mentaux et des patients psychiatriques et qui sont livrés et facturés à des personnes de droit public ou de droit privé qui gèrent :
  1° des établissements d'hébergement pour personnes âgées reconnus par l'autorité compétente dans le cadre de la législation en matière de soins des personnes âgées;
  2° des internats annexés aux établissements scolaires ou universitaires ou qui en dépendent;

336 Visés à l'art. 1er, § 9, du Code T.V.A.
337 Conformément à l'art. 44, § 3, 1° du Code T.V.A.

3° des homes de la protection de la jeunesse et des structures résidentielles qui hébergent de manière durable des mineurs d'âge, en séjour de jour et de nuit, et qui sont reconnus par l'autorité compétente dans le cadre de la législation relative à

la protection de la jeunesse ou à l'assistance spéciale à la jeunesse;

4° des maisons d'accueil qui hébergent en séjour de jour et de nuit des sans-abri et des personnes en difficulté et qui sont reconnues par l'autorité compétente;

5° des maisons de soins psychiatriques qui hébergent d'une manière durable, en séjour de jour et de nuit, des personnes présentant un trouble psychique chronique stabilisé, ou des handicapés mentaux, et qui sont renconnues comme telles par l'autorité compétente;

6° des bâtiments où s'effectuent, au titre d'initiative d'habitation protégée, reconnue comme telle par l'autorité compétente, l'hébergement d'une manière durable, en séjour de jour et de nuit, et l'accompagnement des patients psychiatriques.

Travaux immobiliers

Le taux réduit de 12% s'applique également aux travaux immobiliers[338], à l'exclusion du nettoyage, et aux autres opérations[339] effectués aux logements privés et aux complexes d'habitation visés ci-dessus et fournis et facturés aux personnes de droit public ou de droit privé visées ci-dessus.

Il en est de même pour la location-financement d'immeubles ou leasing immobilier, portant sur des logements privés et des complexes d'habitation visés ci-dessus lorsque le preneur en location-financement ou leasing immobilier du bâtiment est une personne de droit public ou de droit privé visée ci-dessus.

---

338 Au sens de l'art. 19, § 2, alinéa 2, du Code T.V.A.

339 Rubrique XXXI, § 3, 3° à 6, du tableau A de l'A.R. n° 20.

Le taux réduit de 12% n'est en aucune façon applicable :

- aux travaux et autres opérations de nature immobilière qui ne sont pas affectés au logement proprement dit, tels que les travaux de culture ou jardinage et les travaux de clôture;
- aux travaux et autres opérations de nature immobilière, qui ont pour objet tout ou partie des éléments constitutifs de piscines, saunas, mini-golfs, courts de tennis et installations similaires.

Taux réduit de 12% pour les internats

La taux réduit de 12% s'applique aux livraisons et travaux immobiliers relatifs à des complexes d'habitation destinés à être utilisés pour l'hébergement, entre autres, des élèves et étudiants et qui sont livrés et facturés à des personnes de droit public ou de droit privé qui gèrent des internats annexés aux établissements scolaires ou universitaires ou qui en dépendent[340].

L'application de ce taux réduit est donc réservée à la notion d'internat, c'est-à-dire les logements qui répondent notamment aux conditions suivantes :

- outre la mise à disposition de locaux privatifs ou communs destinés à l'hébergement, l'exploitant fournit aux élèves ou étudiants divers services relevant de l'hôtellerie et de la restauration;
- la vie en commun au sein du logement est réglementée et très organisée (heures de rentrée imposées, étude surveillée, mise sur pied d'activités pendant les temps libres, etc.).

Quant aux kots destinés à être donnés en location à des élèves ou étudiants fréquentant des établissements scolaires ou universitaires, ils ne peuvent être assimilés à des internats, étant donné que cette location ne s'accompagne pas des divers services fournies au sein des internats.

Il s'agit d'ailleurs en principe d'un simple bail immobilier accompagné de prestations accessoires (accès au bâtiment, état des lieux d'entrée et de sortie, enregistrement du bail, nettoyage des communs, etc.).

[340] Déc. T.V.A. n° E.T.123.824 du 25/6/2014.

Peu importe que les kots sont strictement réservés aux étudiants fréquentant cet établissement ou que les conditions générales de location dérogent au contrat de bail classique sur de nombreux points (durée de la location limitée à l'année académique, montants du loyer et de la garantie locative moins élevés que les montants généralement pratiqués, etc.).

Taux réduit de 6% ou taux normal de 21% pour les citernes à mazout

Enlèvement ou mise hors d'usage d'une citerne à mazout

Le taux réduit de 6% est applicable aux travaux d'enlèvement ou de mise hors service d'une citerne à mazout effectués à une habitation privée, qui s'inscrivent dans le cadre de la réparation, et au besoin, du renouvellement d'un bâtiment existant, le rendant à nouveau utilisable selon les critères et normes actuels[341 & 342].

Est sans incidence que la citerne à mazout présente ou non des fuites, que l'enlèvement de celle-ci précède ou suive le placement d'un nouveau système de chauffage central ou que ce nouveau système de chauffage soit ou non de même nature que le précédent.

En conséquence, cette opération est soumise au taux de 6% à partir du 8/4/2014.

Il n'est toutefois pas requis que l'assujetti qui enlève ou met hors d'usage la citerne à mazout exécute également les travaux immobiliers restants ni qu'une nouvelle citerne soit installée.

Il est par contre essentiel de démontrer que l'enlèvement ou la mise hors d'usage de la citerne à mazout soit accompagné de travaux immobiliers considérables ayant pour objet la transformation, la rénovation, la réhabilitation, l'amélioration, la réparation ou l'entretien de l'habitation concernée.

341 Déc. T.V.A. n° E.T.104.683/2 du 18/6/2015 remplaçant la déc. n° E.T.104.683 du 31/3/2003.

342 Arrêt du 8/4/2014 Cour d'appel Anvers.

L'administration continue à estimer que le simple enlèvement ou la simple mise hors d'usage de citernes à mazout, sans les travaux précités, constitue un travail de démolition et par conséquent, soumis au taux de 21%.

Détection d'une fuite d'une citerne à mazout enterrée

La détection de la fuite d'une citerne à mazout enterrée constitue, tout comme l'examen d'une citerne à mazout, une opération de contrôle, qui est en principe soumise au taux de 21%[343].

Toutefois, si la détection d'une fuite est le préalable au remplacement de la citerne à mazout et pour autant que cette prestation soit portée en compte par la personne qui effectue le remplacement, les coûts en rapport avec la détection de fuites font partie de la base d'imposition de la livraison avec placement de la nouvelle citerne enterrée. Cette livraison avec placement peut bénéficier du taux réduit, toutes autres conditions étant remplies.

Assainissement du sol suite à une fuite d'une citerne à mazout enterrée

Les travaux de nature immobilière qui n'ont pas de rapport avec l'habitation propre sont exclus de l'application d'un taux réduit. Les travaux concernant l'assainissement du terrain pollué sur lequel est construit cette habitation, restent pour cette raison soumis au taux normal de 21%.

---

343 Déc. n° E.T. 97.298 du 21/11/2000.

Taux réduit de 6% ou taux normal de 21% pour les toitures et façades vertes

Toitures vertes

Par toitures vertes, on entend les toitures recouvertes d'une végétation et de diverses couches nécessaires au développement de celle-ci.

Il convient de distinguer 3 types de toiture verte[344].

- Type 1 : la **toiture extensive** ou **toiture végétale** constituée notamment d'une couche de substrat relativement mince (habituellement moins de 12cm) plantée de végétaux à enracinement superficiel (mousses, sédums, herbacées), qui nécessite peu ou pas d'entretien et qui n'est généralement pas accessible (sauf pour un contrôle) ;
- Type 2 : la **toiture semi-intensive** ou **toiture-jardin légère** constituée notamment d'une couche de substrat plus épaisse plantée de toutes sortes de végétaux, à l'exception des arbres et des arbustes de grande taille ;
- Type 3 : la **toiture intensive** ou **toiture-jardin** constituée notamment d'une couche de substrat épaisse (en général plus de 25 cm) plantée de toutes sortes de végétaux et qui nécessite une structure de toiture renforcée en raison du poids relativement important de l'ensemble.

[344] Circulaire 2017/C/25.

Façades vertes ou jardins verticaux

Les façades vertes ou jardins verticaux peuvent en principe être classés en deux grandes catégories :

1. Les façades vertes non reliées au sol.

   Il s'agit de façades composées de modules ou de panneaux placés verticalement et contenant des plantations. Les modules sont fixés à l'habitation au moyen d'un système de suspension ou constituent un élément autoportant de la façade. Les modules sont disponibles sous différentes formes, comme par exemple des plateformes en matière synthétique rigide contenant du substrat, des cadres métalliques contenant du substrat ou de la laine de roche, des poches ou des toiles en matière synthétique ou des pierres creuses maçonnées. Un système d'irrigation assure l'adduction de l'eau et des substances nutritives nécessaires.

2. Les façades vertes reliées au sol.

   Il s'agit de façades composées de végétaux évoluant le plus souvent depuis le sol sur une structure (en bois, en métal ou en d'autres matériaux) fixée à la façade ou quelque peu en retrait de celle-ci.

Taux applicables

En principe, le taux réduit n'est en aucun cas applicable aux opérations immobilières qui ne sont pas affectées au logement proprement dit, tels que les travaux de culture ou de jardinage et les travaux de clôture.

Pour l'application du taux réduit sur les travaux de végétalisation des bâtiments, il importe d'opérer une distinction selon que les opérations peuvent ou non être considérés comme affectés au logement proprement dit.

Pour ce qui est des bâtiments scolaires, les travaux relatifs à tous les types de toitures vertes et de façades vertes peuvent bénéficier du taux réduit de T.V.A. pour autant que les autres conditions soient réunies.

Toitures vertes

L'administration estime que les opérations relatives aux toitures vertes extensives (type 1), ne constituent pas des travaux de culture ou de jardinage et peuvent bénéficier d'un taux réduit de T.V.A. pour autant que les autres conditions prévues par celles-ci soient réunies.

En revanche, pour les autres types de toitures vertes (types 2 et 3), le prix des travaux doit être ventilé selon que les travaux se rapportent :

- à la structure de la toiture, en ce compris la structure porteuse, l'étanchéité, l'isolant thermique, le pare-vapeur et l'évacuation des eaux. Ces travaux peuvent bénéficier des taux réduits pour autant que les autres conditions soient réunies;
- à la plantation de végétaux, notamment les travaux relatifs à la couche drainante, filtrante, au substrat et aux végétaux. Ces travaux sont des opérations immobilières qui ne sont pas affectées au logement proprement dit.

Par conséquent, ces travaux peuvent bénéficier du taux réduit.

Façades vertes

Les travaux de réalisation d'une façade verte sont considérés comme affectés au logement proprement dit au même titre qu'un crépi ou qu'un bardage extérieur lorsqu'ils nécessitent le placement d'une structure permanente d'une certaine importance fixée de manière durable au mur de l'habitation.

Ils peuvent bénéficier pour le tout d'un taux réduit de T.V.A. pour autant que les autres conditions soient réunies.

En revanche, la simple plantation au pied d'un mur de plantes grimpantes comme, par exemple, du lierre, de la vigne vierge, de la clématite ou du chèvrefeuille, même si elle comporte le placement d'une structure légère, tel un treillis, n'est pas une opération pouvant bénéficier d'un taux réduit.

Taux normal de 21%

A titre indicatif, voici une liste (non limitative) d'opérations habituellement rencontrées dans le secteur de l'immobilier pour lesquelles le taux normal de 21% doit obligatoirement être appliqué ou doit être appliqué lorsque les conditions du taux réduit ne sont pas remplies.

la vente d'immeubles neufs ;
la vente de terrains attenants à des immeubles neufs ;
la construction d'immeubles neufs;
la construction d'appartement(s) supplémentaire(s) en surélévation d'un immeuble à appartements;
la construction d'un nouvel immeuble, jouxtant un autre immeuble, et qui constitue un nouveau bâtiment en soi susceptible d'être cédé sous le régime de la T.V.A.;
la transformation radicale d'une grange ou d'une autre annexe d'une exploitation agricole en maison d'habitation;
la transformation d'immeubles;
l'achèvement d'immeubles;
l'aménagement d'immeubles;
la réparation d'immeubles;
l'entretien d'immeubles;
le nettoyage d'immeubles;
la démolition d'immeubles (sans reconstruction);
la fourniture d'un bien meuble et son placement dans un immeuble tels que ce bien meuble devient un immeuble;
la fourniture et la fixation à un bâtiment de tout ou partie d'une installation de chauffage, de climatisation, sanitaire, électrique, de sonnerie électrique, de détection d'incendie, de protection contre le vol, de téléphonie intérieure, de cuisine et salles de bains (armoires, éviers, sous éviers, hottes, ventilateurs, aérateurs), de placards de rangement (dans des volumes spécialement prévus dans la construction), de volets, persiennes et stores extérieurs, de revêtements de murs et de sol;
les travaux de fixation, placement, réparation, entretien et nettoyage;
la mise à disposition de personnel pour des travaux immobilier;
les travaux d'études et de contrôle des architectes, géomètres, ingénieurs;
les courtages et mandats en vente et location d'immeubles;
la gestion d'immeubles;
la location-financement d'immeubles ou leasing immobilier;
les fournitures de matériaux de construction (sable, ciment, briques, carrelages, etc.);
les fournitures de matériel (bétonnière, petit outillage, pelle, marteau-piqueurs, etc.);
les fournitures de matériel roulant (camion, camionnette, grues, bulldozer, pelle mécanique, etc.);
la location de matériel;
la mise à disposition de personnel (secrétaire, dactylo, téléphoniste, etc.);
la livraison de biens meubles destinés à être incorporés à un immeuble, tel que : . électroménager domestique; . réfrigérateur;

. congélateur; . lave-vaisselle; . machine à laver le linge; . essoreuse; . séchoir à linge; . thermoplongeur électrique; . plaque de cuisson; . cuisinière; . broyeur de déchets de cuisine; . four de cuisine; . humidificateur d'air;
les travaux domestiques d'entretien courant visant à la propreté d'un immeuble : . nettoyage régulier des immeubles; . dépoussiérage de tapis; . cirage de parquets; . lavage des vitres;
les travaux immobiliers non affectés au logement proprement dit : . travaux de culture; . travaux de jardinage; . travaux de clôture; . travaux de bornage; . travaux à des piscines; . travaux à des saunas; . travaux à des minigolfs; . travaux à des courts de tennis.
etc.

Annexes

Annexe 1 – Déclaration de construction ou d'acquisition d'une nouvelle construction

DECLARATION

prévue par l'article 64, §4, du Code de la T.V.A.

Date de dépôt

.... (3)

Dossier n° ....

Le(s) soussigné(s)

Nom, prénom M. .... Mme..

N° Registre National __ . __ . __ - ___ - __   __ . __ . __ - ___ - __

Profession ....

Adresse ....

Code postal .... Commune .... TEL ....

Propriétaire(s) du bâtiment nouvellement construit situé à :

Adresse ....

Code postal .... Commune ....

déclare(nt) :

- que le revenu cadastral de ce bâtiment lui (leur) a été notifié le .... ;
- que le bâtiment a été occupé à partir du .... ;
- qu'un relevé détaillé des factures relatives à la construction de ce bâtiment sur laquelle la T.V.A. lui (leur) a été portée en compte figure ci-après :

Il(s) joint (joignent) à la présente déclaration :
- **un exemplaire du plan complet du bâtiment**
- **un exemplaire du cahier des charges**
- **une copie des factures délivrées par les entrepreneurs**
- **une copie de la notification cadastrale**

CADRE I	Travaux complètement terminés : oui - non (biffer la mention inutile)
Si le bâtiment n'est pas complètement terminé décrivez les travaux restant à exécuter	
....	
....	
....	
....	
....	
....	
....	
....	
....	
....	
....	

N° 106³ déclaration

Le CADRE II doit être rempli par tout propriétaire d'un bâtiment nouvellement construit, qui a confié la construction de ce bâtiment à un ou plusieurs entrepreneurs ou artisans.

CADRE II	TRAVAUX IMMOBILIERS				
ENTREPRENEURS ou ARTISANS		FACTURES			
NOM	ADRESSE	NATURE DES TRAVAUX	DATE	PRIX T.V.A. non comprise	T.V.A.

Le CADRE III doit UNIQUEMENT être rempli par le propriétaire d'un bâtiment nouvellement construit, qui a acheté et s'est fait fournir directement des matériaux utilisés dans la construction du bâtiment

CADRE III ACHATS DE MATERIAUX UTILISES DANS LA CONSTRUCTION						
ENTREPRENEURS ou ARTISANS		FACTURES				Personne qui a placé ou mis en oeuvre les matériaux (nom et adresse)
NOM	ADRESSE	NATURE DES TRAVAUX	DATE	PRIX T.V.A. non comprise	T.V.A.	

Le CADRE IV doit UNIQUEMENT être rempli

- par le propriétaire d'un bâtiment nouvellement construit, qui a exécuté personnellement des travaux immobiliers relatifs à ce bâtiment ;
- par le propriétaire d'un bâtiment nouvellement construit, pour qui des tiers ont exécuté gratuitement des travaux immobiliers relatifs à ce bâtiment ;
- par le propriétaire d'un bâtiment nouvellement construit, qui a fait exécuter des travaux immobiliers relatifs à ce bâtiment par des personnes liées à ce propriétaire par un contrat d'emploi ou de travail.

CADRE IV TRAVAUX IMMOBILIERS EXECUTES PAR LE PROPRIETAIRE OU GRATUITEMENT PAR DES TIERS, OU ENCORE PAR DES SALARIES	
NOM ET ADRESSE	NATURE DES TRAVAUX

Certifié exact,

.... le ....(1)

(signature)

(1) Date

Annexe 2 – Attestation taux réduit de 6% pour travaux immobiliers privés

Attestation établie conformément à l'arrêté royal n° 20, tableau A, rubrique XXXI, § 1er, 5°, insérée par l'article 1er de l'arrêté royal du 18.07.1986. (M.B. du 24.07.1986)

Je soussigné (nom, prénom)

....

(adresse complète)
....,

agissant en tant que PROPRIETAIRE - LOCATAIRE (1) de l'immeuble situé:

....

atteste par la présente que l'immeuble où ont été effectués les travaux repris à la facture n° .... du ...., de l'entreprise :

....

....,

est occupé depuis plus de 5 ans.

Je n'ignore pas qu'une fausse déclaration rend exigible la T.V.A. au taux de 21% au lieu du taux réduit de 6%.

Fait à..,

le ....

Signature: ....

Remarque
La présente attestation doit être annexée à la copie de la facture conservée dans sa comptabilité par l'entrepreneur.
L'absence de preuve de l'ancienneté rend obligatoire l'application du taux de 21%

(1) Biffer la mention inutile

Annexe 3 – Déclaration 104[1] d'intention de vendre un immeuble avec application de la T.V.A. (assujetti occasionnel)

Service Public Fédéral FINANCES
Administration de la fiscalité
des entreprises et des revenus

Secteur T.V.A.

Numéro du dossier : ....
Date de dépôt : .... ❶

DECLARATION

(Article 1er, 1°, de l'arrêté royal n° 14, du 3 juin 1970,
modifié par l'article 2, de l'arrêté royal du 29 décembre 1992)

❷ ------

Le(s) propriétaire(s) mentionné(s) dans la case I l'intention de céder, avec application de la taxe sur la valeur ajoutée, le bâtiment et ❷ désigné dans la case II ou de .

CASE I : DESIGNATION DU (DES) PROPRIETAIRE(S) DU BATIMENT OU DU (DES) TITULAIRE(S) D'UN DROIT REEL ❸		
	n°	bte
	n°	bte
	n°	bte
	n°	bte
	n°	bte
	n°	bte

N° 104[1] - 2002 R.

CASE II : DESIGNATION ET INFORMATION CONCERNANT LE BATIMENT

Nature ❹ :
rue : n° :
Commune : Numéro postal :
Section cadastrale : numéro :
Bâtiment ❷ par :
suivant autorisation de bâtir à :
le
Bâtiment ou droit réel acquis avec paiement de la T.V.A. suivant acte du :
dressé par le notaire à
Date de la première occupation ou de la première utilisation :

CASE III : DESIGNATION DES DROITS A CONSTITUER OU A CEDER

Nature du droit ❷
Le droit porte sur : ❷

Part :

CASE IV : REVENU CADASTRAL DU BATIMENT

Date du dépôt de la déclaration relative au revenu cadastral (art. 473 du CIR 1992) :
Revenu cadastral notifié le :

CASE V : RESERVEE A L'ADMINISTRATION

Déclaration reçue sous le numéro .... / ....
Bureau de recette de la T.V.A. compétent : ❶
Adresse : .... C.C.P. n° : ....

❻

Annexe 4 – Déclaration 104[5] de vente d'un immeuble avec application de la T.V.A. (assujetti occasionnel)

Service Public Fédéral
FINANCES

IMPOTS ET RECOUVREMENT

Secteur TVA

(Cachet du service)

Case réservée à l'administration
Déclaration reçue sous le n° .... Numéro du dossier : Dossier traité par Mme/M .... **L'Inspecteur principal,**

DECLARATION

(Article 2 de l'arrêté royal n° 14, du 3 juin 1970, modifié par l'article 3 de l'arrêté royal du 29 décembre 1992)

CASE I : DESIGNATION DU (DES) CEDANT(S) D'UN BATIMENT, DU (DES) CONSTITUANT(S) OU DU (DES) RÉTROCEDANT(S) D'UN DROIT RÉEL SUR UN BÂTIMENT (1)
....

CASE II : DESIGNATION DU (DES) CESSIONNAIRE(S) OU DU (DES) BÉNÉFICIAIRE(S) (1)
....

(1) Nom, prénom, dénomination, adresse complète et numéro de téléphone.

N° 104[5] - EUR - 2004 R.

CASE III : DESIGNATION ET INFORMATIONS SUR LE BATIMENT

Nature (1) : ....

rue : .... n° : ....

Commune : .... Code postal : ....

Section cadastrale : .... numéro : ....

Bâtiment à ériger ou érigé (2) par : ....

.... suite au permis de bâtir accordé à ....

.........., le ....

Bâtiment ou droit réel acquis avec paiement de la TVA suite à l'acte du

passé devant le Notaire .... à ....

Date de la première occupation ou de la première utilisation : ....

Déclaration préalable (art. 1, 1°, de l'AR n° 14) déposée le : ....

à l'office de contrôle de : ....

CASE IV : ACTE DE CESSION, DE CONSTITUTION OU DE RETROCESSION (2)

Date de l'acte : .... passé devant le notaire : ....

.... à ....

Date de l'acte sous seing privé .... présenté à l'enregistrement

à ....

CASE V : DESIGNATION DES DROITS A CONSTITUER OU A CEDER

Nature du droit (3) : ....

Le droit porte sur : (2)

- le bâtiment désigné à la case III
- une part indivise du bâtiment désigné à la case III

Part : ....

CASE VI : TITRE DE PROPRIETE DU BATIMENT OU TITRE CONSTATANT L'ETABLISSEMENT D'UN DROIT REEL SUR LE BATIMENT (2)

- Bâtiment encore à ériger, en voie d'érection, érigé par le cédant (2)
- Bâtiment ou droit réel acquis ou constitué avec paiement de la TVA (2). Dans ce dernier cas, les renseignements suivants doivent être fournis :

  Date de l'acte : .... passé devant le Notaire ....

  .... à ....

  Date de l'acte sous seing privé .... présenté à l'enregistrement

  à ....

CASE VII : REVENU CADASTRAL DU BATIMENT

Date du dépôt de la déclaration relative au revenu cadastral (art. 473 du CIR 1992) : ....

Revenu cadastral notifié le : ....

Montant : ....

(1) Lorsque l'opération visée porte uniquement sur une partie du bâtiment (p.ex. appartement, étage, ...), cette partie doit être désignée de manière précise, de même que la quotité dans les parties communes.

(2) Biffer la mention inutile.

(3) Pleine propriété, usufruit, droit de superficie, nue-propriété, emphytéose, servitude, doit d'usage, droit d'occupation.

Case VIII : TVA DEDUCTIBLE
1. relative à la construction ou à l'acquisition d'un bâtiment (1)
2. relative à la constitution ou à la cession d'un droit réel sur un bâtiment (1)

ENTREPRENEUR OU FOURNISSEUR			FACTURES			
				MONTANTS EXPRIMES EN EUR		
					TVA	
NOM	ADRESSE	NATURE DES TRAVAUX OU DES MATERIAUX	DATE	PRIX hors TVA	portée en compte	déductible
					TOTAL à reporter à la case X, B	

(1) Biffer la mention inutile.

CASE IX : TVA DUE	
A. Date à laquelle la taxe est due sur la totalité de la base de perception :	
B. Prix de vente du bâtiment :	.... ,........ EUR
C. Au cas où l'opération porte à la fois sur un bâtiment et un terrain pour un prix unique :	
• prix de vente du terrain et du bâtiment :	.... ,........ EUR
• valeur vénale du terrain ou du droit réel sur le terrain sur lequel le droit d'enregistrement a été perçu :	.... ,........ EUR
• différence sur laquelle la TVA est due :	.... ,........ EUR
D. Factures délivrées :	

Date	Montant	TVA due
TOTAL :		

CASE X : DECOMPTE TOTAL	
A. TVA due (case IX) :	.... ,...... EUR
B. TVA déductible (case VIII) :	.... ,...... EUR
C. Montant à payer à l'Etat (1) :	.... ,...... EUR
Montant à restituer par l'Etat (1) :	.... ,...... EUR

(1) Biffer la mention inutile.

A. PAIEMENT

Je paie .... , .. **EUR**

au C.C.P. n° **679-2003492-54** de

TVA - Recettes, Namur
Rue des Bourgeois 7 (Bloc B)
5000 Namur.

par versement (1)	☐	par virement postal (1)	☐	par l'intermédiaire d'une banque, etc. (1)	☐

(marquez une croix dans la case correspondant au mode de paiement utilisé)

B. DEMANDE DE REMBOURSEMENT

Je souhaite que le montant à restituer par l'Etat me soit versé

- au compte courant : . . . / . . . . / . . (2)
- par assignation postale (2)

C. DATE ET SIGNATURE(S) (3)

Je certifie que la présente déclaration est sincère et complète.

Date : ....

Numéro de téléphone : ....

Nom et qualité du (des) signataire(s) (3)

Signature(s)

(1) Marquez une croix dans la case correspondant au mode de paiement utilisé.
(2) Biffer la mention inutile.
(3) La présente déclaration ne sera considérée comme valable que si elle est signée et remise à l'office de contrôle compétent. Il y a lieu de mentionner la qualité du signataire lorsque celui-ci agit en qualité de mandataire ou encore lorsque le déclarant est une personne morale.

Index

A

B

C

D

E

F

G

H

I

J

L

M

N

O

P

Q

R

S